LE ANTICHITÀ
DI BEROSO CALDEO
SACERDOTE,

Et d'altri Scrittori, così Hebrei, come Greci, & Latini,
che trattano delle stesse materie.

Tradotte, dichiarate, & con diuerse vtili, &
necessarie annotationi, illustrate,

DA M. FRANCESCO SANSOVINO.

CON PRIVILEGIO.

In Vinegia, Presso Altobello Salicato. 1583.
Alla Libraria della Fortezza.

AL MOLTO ILLVSTRE
SIG. RVBERTO STROZZI
GENTILHVOMO FIORENTINO
MIO SIGNORE.

DILETTEVOLE, & profitteuole insieme è la lettura del principio, & dell'antichità del mondo a coloro che hanno l'animo nobile, & desideroso di sapere. Conciosia che vedendosi, oltre à quello che ne scrisse il diuino Moise, tanti altri Auttori di varie Prouincie, conformi a lui nella historia della sua creatione, il Lettore è quasi costretto a salire, per così fatto mezzo, alla contemplatione della grandezza, & della onnipotenza di Dio, il quale hauendo fabricato l'vniuerso per sua gloria, volle proporre al suo gouerno in terra, lo Huomo, nobilissimo fra tutte le creature. Da questo adunque fatto à simiglianza sua, nacque la nobiltà, non pure ne suoi discendenti, ma si diffuse anco nelle Prouincie, ne Regni, & nelle Città particolari del mondo. Percioche essendosi conseruato da Noe, il seminario del genere humano nell'Arca ordinata da Dio, dopo l'vscita sua d'essa Arca, operando gli huomini (parte atti a comandare, & parte ad esser comandati) secondo, che la natura, & l'ingegno dettaua loro, & soprastando gli spiritosi à gli obtusi, cominciarono à dominare il Mare, & la Terra, nobilitando l'Isole, et le Prouincie con le opere illustri più l'una che l'altra. Fra le Prouincie predette, la prima fatta nobile per i suoi coloni, fu la sacra Toscana in Italia, gloriosa per gli habitatori, & per l'institutione ch'ella riceuè nel suo initio, poi che il Gran Padre Noe, detto Iano da gli antichi, Imperatore, & Monarca delle genti, regnò, visse, & morì in quelle parti. Fu parimente fatta nobile per molte attioni chiarissime, che nacquero in essa Toscana: percioche nel principio vi concorsero i più nobili, & chiari Heroi che fossero dopo il diluuio, ui si fondarono le discipline dell'antica religione, & vi si crearono nobilissimi Re, & altre cose vi si fecero di gran momento, & degnissime di eterna memoria. Delle quali trattan-

† 2 do larga-

do largamente Beroso Sacerdote Babilonico, Mirsilo Lesbio, Marco Portio Catone, Archiloco, Xenofonte, Q. Fabio Pittore, & altri scrittori famosi, & di fede (quantunque posti in dubbio da Gasparo Varrerio, & all'incontro difesi, & mantenuti da molti altri felici ingegni) mi compiacqui di maniera in cosi fatta lettione, ch'io mi disposi di ridurli, & dichiararli ne luoghi più oscuri, con esatta diligenza, nella nostra lingua, à beneficio de gli studiosi, inuitato dalla predetta nobiltà della nostra antica Toscana. Nella qual cosa essercitando la penna, mi cadde in mente la vetustissima nobiltà della famiglia Strozza, mentre ch'io leggeua l'operationi di Hercole Egittio, & le memorie ch'egli lasciò intorno alla Città di Fiesole & de suoi contorni. Nella qual Città vedendo io la sua fondatione per mano d'Atlante pronipote di Noe, mi nacque desiderio di ricercar l'origine d'essa famiglia, si come di tante altre ho fatto, che nel mio libro delle origini delle Case Illustre Italiane si contengono. Ma in questa impresa io tolsi, come si suol dire in prouerbio, à leuar la claua di mano a Hercole, cioè à durar fatica inuano; contiosia che non si potendo in Secoli cosi lunghi aggiugnere al vero lume del suo principio, trouai però, ch'essendo la Luna insegna della Città di Fiesole, & hauendo tre valorosi huomini della famiglia Strozza per lunga serie d'anni, dominata per elettione Fiesole, come attesta Selino, per auttorità di Pietro Bascarino, che lo allega nel Sommario delle cose d'Italia, riportarono a perpetua memoria de gli heroici, & gloriosi atti loro, tre Lune nell'armi, offesi anco essi, non meno dall'ingiuria del tempo, che dalla negligenza di quelle età rozze, nelle quali non si tenne gran fatto conto, dell'actioni de gli huomini grandi. Trouai medesimamente, che per molti anni inanzi ch'ella discendesse nella Città di Fiorenza, fu chiarissima per gradi, & per honori supremi nelle cose della militia, onde non solamente meritò titolo di nobilissima ma d'Illustrissima ancora. Ma qual luogo poi ella tenesse nella sua seconda Patria di Fiorenza, & qual progresso si facesse, prima che Ridolfo Imperatore le donasse la libertà, & poi che stabilita in Republica corse tanti anni, fino alla fondatione del presente Principato, è ben noto ad ogniuno che habbia qualche gusto d'Historia. Percioche gli huomini di questa Stirpe furono sempre celebrati da tutte le bocche per grandezza, & per valore cosi in tempo
di pa-

di pace, come di guerra ne maneggi publichi, & privati, così nella Patria, come anco presso à Principi esterni, in tanto che ella mettendo radici in diversi luoghi, si vede hoggi grande, & honorata in diverse Città, così in Italia, come fuori. Ricordano gli Scrittori fra questi la auttorità, & la somma prudenza di Palla Strozzi, che fu riputato uno de i veri lumi della Città. La bravura di Giovanni Strozzi, che ne tempi che Gian Galeazzo Visconti Duca di Milano aspirava all'Imperio d'Italia, fatto Generale da Principi di Mantoua, gli difese con tre mila cavalli dalle sue forze, affrenando l'empito ambitioso di quel Signore. Il valor di Pietro figliuolo di Carlo Strozzi, il qual condottiero di dugento Lancie, nell'assedio che si messe à Milano, non pure occupò per forza una delle porte di quella Città, ma vi fece, nel giorno di S. Giovanni Battista, correr il Palio all'usanza della sua Patria per scherno de suoi nemici. La magnificenza & grandezza di Carlo Strozzi, che per splendore di vita civile, per reali edifici, & per prudenza nel governo del suo tempo, non fu secondo à nessuno. Ricordano in somma come argomento chiarissimo della riputatione della casa Strozzi, che trattandosi una Lega universale fra i Principi Italiani per difesa comune de loro Stati, si trovarono in Venetia dove si maneggiava tanto negotio, Palla, Giovanni, & Roberto, tutti Strozzi, & Ambasciadori in un tempo medesimo à questo Senato, l'uno per la Rep. di Fiorenza, l'altro per il Principe di Mantoua, & il terzo per quel di Ferrara, cosa veramente notanda in una famiglia. Ma ne tempi nostri non solo si ricordano, ma si sono anco veduti i Signori di questa prosapia in grandissima stima del mondo. Percioche ogniun sa quanto valesse Filippo Strozzi, il quale, oltra che governò il Pontificato di Leon X. & di Clemente VII. suoi congiunti di sangue, fu quasi come arbitro, & patrone della Toscana. Et si sa etiandio per ogniuno, quali fossero, Leone & Pietro suoi figliuoli, l'uno eccellente nelle cose di mare, & l'altro in quelle di terra, ornati amendue di titoli, & gradi supremi, di Priorati, di Generalati, di Marisciallati, & di cotali altre dignità, dalla Corona di Francia, dell'operationi de quali sono hoggi ripiene le scritture di tutti gli Historici moderni. Et qual fosse parimente Lorenzo Cardinale amplissimo, & Roberto amendue fratelli de predetti Signori, de quali non era per dover esser punto minore Filippo lor nipote, se te, se nelle presenti guerre per occasione del Regno di Portogallo, non hauesse terminata, in assai giouane età, la vita sua con l'armi in mano, con infinito dispiacere della Sereniss. Regina madre di Francia, sua strettiss. congiunta, & parente, & di tutto quel Regno. Ma lungo pur troppo sarebbe il mio ragionamento, quando io volessi fare anco mentione in questa casa, d'altri segnalati soggetti, che furono & sono tuttauia in questo sangue di sommo splendore. Percioche non lascierei a dietro Mattheo grauiss. Senatore, Lorenzo, & Camillo honoratiss. Padre di V. S. che hebbero, & nella Rep. & nel Principato, i supremi honori à Magistrati, che suol dar quella Patria a suoi benemeriti Cittadini, & figliuoli. Ne parimente potrei pretermettere i due Gian battista amendue Illustri per lettere, & per dottrina, con tanti altri appresso, de quali è ben nota la virtù, & il valore ad ogniuno che sappia ciò che sia la Toscana. Dico adunque ch'entrato per le cose d'Etruria trattate da predetti Scrittori, in cosi fatta consideratione, deliberai, poi ch'io publicaua al mondo queste fatiche mie (quali elle si siano) di honorarle conuenientemēte col nome chiariss. di V. S. accioche il protettore fosse proportionato alla materia, & accioche io le dimostrasse à qualche modo alcun segno di quella reuerenza & di quel debito obsequio ch'io porto, non solamente all'Illustriss. sua famiglia, ma anco à lei in particolare. Conciosia ch'io sò molto bene (come anco sa tutto il mondo) quanto ella vaglia per valore, & per intelligenza di cose, & quanto ella imitando i suoi maggiori, sia d'animo generoso, & Illustre, & quanto aspiri di arriuare à quei segni di lode, nella sua professione, che le son debiti per le singolari sue qualità, delle quali non voglio tratti al presente piu oltre, percioche doue altri puo venire in sospetto d'adulatione, è molto meglio accennar solamente quello che si ha nello animo, che esprimerlo chiaramente. Adunque riceuendo à grado la mia buona & sincera volontà, sia contenta di legger qualche volta le presenti cose, percioche ella è per trarne non picciolo diletto, & consolatione. Et N. Signor le conceda ogni bene. Di Venetia alli X. di Marzo. M D LXXXIII.

   Di V. S. Illustre
      Seruitore affettionatissimo
         Francesco Sansouino.

TAVOLA DELLE COSE
PIV NOTABILI,

Che si contengono così nel testo, come nelle dichiarationi dell'opera presente.

Abante Re.	08	Api Re.	107
Abante Re quãdo fosse.	30	Api Re chi fosse.	62
Aborigini quali siano.	17	Apua, doue posta.	71
Abraham & sue attioni.	97	Ara massima doue.	87
Aborigini che siano.	65	Arabie quante, & quali.	12
Aborti vsati in delitie.	1	Aralio Re, & sue opere.	21
Acca Larentia, & sua historia.	53	Arassia, & sue operationi.	15
Achei popoli & quali.	39	Arca & suo significato.	8
Acque in Roma quante.	90	Arca di Noe ricordata da Mnassea.	95
Africa, & sua descrittione.	11	Arcadio, che paese tenesse.	15
Agasto primo giudice d'Athene.	44	Archemonio doue fosse.	81
Agilla Citta.	67	Archiloco scrittore chi fosse.	43
Agrippa Re.	104	Ardeati popoli, & doue.	39
Alba, ciò che significhi.	18	Aretia, ciò che signifchi.	15
Alba Siluio Re.	104	Aretia cognome.	61
Alba quanto regnasse.	33	Are martie quali.	67
Albula, perche cosi detto.	62	Argeo perche cosi detto.	50
Almantea madre di Dionisio.	16	Argileto ciò che sia.	50
Almone fiume.	76	Argonauti chi fossero.	32
Altada Re, & sue operationi.	25	Aria ciò che significhi.	64
Altasemita ciò che sia.	80	Arimino da chi fabricato.	64
Alsi Città de Sparti.	71	Ario Re, & sue opere.	20
Ammeneso quando regnasse.	32	Armatrite, & sue attioni.	22
Ameria qual sia.	68	Armi da chi ritrouate.	15
Amenosi quanto regnasse.	32	Armenia prima habitata.	7
Amiterni, & quali.	64	Armeni Grifonij.	21
Amulio Re.	104	Armi da chi ritrouate.	1
Anfiteatro ciò che fosse.	77	Armilustro doue.	88
Anno, & di quante sorti sia.	8	Arno, & sua significatione.	15
Anno distinto da Noa.	8	Arno fiume.	57
Antefronte ciò che sia.	55	Ato Re, & sua donatione.	28
Antiquità della Spagna.	99	Aruno Re.	107
Apennino, & sua discrittione.	56	Aruno Faunigena quando.	30

† 4   Aranti

TAVOLA

Armati Camillari quali.	72	Borrigo ciò che sia.	64
Artefusoria in vso auanti al diluuio.	2	Brigo Re, & sue opere.	21
Ascalona qual Città.	38	Brigo Re di Spagna, & sue cose.	100
Ascalonita, & sua dichiaratione.	19	Brundusio come detto.	55
Ascanio Re.	110	Buono euento doue.	85
Ascanio quando regnasse.	33	Busiri tiranno.	24
Ascatade Re, & sue attioni.	28	Bussento come hoggi.	69
Assat Adon Re.	35	**C**	
Asia, & sua deriuatione.	10	Cacco Re di Spagna, & sue cose.	104
Assirij da chi fondati.	15	Cadmo, & sua moglie.	31
Asmonai, & loro operationi.	156	Cadmo di chi figliuolo.	30
Astrologia giudiciaria.	3	Cadosene ciò che signifìchi.	24
Attioni di Noè intorno all'Arca.	96	Cadmi quanti fossero.	38
Attioni dopo il diluuio.	7	Cagion dell'editto di Desiderio Re.	73
Attioni di Nembroto quali.	11	Caio Sempronio chi fosse.	55
Atis Re del Latio.	104	Calabra doue fosse.	83
Athlante Italo Re di Spagna.	102	Caluello come detto.	74
Ate, & suo contracambio con Dardano.	28	Camese quanto regnasse.	48
		Camesenuo in Egitto.	12
Apuani quali sono.	50	Campiglia da chi fatta.	40
Auentino onde detto.	68	Campi in Roma quanti.	90
Alle galline bianche.	80	Campo di Agrippa doue.	81
Aureliana strada quale.	78	Capanna di Faustulo doue.	94
Auruno, & sue attioni.	28	Capenna, & sua dichiaratione.	49
Aurufpicina ciò che sia.	22	Capitolino colle quale.	49
Ausdonia come detta.	74	Capitolio, & suoi diuersi nomi.	70
B		Cariara quale.	61
Babilonia, da chi fabricata.	15	Carine, ciò che signifìchi.	29
Babilonico Regno altissimo.	3	Casa di Cicerone doue.	79
Bagni di Roma.	76	Casa di Pompeo doue.	79
Balato che sia.	94	Caualli di bronzo.	81
Balco ottauo Re, & sue attioni.	32	Colle qual sia.	71
Baleo Re, & sue attioni.	24	Cecolo Saturno Re.	111
Balnoregio quale.	74	Cecolo Saturno quanto regnasse.	31
Ba nnome, Coribante cognome.	28	Celio Re.	109
Baris che signifìchi.	95	Celio colle da chi detto.	49
Basilica, ciò che sia.	78	Celispere ciò che signifìchi.	87
Basiliche quante.	90	Celiolo qual sia.	49
Ben Merodach.	35	Celci, & loro diuersi nomi.	25
Beligio, quai popoli regnasse.	27	Celtiberi quali.	4
Beloco Re & sue attioni.	23	Chan, & suo studio.	9
Belopare quando regnasse.	30	Chaos, & suo signifìcato.	11
Beroso chi fosse, & quando.	1	Chiaue di Iano ciò che signifìchi.	48
Belo Re di Spagna, & sue cose.	100	Chiaui date à Noè, & perche.	9
Belo, & sua qualità.	23	Chencre, pugnò con gli Hebrei.	27
Branora da chi detta.	57	Chemin Città dedicata à Cham.	10
Bitume.	3	Chemesenuo, qual sia.	10
Boij quali.	64	Chenere Re de Egitto quando.	28
Bona Dea doue.	87	Cibele ciò che signifìchi.	28
Bono, onde Bononia.	63	Gibelio Re.	109

Cidno,

TAVOLA

Cidno, & sue operationi.	23
Cielo chi fosse.	8
Cimina acqua onde condotta.	91
Ciocola, ciò che sia.	19
Circo Massimo, & quanti.	86
Circo Flaminio quale.	84
Circo Massimo quale.	14
Città nell'Italia.	60
Clatra ciò che sia.	80
Cognomi di Noa quali.	48
Cognomi di Cham fig. di Noe.	9
Colonne di Hercole quando drizzate.	15
Colonie poste da Iano, & quali.	15
Comeo, & sue attioni.	15
Conso Dio de Consigli.	87
Concordia tempio.	54
Comnene, come s'intende.	42
Como Città.	64
Coribante Re.	108
Corito, ciò che significhi.	19
Corso delle Stelle insegnato da Noa.	8
Cose auanti al diluuio, & quali.	7
Cose naturali insegnate da Noa.	57
Cose del Regno di Troia.	43
Costume de ricchi di scherni re ogniuno.	2
Crano Ianigena, & sue operationi.	28
Crano Razenuo Re.	107
Crotone da chi fabricato.	41
Cubante Hercole.	89
Cur, qual paese tenesse.	15
Curia Vecchia doue.	86

D

Danao quanto regnasse.	29
Dardano quanto regnasse.	29
Dauit, & cose della sua casa.	105
Deabn, & sue operationi.	23
Dij maggiori, & minori quali.	8
Dei, cioche s'intendino.	9
Delfini, & loro fauola.	41
Delitie, & ricchezze, & loro effetti.	9
De tempi antichi.	98
De tempi di Filone hebreo.	103
Denuntiatori.	76
Dercilo quando fosse.	33
Diapolitani quali.	33
Dij, perche così detti.	47
Dinastia, cioche significhi.	38
Dionisio fig. d'Almatea.	36
Diluuio, & suoi effetti.	3

Diluuio di Tesaglia, & quale.	27
Diluuij diuersi, & quando.	38
Dirim ciò che sia.	60
Descrittione di Babilonia.	45
Diuisione dell'Italia fatta da Catone.	65
Diuisione dell'Alpi.	76
Diuo Fidio, & sua dichiaratione.	80
Dodici altari, & suo significato.	48
Dolioli, ciò che fossero.	28
Doria fiume onde nasca.	57
Duchi, & Re impongono nomi à luoghi.	30
Drio, pieno di peritia.	28

B

Entellia, ciò che sia.	78
Editto di Desiderio Re.	73
Egeo quanto regnasse.	35
Egressorio di Noa.	7
Elbio Tusco Re ultimo di Toscana.	109
Ematio, che paese tenesse.	85
Enea Re.	111
Enea quanto dominasse.	33
Eniani chi fossero.	39
Enoch ciò che facesse.	20
Enos Città quando fosse.	1
Enotrio, ciò che significhi.	40
Enno, ciò che significhi.	10
Equiuoci come s'intendino.	36
Erice, ciò che sia.	71
Eticteo, chi fosse.	30
Eritro Re di Spagna, & sue cose.	104
Esquilina contrada.	79
Esquilino colle da chi detto.	49
Espiationi, & suo significato.	3
Esposti, & suo significato.	58
Esta, cioe Tidea, & perche.	9
Età d'oro, & sua discrittione.	46
Etalo Re.	109
Etursia, & sua dichiaratione.	42
Etruschi quando nati.	42
Euocare, & suo significato.	38
Eupale quanto regnasse.	33
Europa, & sua descrittione.	71
Eusebio Cesariense del diluuio.	96
Ely presso à Soriani, ciò che sia.	105

F

Faliscano quale.	65
Fano di Volturna quale.	72
Faraone chi fosse.	27
Fauno Re.	113

Farro

TAVOLA

Farro, & suo uso. 47
Faul, ciò che sia. 74
Fauno Prisco Re, & sue cose. 111
Fauno Iuniore, quanto regnasse. 32
Fauola d'Hercole e d'vn suo sacerdote. 53
Fauola dell'acqua bollente. 52
Felice Sabo nell'Arabia. 12
Felsino, & suoi popoli. 33
Feregene Città. 61
Ferentia distrutto. 68
Fetonte, & sue operationi. 22
Fetonte, & sue attioni. 63
Fetonte, & sue attioni. 66
Fico ruminale quale. 82
Figolino, che sia. 98
Figliuoli di Noa. 3
Fiscenio quale. 67
Fiume Liri quale. 58
Flaminia Prouincia quale. 57
Flauia famiglia. 80
Flora chi fosse. 80
Flucntini quali. 68
Focensi quali. 68
Forestieri quali siano. 17
Fori quanti. 90
Foro Boario quale. 54
Foro Boario doue. 83
Foro Cassiano. 72
Foro d'Augusto doue. 83
Foro Piscatorio doue. 54
Foro Romano dque. 82
Foro Suario. 81
Foro di Troiano. 83
Foro venale, ciò che sia. 55
Foronci quanti furono. 36
Forte fortuna. 89
Fortuna obsequente doue. 76
Franco figliuolo di Hettore. 33
Frentani quali. 65
Ful Assar chi fosse. 35

G
GAnge, doue fondasse la sede. 15
Galata, & sue operationi. 31
Galate, quali popoli dominasse. 25
Galerito Re. 159
Gallo, ciò che significhi. 14
Genoua donde. 71
Gerione Re di Spagna. 102
Germalia, ciò che sia. 51
Giganti di che altezza erano. 2

Giganti, ciò che facessero, & chi fossero. 1
Gioue Statore. 86
Gioue Belo, quanto regnasse. 15
Gioui quali siano. 36
Giunone Moneta. 95
Giunone quali siano. 36
Gogo qual parte tenesse. 15
Gordico monte. 7
Grauisca Città. 71
Grecostasi quale. 54
Grecostasi, ciò che significhi. 82
Guerre Puniche quante. 95

H
HAmmone Gioue quale. 18
Hammone Re di Libia. 16
Hercole vltimo qual fosse. 25
Hercole d'Anfitrione quale. 32
Hercole, & sue operationi. 25
Hercole, & suoi attioni. 24
Heroi, ciò che significhino. 6
Hespero Re di Spagna. 102
Hiarba, & sue operationi. 21
Hispalo Re di Spagna, & sue cose. 102
Hispano Re di Spagna. 102
Historia d'Euandro. 93
Historia de buoi di Hercole. 93
Homeri quanti fossero. 37
Horchia, ciò che significhi. 23
Horti di Salustio doue. 80
Huomini da chi mangiati. 5

I
IAni quanti. 93
Iani due doue. 83
Ianicolo, ciò che fosse. 48
Ianicolo sede di Iano. 18
Ianigenei Razenui instrutti da Iano. 18
Iano, & sue colonie, doue condotte. 15
Iapeto qual paese tenesse. 15
Iapigi di doue venuti. 39
Iasio Re. 108
Ibero Re di Spagna, & sue cose. 99
Ibero quali popoli reggesse. 18
Iugario quale. 84
Iello, & sue attioni. 109
Ilice habitatione de S. Padri. 5
Ilo, quando regnasse. 31
Indigeni quali siano. 17
Indouino quale. 51
Impresa, ciò che sia. 2
Inscrittione di Semiramis. 36

Inste-

TAVOLA

Inftitoria, ciò che fignifichi.	44	Liburno.	66
Inuitta regola quale.	59	Librerie in Roma quante.	90
Io Egittia chi foffe.	27	Libio Hercole Re di Spigna.	101
Ifeb che luogo.	85	Libiffo perche cofi detto.	49
Ifi, & fue attioni.	21	Liburni, onde cofi detti.	25
Ifis contrada in Roma.	77	Ligurno onde detto.	58
Ifola nel Teuero.	89	Liguro, & fue operationi.	23
Ifole quali.	76	Liuio Fidenate.	109
Ifole attiche quali fiano.	41	Longo Re, & fue genti.	22
Italia, & fua origine fplendidiffima.	60	Longola.	74
Italia Ianigena doue foffe.	28	Lotho albero.	78
Italia detta Spuria da Greci.	60	Lucani da chi detti.	68
Italiani, come habitaffero anticamēte.	15	Luciano ricorda il diluuio.	95
Italo Atlante.	108	Luchij Enachij quali.	107
Itinerario, & perche.	70	Luchio Re.	109
Iubal quali popoli fondaffe.	14	Ludo Re, & fue operationi.	23
Iubalda Re di Spagna.	100	Ludo Magno quale.	78
Iubalda, chi foffe.	20	Lugdo, chi foffe.	26
Iulio Solino ricorda il diluuio.	95	Lucumone, ciò che fia.	52
Iunone chi foffe.	19	Lupanari quali.	19
K		Luparia.	77
Kitym, cioche fignifichi.	8	Lufo Re di Spagna, & fue cofe.	103
L		Luffuria nefanda de Giganti.	1
Lago grande.	74	**M**	
Ago quale.	76	Macedone, & fue opere.	23
Lago Curtio doue.	83	Acello grande.	77
Lago Curtio, ciò che foffe.	55	Macello Liuiano.	79
Lago Cimino.	67	Magna Grecia quale.	45
Lampride quante foffe.	30	Magica vfata da Cnan.	9
Lamoni quali.	58	Mago, chi foffe.	18
Lanatario doue.	88	Magoghi, da chi fondati.	15
Lari quali foffero.	89	Malot Tagete coronato.	22
Larthi, ciò che fignifichi.	30	Mamelo Re di Babilonia.	26
Larthi di Tofcana.	107	Mammofa, ciò che fia.	87
Lattaria, ciò che fia.	87	Mamuro chi foffe.	80
Laterniano quale.	67	Mancaleo, quanto regnaffe.	26
Laterniano quale.	71	Mangiatori di carne humana.	2
Latrione doue.	91	Manethone facerdote, chi foffe.	29
Latino R.	111	Manno chi foffe.	19
Latino Siluio Re.	104	Manfioni Albane.	77
Lacio, & fua difcrittione.	110	Mantoua Illuftre.	64
Lauagro d'Agrippina.	79	Margaritario quale.	84
Lemann quando regnaffe.	31	Marfia Capitano.	64
Leftrigoni da chi fcacciati.	24	Marfia Re.	109
Leftrigone Re.	107	Marucini quale.	65
Lettere in vfo auanti al diluuio.	2	Maffageti da chi fondati.	15
Lettere quando preffo à Galli.	20	Matuta quale.	87
Letticarij quali.	89	Mecenate chi foffe.	110
Leucopetra doue.	55	Medi, da chi fondati.	15
Libano, ciò che fignifichi.	2	Mellicola Re, & fue attioni.	104

TAVOLA

Memito quanto regnasse.	26
Meoni, da chi fondati.	15
Merodach Re.	35
Metasthene chi fosse.	34
Metrodoro.	110
Mezentio, chi fosse, & quando.	32
Mezentio Re.	109
Miagro chi fosse.	94
Mica o Meta.	77
Miliario aureo doue.	82
Miluio ponte.	91
Minernio che luogo.	85
Miri Adam, ciò che significhi.	7
Miriada, ciò che significhi.	95
Mirsilo Lesbio chi fosse.	39
Mœsa, quai popoli fondasse.	15
Monarchie quante fossero.	35
Monarchia, & primo suo auttore.	16
Morgete creato cosito.	26
Monte Ocra doue.	56
Monte apenino.	68
Moschi, da chi fondati.	15
Murcia, chi fosse.	87
Musarno, ciò che significhi.	25

N

Nabugdonosor Re.	35
Namues quanti popoli dominasse.	32
Naumachia quale.	89
Nar fiume.	56
Narnij già Nequino.	72
Nationi di Cham quali.	97
Nationi di Iafet quali.	97
Nationi diuerse in Italia, & quali.	39
Nationi di Sem quali.	97
Nembroto primo Saturno.	11
Nicea, & sue operationi.	33
Nicostrata, chi fosse.	94
Nino III. Re di Babilonia, & suoi fatti	16
Noa, ciò che fece uscito dell'arca.	7
Noe incantato da Cham suo figliuolo.	9
Noe, perche detto Sole, & Volcano.	6
Nomi imposti da gli antichi perche cagione.	10
Nomi i Italia de luoghi antichi messi 63 si.	3
Nuetini chi siano.	65
Nuore di Noa & nome loro.	7

O

Oeta monte.	95
Obelischi grandi in Roma quanti.	90
Obelischi piccoli in Roma quanti.	90
Occea Città grande.	72
Oceano, & sue operationi.	14
Othone Ferentino.	110
Ocno di chi figliuolo.	33
Oco Veio Re.	107
Ogigi, & suo significato.	5
Ogigi quanti fossero.	37
Ogigiano, che sia.	61
Olauo Re.	108
Olearie quali.	91
Olibania, & suo significato.	8
Olimpiade.	44
Olimpo, ciò che significhi.	37
Olitorio doue.	87
Ombelico di Roma doue.	83
Onfale, & sue operationi.	40
Opime, & suo significato.	95
Opobalsamo, ciò che sia.	26
Origine d'Italia.	30
Origine della gente Spagnuola.	99
Origine di Roma.	55
Origine di Roma di Solino.	92
Orma, ciò che significhi.	22
Oro Re d'Egitto quando.	27
Oropiti quali fossero.	39
Osco Re.	109
Osco, & sua insegna.	31
Osiri, & sue operationi.	20
Otto huomini nell'arca.	4
Otricolo quale.	72

P

Padiglioni da chi ritrouati.	1
Paesani come s'intendino.	64
Paesani quali siano.	17
Pallade qual fosse.	83
Palante di chi figliuolo.	94
Palatino colle quale.	49
Palatua, ciò che sia.	81
Palatuo, & suoi popoli.	31
Palatuo Re di Spagna.	104
Palensana, ciò che significhi.	40
Palensani, ciò che siano.	24
Pandora chi fosse.	3
Paris chi fosse.	30
Parma, ciò che significhi.	57
Parti quali ne primi tempi.	8
Pasife, & sua historia.	30
Patauio Re.	63
Pania quando regnasse.	35

Pelasgi

TAVOLA

Pelasgi popoli, & doue.	39
Pelij de ue hal...	39
Pelipni qu...li.	65
Penino perche cosi detto.	36
Penino transito d'Anibale.	68
Petreo nella petroa.	82
Picentini quali.	58
Pico prisco Re, & sue cose.	111
Pico Re.	112
Pico Iuniore quando regnasse.	91
Piede, & passo.	76
Pila Oratia doue.	82
Pipino, & sua operatione.	33
Pirgo, ciò che sia.	67
Piscina quale.	87
Pisco chi fosse.	33
Pisi, & loro operatione.	40
Pistorio da che detto.	68
Pisij chi fossero.	40
Pittura di Noa quale.	81
Plaustro, & suo significato.	15
Po, perche cosi detto.	57
Pomponio Attico chi fosse.	59
Ponti in Roma quanti.	90
Popio qual sia.	66
Popoli in Italia, & quali.	64
Popolo Babilonico primo sopra la terra.	11
Populonij quali.	58
Porco chi fosse.	24
Porta Capena doue comincia.	76
Portunno chi fosse.	87
Porsena Re.	109
Poti.ij, & loro historia.	94
Precutij quali.	64
Prima guerra ciuile frà gli Italiani quando fosse.	28
Principi giusti detti Dij.	12
Prothei quanti fossero.	38
Protheo Magno chi fosse.	38
Proto, ciò che significhi.	5
Publio Vittore chi fosse.	76

Q
Vinto Fabio chi fosse.	46
Quirinale da che detto.	84

R
Ragion della moltiplicatione de gli antichi.	7
Ramurio da chi detto.	54
Ranse secondo Larthe d'Egitto.	31
Re antichi d'Italia.	107
Re Babilonici, & quali.	35
Re diuersi, & quanto regnassero.	34
Regia.	79
Regni quattro grandi, & quali.	4
Regulo, & sua dichiaratione.	51
Re, & vso loro qual fosse.	16
Re di Roma doue habitassero.	93
Regione prima di Roma, & sua discrittione.	75
Regione seconda di Roma, & sua discrittione.	77
Regione terza di Roma, & sua discrittione.	77
Regione quarta di Roma, & sua discrittione.	78
Regione quinta di Roma quale.	79
Regione sesta di Roma, & quale.	80
Regione settima di Roma, & sua discrittione.	82
Regione ottaua di Roma, & sua discrittione.	81
Regione nona di Roma, & sua discrittione.	84
Regione decima, & sua discrittione.	85
Regione vndecima di Roma, & sue cose.	86
Regione duodecima di Roma, & sua discrittione.	87
Regione tredecima di Roma, & sua discrittione.	88
Regione decimaquarta di Roma, & sua discrittione.	88
Rhea Siluia chi fosse.	94
Rhea chi fosse.	37
Rheatino Contado.	69
Rhemensi da chi cognominati.	32
Rheno quando regnasse.	32
Rheto Larthe.	109
Ritrouatori de padiglioni, & dell'armi, & d'altre cose.	2
Rituali, ciò che erano.	11
Rituale, ciò che siano.	18
Roma madre di Romanesso.	30
Roma prima pascola di buoi.	65
Romanesso chi fosse.	26
Romanesso Re chi fosse.	110
Romo, & suoi popoli.	29
Romo Re di Spagna, & sue cose.	103
Romolo, restauratore di Roma.	27

Romolo

TAVOLA

Romolo così detto da Roma.	58
Rosella, ciò che signisichi.	62
Rosolo quale.	67
Rostri, ciò che fossero.	82
Rotonda di Hercole.	54
Rutuli popoli, & quali.	39

S

Sabatia Prouincia.	67
Sabatio Saga, & sue attioni.	19
Sabatio Saga perche perseguitato.	16
Sabelli quali.	56
Saghi Armeni, che paese tenessero.	15
Salentini popoli, & quali.	39
Salicari quanti.	91
Salman Assar chi fosse.	35
Salpinati doue.	52
Samoto doue habitasse.	12
Sandalario, ciò che sia.	78
Saturni quali siano.	36
Saturni, che cosa fossero.	11
Saturno, & sue attioni.	16
Sceuino Larthe.	110
Scrittura di Noa, & quale.	7
Saga, ciò che significhi.	4.7.8
Sfero Re, & sue operationi.	76
Secolo d'oro, & sua descrittione.	46
Secreti sempre celati al volgo.	7
Seiano Larthe.	110
Selua Messia quale.	67
Semiramis chi fosse.	28
Sennaar campo.	18
Sennacherib Re.	35
Senacolo quale.	54
Senati quanti.	90
Senegallia qual sia.	64
Senofonte di chi figliuolo.	36
Serapco, che luogo.	85
Sermoncello fatto a Iano.	47
Septa, ciò che fosse.	84
Seprizonio perche detto.	86
Sicano Re.	107
Sicano Re di Spagna.	02
Siceleo Re di Spagna.	103
Sicoro Re di Spagna, & sue cose.	102
Siculi popoli, & loro Isola.	39
Siculo Re di Spagna, & sue cose.	103
Sidonij quali popoli.	30
Siluano, & Pan chi sia.	10
Siluio postumo Re.	111
Smirna, patria di Homero.	44

Spareto Re quando fosse.	27
Spoleto onde detto.	73
Solino quando viuesse.	95
Sorano, & sua morte.	58
Soratte come hoggi.	67
Sororio Tigillo che sia.	73
Sosarmo quando regnasse.	32
Statue, & discorso intorno ad esse.	16
Strade sei da Roma alle Gallie.	70
Stromenti musici da chi ritrouati.	1
Suburra, ciò che sia.	55
Suburra, ciò che fosse.	78
Susa Città doue posta.	34

T

Tage Re.	107
Tago Re di Spagna, & sue cose.	120
Tago, & sue attioni.	22
Tarcone vndecimo Re.	101
Tarcone prisco Re.	118
Tarcone quando regnasse.	31
Tebro, & sua descrittione.	50
Thelchini chi fossero.	14
Tempesta Tempio.	76
Tempio della pudicitia.	83
Tempio di Claudio.	77
Tempio di Marte doue.	76
Tempio del Sole doue.	81
Tempio della pudicitia.	54
Tempio della pace.	78
Tempio della salute.	80
Tempio di Castore doue.	82
Tempio di Tellure.	78
Tempio di Venere.	78
Tempio di Faustina.	78
Tempio, & sua dichiaratione.	36
Terremoto primo in Babilonia.	27
Territorio di Roma da chi diuiso.	52
Terza regione di Roma, & sua descrittione.	77
Testa Libio quando fosse.	30
Testa Re di Spagna, & sue cose.	103
Tetrapoli, & suo significato.	36
Theologia insegnata da Noà.	7
Therme di Tito doue.	78
Therme quante.	90
Therme di Diocletiano.	80
Therme Seueriane.	75
Tiberino Siluio.	104
Tiberino Re.	109
Tiburtina doue fosse.	81

Tidea

TAVOLA

Tidea chi sia.	3
Tiferno qual sia.	68
Tiras, & sue operationi.	15
Tirrheni, onde venissero.	40
Tito Linio ripreso da Antonino Imperatore, & perche.	72
Tohe Città.	61
Tonante doue fosse.	83
Tonsura Etrusca.	69
Tre parti del mondo da chi fatte.	10
Trigemina da chi detta.	87
Trigemino Re di Spagna.	101
Tritone, qual parte tenesse.	15
Troia quando fosse rouinata.	33
Troilo quale.	67
Trometino, cognome.	53
Tubale Re di Spagna, & sue cose.	99
Tudea qual sia.	68
Tuischi, & loro diuersi cognomi.	25
Tuiscone, quai popoli fondasse.	25
Tuisconi chi sono.	4
Tunniate, che sia.	71
Tursi, & suo significato.	42
Tusa Nana quale.	68
Tusco Re.	108
Tusco figliuolo di Hercole.	25

V

Vada qual sia.	75
Valentia, ciò che signifchi.	30
Vandalo quali popoli dominasse.	29
Varentino luogo, & doue.	72
Vaticano onde detto.	89
Veibeno, di qual famiglia fosse.	31
Vei, ciò che siano.	13
Vei, ciò che signifchi, & perche.	15
Veitula, ciò che sia.	15
Veia famiglia Illustre.	32
Veioue doue fosse.	83
Veibeno Re.	108
Velabro perche detto.	87
Velia doue.	55
Venere Encina.	79
Veneti, di doue discesi.	39
Venetia qual sia.	63
Venetie, & quale.	57
Venetie da chi habitate.	37
Venusia doue.	55
Vessilli di Roma.	91
Vesta Regina de sacrificii.	47
Vera famiglia antica.	57
Verghe, & fasci quali.	47
Verona onde detta.	37
Verulonia, perche cosi detta.	15
Viaggio Tiberino quale.	72
Via Sacra quale.	54
Vico horchiano come detto.	74
Vicolungo quale.	54
Vico Maestri.	76
Vico d'Arno.	54
Vico Toscano quale.	49
Vico stellatino quale.	54
Vico, & sua significatione.	76
Vie di Roma quante.	90
Vellere, ciò che sia.	69
Viminale doue posto.	49
Viminale perche detto.	79
Via placa doue.	86
Via lata, & suo principio.	80
Vitulonja, ciò che sia.	22
Viterbo, & quale.	74
Viti da chi ritrouate prima.	9
Vittimari quali.	91
Vlprdo, ciò che sia.	15
Vmbri, ciò che voglia dire.	40
Volaterra onde detta.	61
Volsinio Città.	62
Volturrena.	68
Voltiterreno.	110
Vrsentini quali.	69
Vsi de gli antichi nella creatione Re.	26
Vsi de gli antichi quanto all'vso della loro Città, qual fosse.	37

X

Xanto Lidio Historico.	41
Xerse, ciò che signifchi.	35

Z

Zameo Re, & sue opere.	20
Zeto, di chi figliuolo.	30

IL FINE.

SCRITTORI ANTICHI
Contenuti nel presente volume.

Beroso Babilonico, Sacerdote dell'antichità. 1
Metasthene, delle cose di Persia. 34
Senofonte, de gli Equiuoci. 36
Mirsilo, dell'origine d'Italia. 39
Archiloco, de Tempi. 43
Q. Fabio Pittore, del Secolo d'oro. 46
C. Sempronio della diuisione d'Italia. 55
M. Portio Catone, dell'origine. 60
Itinerario d'Antonino Pio Imperadore. 70
Editto del Re Desiderio. 73
P. Vittore, delle regioni di Roma. 75
Giulio Solino, della Città di Roma. 92
Mnassea Damasceno del diluuio. 95
Eusebio Cesariense del diluuio. 96
Giouanni Annio, de Re di Spagna. 98
Filone Hebreo, de tempi. 105
Re antichi d'Italia, d'Incerto. 107

DELLE ANTICHITA
DI BEROSO BABILONICO
LIBRO PRIMO.
FRANCESCO SANSOVINO
Interprete.

Si tratta in questo primo libro, di quello che auenne innanzi al diluuio. narrando prima l'esordio, & poi la historia.

BEROSO.

INNANZI alla famosa rouina dell'acque: per laquale perì tutto l'vniuerso mondo, passarono molti secoli, i quali furono conseruati fedelmente da nostri Caldei. Scriuono, che in quei tempi fu vna città grandissima di ᵇgiganti, detta Enos intorno al ᶜLibano, i quali signoreggiauano tutto l'vniuerso mondo, da colà doue si posa il Sole, fino à doue si lieua. Questi confidandosi nella grandezza & fortezza de corpi loro, inuentori dell'armi, opprimeuano ogniuno, & datisi alla libidine, furono ᵈritrouatori de i padiglioni, de gli stromenti musici, & di tutte le delitie. ᵉMangiauano gli huomini, & procurauano gli ᶠaborti, facendone delicate viuande. Si mescolauano carnalmente con le madri, con le figliuole, con le sorelle, co maschi, & co bruti, & non era sceleratezza alcuna che essi non admettessero, come disprezzatori della religione & de gli Iddij.

DICHIARATIONE.

a Beroso } *Nacque in Babilonia: & per degnità fu Caldeo, cioè sacerdote, perche, come dice Diodoro Sicolo nel 3 libro, i Caldei tengono quel grado medesimo*

ANTICHITA

medesimo nel gouerno loro, che tengono gli Egittij. Onde fu notaio, o Secretario publico. presso a quali solamente, cioè a Sacerdoti si conseruauano le scritture publiche de gli annali de Re, de tempi, & de gesti che aueniuano di mano in mano. Fiorì costui poco auanti alla Monarchia di Alessandro, come sarebbe intorno a gli anni del mondo poco più o meno 3620. & auanti alla venuta di Christo 341 anno, che sarebbono 1922 ch'egli fu al mondo. Seppe la lingua greca, & insegnò in Athene le discipline Caldee, & spetialmente l'Astronomia, nella quale i Caldei trapassauano tutte l'altre nationi. di modo che, come attesta Plinio, gli Athenieſi gli dedicarono nello studio publico vna Statua, con la lingua dorata, per le sue diuine predittioni. & si dice, che fu padre della Sibilla Cumea. Ora la sua intentione è, di mostrar la grandezza, & la nobiltà del Regno della sua patria, & quali fossero i tempi & i Re che cominciarono in essa, & anco per mostrare quanto errassero i Greci nelle cose loro, referendo il tutto, non al tempo nel quale fu creato il mondo, ma nel tempo che venne il diluuio : che secondo la minor computatione fu l'anno 1530 del mondo, & auanti alla venuta di Christo 2431 come scriue Gian Lucido nel suo Cronico de tempi. Ma perche cagione auenisse così fatto diluuio, lo descriue auanti ch'esso venga alla sua narratione, mettendone dinanzi a gli occhi le operationi scelerate de gli huomini, con le quali chiamarono & destarono la giusta vendetta di Dio. accioche noi per questo impariamo a non offender la diuina maestà. & accioche vediamo, che sì come il bene è premiato, così il male è punito, ricercando questo il debito della humana, & della diuina giustitia. Et si dee notare, che i diluuij furono cinque in tutto, come vederemo in Xenofonte de gli Equinozi. Il primo fu questo: il quale inondò tutto il mondo in ogni sua parte, onde fu vniuersale & maggiore di tutti gli altri. Il secondo fu il Niliaco, cagionato dal fiume Nilo, & auenne sotto Prometheo, & sotto Hercole Egittio, come scriue Diodoro Sicolo nel primo. libro. Il terzo fu l'Attico, & fu sotto Ogige Attico. & inondò dalla città d'Athene fino per tutti i lidi dell'Asia, come tocca Diodoro nel 6. Il quarto fu il Tessalico: il quale allagò solamente il paese intorno al monte Parnaso, in tempo di verno. & fu sotto Deucalione, come attesta Aristotele nel 1. della Meteora. Il quinto fu il Faronico, colà a punto doue è hora la città d'Alessandria in Egitto, & fu nel tempo di Protheo indouino.

b Giganti } I primi huomini furono di gran Statura, L'attesta la sacra scrittura. conciosia che nel Gen. a cap. 6. si dice. Gigantes enim erant super terram in diebus illis. cioè auanti al diluuio. Et dopo il diluuio, nel 2 del Deut. Dabo tibi de terra filiorum Ammon, quia filijs Loth dedi eam in possessionem, terra Gigantum reputata est, & in ipsa olim habitauerunt Gigantes, quos Ammonitæ vocant Zomim populus magnus, & procera longitudinis sicut Enacim &c. Et Santo Agostino nel libro 15 a cap. 9. della

città

città di Dio, affermando questa materia de giganti, attesta di hauer veduto su i lidi d'Vtica, vna mascella d'vn'huomo morto, tanto grande, che chi l'hauesse tagliata alla misura de nostri, haurebbe fatto piu di cento denti per vno di quelli. Et Solino racconta, che in vna guerra fatta in Candia, fu trouato vn corpo di 33 cubiti di lunghezza, che sono 16 braccia & mezzo de nostri. Et nel cap. 13 de Numeri, gli esploratori Giudei che andarono a prender lingua nella terra di Chanaam dicono. Populus quem aspeximus procerę staturæ est. Ibi vidimus monstra quædam filiorum Enach de genere giganteo, quibus comparati, quasi locustę videbamur. Et perche piu innanzi Beroso dice, che Noè fu gigante, si dee credere che anco Adamo, dal quale era nato & disceso Noè co figliuoli, fosse gigante, come ben dice il Lucido, & come afferma Methodio. Si proua anco in Giosue a cap. 15. Ma qual fosse la misura a punto de Giganti non si legge in nessuno. Ben si dice comunemente che erano di 14 in 15 braccia, poco piu o meno. onde in Toscana, a questo proposito, si suol dire,

Et hebbi voglia anch'io d'esser gigante,

Vedi che sette braccia sono a punto. cioè la metà che è il gigante. Plutarco nella vita di Sertorio dice, che essendo Sertorio in Tigenna nella Spagna, vi trouò il corpo d'Anteo, & fattolo misurare, trouò ch'era di 30 braccia, onde marauigliatosi di cosi gran corpo, fece restaurare il suo sepolcro. Si legge etiandio che nel tempo di Henrico Terzo Imp. cauandosi vna fossa fuori delle mura di Roma, si trouarono l'ossa di Pallante figliuolo d'Euandro, che fu morto da Turno, lequali dirizzate in piedi, erano di altezza di 15 braccia. Et è credibile che gli antichi fossero così fatti. percioche per linea, erano poco lontani dal padre Adamo, che fu formato da Dio perfetto in tutte le parti. Ma in processo poi di tempo, scemando à poco à poco ne gli huomini la virtù naturale, siamo diuentati piccoli, & tanto piu, quanto che i giouani, non essendo ancora cresciuti al segno loro, maritandosi a buon'hora, generano creature debili & imperfette in sostanza, prodotte da padri non ancora a compimento cresciuti.

c Libano } Che nella lingua hebrea significa candido. Et è l'vno de tre monti della Giudea, percioche gli altri due sono, Carmelo & Antilibano, ricordato spesso nella sacra scrittura. & produce il nobilissimo legno del cedro, col quale si fecero diuersi lauori nel tempio di Salomone.

d Ritrouatori } Inuentori. percioche Tubalcaim figliuolo di Lamech, ritrouò i padiglioni, l'arte de metalli, del ferro, & dell'armi, con altre cose appartenenti al bestiame. & nella nostra lingua Tubalcaim vuol dire, possessione mondana, percioche con altri insieme, era del tutto dato alle cose terrene & del mondo. Et Tubal, o vero Iubal suo fratello fu inuentore della citera, dell'organo, della fistola, & della lira, & in somma della musica. la quale dice Iosseffo, ch'egli trasse dal suono de martelli di Tubalcaim suo fratello,

A 2 quando

quando lauoraua di fabbro.

e **Mangiauano }** *Tolomeo scriue, che nel tempo suo, gli Ethiopi, & gli Antropofagi mangiauano carne humana. Et Plinio nel 5. narra, che i Listrigoni, & i Ciclopi in Italia faceuano il medesimo, Et San Hieronimo scriue, che gli Scozzesi vsauano in cibo la carne dell'huomo nel suo tempo. Quid (dice egli) de cæteris nationibus, cum ipse adolescentulus in Gallia viderim Scottos, gentem Brittanicam, humanis vesci carnibus? La quale esserità fu vietata da Dio, dicendo. Carnem cum sanguine non comedetis, & intendendo della humana soggiugne. Quicunque enim effuderit humanum sanguinem, fundetur sanguis illius. perciochefaceuano viuande d'essa carne.*

f **Aborti }** *Sconciature delle grauidanze: & forse procurauano quegli delle donne.*

BEROSO.

a   Allora molti ªpredicauano, & indiuinauano, & intagliauano in ᵇsas-
b   si, quelle cose che doueuano venire in perditione & rouina del mon-
c   do. ma essi auezzi al male se ne rideuano, apprestandosi l'ira & la ven
d   detta de Dei celesti, ᶜper l'impietà & ᵈper le sceleratezze loro.

DICHIARATIONE.

a **Prediceuano }** *Dice il testo prædicabant. cioè andauano dicendo & facendo intendere ad ogniuno predicando, ch'era impossibil cosa che Dio non castigasse tante scelerità; o vero prediceuano inspirati da Dio, come religiosi, che doueua venire il diluuio.*

b **In sassi }** *Da questo si può comprendere che innanzi al diluuio, erano in vso le lettere, l'arte fusoria, la maestria dell'intagliare, il cuocere i mattoni, & altre cose tali. Et fra gli altri Enoch huomo santissimo, & che nacque piu di 1030 anni auanti al diluuio, lo predisse, & scrisse in due colonne, l'vna di rame, & l'altra di mattoni, si come anco predisse la fine del mondo, come attesta l'Apostolo Iuda. Ecce venit Dominus in sanctis millibus suis facere iudicium contra omnes, & arguere omnes impios de omnibus operibus impietatis eorum, quibus impie egerunt &c. Ma essi se ne rideuano, perciochè è costume de i potenti & de i ricchi, inebriati nello splendor dell'oro, & nella dolcezza de loro piaceri, di farsi beffe d'ogniuno: & chiuder per lo piu gli orecchi alla voce di Dio, & alla verità: si come ne habbiamo l'essempio, oltre a molti altri, dell'Epulone, con Lazaro impiagato & afflitto.*

c **Per l'impietà }** *Quanto a Dio. perciochè si come i religiosi sono detti pij, dalla voce pietas, che è verso le cose diuine, così gli sprezzatori di Dio sono chiamati empij, cioè senza pietà.*

Per le sceleratezze } *Quanto alle cose del mondo intorno a pia ceri, alle delitie,*

delitie, & a qual si voglia altra cosa che riguardi solamente al contento del senso.

BEROSO.

a   ᵃVno era fra i giganti, piu prudente, & piu ᵇ uenerante gli Dij di
b   tutti gli altri buoni in Siria. Costui haueua nome Noa, con tre figliuo
c   li, Sem, Iapeto, Cham, & con le mogli, ᶜ Tidea Grande, ᵈ Pandora,
d   Noela, & Noegla. Egli ᵉ temendo la rouina, la quale preuedeua
e   per le stelle, che doueua uenire, l'anno 78 innanzi al diluuio comin
ciò a fabricare una naue coperta in forma d'un Arca. Et l'anno 78 dal
la incominciata naue, l'Oceano inondò ᶠ all'improuiso, & tutti i ma
f   ri mediterranei, i fiumi, & le fonti, gorgogliando & bollendo nel fon
do, soprabondarono a tutti i monti, aggiugnendosi a ciò, impetuo-
samente & contra natura, copiosissime pioggie da Cielo per molti
giorni. Cosi concorrendo & superando l'acque: tutto il genere humano fu affogato, da Noa in fuori con la sua famiglia, che fu salua-
ta nella naue. Percioche eleuata dall'acque, si fermò su la cima del
g   monte ᵍ Gordico, doue si dice, ch'ancora è qualche parte di essa na
ue. Et che gli huomini cauano d'essa vn ʰ bitume, del quale massimamente si seruono ⁱ nell'espiationi.

DICHIARATIONE,

a   **Vno era** } *Inferendo ch'anco Noè fosse gigante co suoi antecessori.*

b   **Piu uenerante** } *Veneratior dice il testo. cioè piu prudente, & piu timoroso, o che piu venerasse Dio, di quanti si trouauano allora nella Siria, che noi chia miamo hoggi Soria, doue essi giganti habitauano. Et se nell'aspetto era come gli altri giganti, era però differente da loro nell'animo & nell'operationi: percioche si legge nel Gen. a cap. 6. Noe vero inuenit gratiam coram domino. percioche Noè conosceua Dio per suo fattore, & Signore, & hauendolo in riuerenza, l'obbediua.*

c   **Tidea** } *Maxima dice il testo, rispetto alle nuore, o uero massima, cioè pri ma dell'altre & principale.*

d   **Pandora** } *Era la moglie di Sem. dal cui nome forse gli antichi figuraronola fauolosa Pandora di Volcano, ilquale per comandamento di Gioue fece la sua prima figura, come fabbro o Scultore, & la chiamò Pandora, cioè dono di ogniuno. percioche Pallade le diede della sua sapientia, Apollo della musica, Mercurio dell'eloquenza, & cosi tutti gli altri di mano in mano, come scriue l'antico Esiodo.*

e   **Egli temendo** } *Et in questo Beroso approua l'astrologia giudiciaria intorno alla cosa de tempi. Ma la verità fu, che Noè lo seppe non per via delle stelle, ma dalla bocca di Dio, dicendosi nel 6 del Gen. Cumque vidisset Deus ter-*

ram esse corruptam (omnis. quippe caro corruperat uiam suam super terram) dixit ad Noè. Finis uniuersæ carnis venit coram me, &c. Et nel fine del capitolo. Fecit igitur Noè omnia quæ præceperat illi Deus. Et fece l'arca per ordine di Dio, dal quale hebbe la misura et il modello, come nel predetto capo si contiene.

f All'improuiso } Non quanto a Noè, che n'era stato auisato, o quanto a coloro che lo haueuano predetto, & scritto per auanti in rame & in sassi, o matteni, ma quanto a coloro che scherniuano cotal predittione, & che si faceuano beffe del tutto, che il mondo douesse inondarsi.

g Gordico } Nell'Armenia, non troppo lontano dal fiume Arasse, detto Ararat da gli Hebrei, Arasat da gli Aramei, & Arasse da Greci & Latini. Il qual fiume si troua nell'Armenia Maggiore. Attorno al quale & nel suo paese si pose nel principio dell'origine sua la gente Scitica: così detta da Scita loro Re. sì come racconta Diodoro Sicolo nel 4 lib. Et così la Scithia Arassea fu il primo luogo, doue la generatione humana cominciasse ad habitare dopo il diluuio. Fu detta Aramea, & poi Scithia Saga: Moise nell'ottauo del Gen. parlando dell'Arca dice. Requieuitque arca mense septimo, uicesimo septimo die mensis super montes Armeniæ.

h Vn bitume } Pasta, o creta, o altra materia che si tiene insieme, & si secca come la calcina. Dicono che quando vi entra fuoco, non si può spegnere ageuolmente: perche partecipa della natura del solfo. Si dice parimente che nasce dal fulmine, & che però vicino a Babilonia, che spesso è molestata dalle saette, è vn lago di questa materia, della qual si dice che Semiramis fece le mura della città. I Greci lo chiamano asfalto: & si troua di due sorti. L'uno arido, l'altro liquido. L'arido nasce nella Giudea, nella Fenicia, & nella Sidonia. Il liquido in Babilonia, nell'Apollonia, & nella Sicilia. Dicono ch'è liquore agro per sua natura, & bagnato con l'aceto cresce, ma tagliato con vn filo tinto di mestruo, si risolue & disfà del tutto.

i Nell'espiationi } Cioè s'adoperaua ne sacrifici che si faceuano da gli antichi per purgarsi & mondarsi il corpo. Voce vsata in questo senso. Liuio nel primo. Itaque ut cedes manifesta, aliquo tamen piaculo lucretur, imperatum patri, ut filium expiaret pecunia publica.

B. E R O S O.

Da questo anno adunque della humana salute prendendo il principio dall'acque, i nostri maggiori scrissero cose infinite. Ma noi che siamo per abbreuiare i loro tediosi ragionamenti, referiremo l'origini, i tempi, & i Re di quei Regni solamente, che al presente sono tenuti grandi, in Asia il nostro, per certo di tutti gli altri altissimo Babilonico, in Africa l'Egittio & il Libico, che nel principio furono un solo,

DI BEROSO BABILONICO.

solo: & ne ragioneremo sotto uno. Vltimamente i nostri ne annoue-
a rano quattro nell'Europa; cioè de ªCeltiberi, de ᵇCelti, di ᶜKitym che
b quelle genti appellano Italico, & de i ᵈTuisconi, il quale discorrendo
c dal fiume Rheno per i Sarmati finisce nel Ponto. Alcuni altri aggiun-
d gono il quinto, & lo chiamano Ionico.

DICHIARATIONE.

a Celtiberi } *Che sono hoggi le Spagne.*
b Celti } *Francesi.*
c Kitym } *Italia, detta da molti Cetim, ma corrottamente, percioche è voce Hebrea.*
d Tuisconi } *Germani, Alamanni, detti hoggi Tedeschi.*

DELLE ANTICHITA
DI BEROSO BABILONICO,

LIBRO SECONDO.

In questo secondo libro Beroso tratta de primi Duci & capi, & della loro geneologia dopo il diluuio, perche i primi Greci non seppero quali fossero i primi Re nel mondo dopo il diluuio. percioche cominciarono da Nino, che fu 250 anni dopo l'acque. & nondimeno auanti Nino furono diuersi Re. Et ne tratta così chiaramente, che non è nessun Regno che non sappia l'origine, & il principio della sua discendenza.

BEROSO.

      Necessario adunque, che si confessi per le cose predette da noi, & per quello che scriuono anco i Caldei, & gli Scithi, ch'asciutto il mondo dall'acque, non fossero nell'Armenia [a] Saga se non gli [b] otto huomini predetti. &
a   che da questi sia stato seminato tutto il genere humano.
b Et che perciò gli Scithi rettamente appellano & dicono Noa, padre [c] di tutti i Dei maggiori & minori, auttori della gente humana,
c [d] Chaos & seme [e] del mondo, & Tirea, [f] Aretia, cioè terra, nellaquale
d il Chaos pose il seme, & della quale come quasi dalla terra, vscirono
e tutte le genti.
f

DICHIARATIONE.

a *Saga* } Presso a noi significa. sauia, accorta, & quello che diciamo sagace. Ma in questo luogo, dou'ella è noce Aramea s'interpreta Sacra, onde Sago, cioè sacro. i Sabini et gli Etruschi dicono Sangrio: ma i Latini Sancto, o Santo. ma con diuersa pronuntia l'uno dall'altro, ch'in somma uuol dir presso a tutte le predette natio-

DI BEROSO BABILONICO.

te nationi, puro, religioso, sacerdote. Sacrificolo, et imolatore dice S. Hieronimo.
b Otto huomini } Cioè quattro huomini & quattro donne. & chiama huomini le femine : comprendendo sotto il genere maschile il feminile. Cosi i Legisti. Et questi otto hanno ripieno il mondo. Et da questi pendendo ogniuno, si può ageuolmente dichiarare cio che sia nobiltà: si come a lungo ho trattato in altro luogo.
c Padre di tutti } I Dei maggiori, cioè de figliuoli, & Dei minori, cioè de nipoti & loro discendenti. i quali furono per lo beneficio fatto da loro a gli huomini chiamati Dei con diuersi nomi, si come più oltre si può vedere. A questo proposito Macrobio nel libr. 1. a cap. 5. de Saturnali dice. Saliorum quoque antiquissimis carminibus Deorum Deus canitur, &c.
d Chaos } Rozza & indigesta mole auanti a tutte, dallaquale escono tutti. Hesiodo nella Theogonia lo chiama, Initium omnium rerum, quod ante omnes Deos Deasq, natum sit. Cosi Noe per similitudine fu initio di tutti gli altri: & di tutti i Dei, & le Dee che seguirono dopo lui.
e Seme del mondo } Perche delle sue reni del seme informe, nacque il genere
f humano, & esso precesse a tutti gli altri in tempo.
Aretia } voce Aramica, che significa terra, onde è detta ara quella doue si batte il grano. Ara l'altare: perche si facua di terra presso a gli antichi. & Arezzo città in Toscana, edificata al nome d'Aretia Titea da Iano, o Noè. Vedi in Catone alla voce Aretia.

BEROSO.

Ma oltre a tre primi figliuoli, Noa generò dopo il diluuio i giganti, & piu altri figliuoli. Onde conferirà molto ad abbreuiare, se figureremo le posterità di tutti, prendendo il principio da esso Noa; & poi singolarmente da gli altri. Primieramente adunque lo chiamarono
a ᵃOgige Sago, cioè illustre Noa Disir Pontefice de sacrifici.

DICHIARATIONE.

a Ogige } O vero Ogigisam. Noè, quasi secondo Adamo, hebbe da gli antichi diuersi cognomi. percioche venerato come vn Dio, lo chiamarono Ogige, Iano, Enotrio, Protheo, Vertuno, Vadimone, Cielo, Sole, Chaos, Seme del mondo, &c. i quali tutti cognomi i Greci abusando, & introducendo confusione, applicarono alle loro fauolose inuentioni. Dice adunque Ogige Sacro, cioè illustre Pontefice de sacrifici. forse cosi detto dalla voce Gigiati, che a gli Aramei significa illustrare. perche illustrò il secolo seguente di tutto quello ch'era stato innanzi al diluuio, delle arti, & delle scienze, & fu celeberrimo & illustre in tutti i secoli da venire. adunque illustre Noè, Disir, cioè ilice, albero somigliante allaquercia, che noi chiamiamo elce. Dice il cap. 13. nel Genes. & Ioseffo nel primo delle antichità. Habitauit Abraham

ham circa Hebron iuxta Illicem quæ vocatur Ogigi. doue habitarono anco Adam, Isaac, & Iacob, & vi furono seppelliti. Onde Ogige, & prima & poi del diluuio, fu patria de giusti. però fu Noa cognominato Ogige, cioè illustre sacro. Lo dice San Hieronimo, l'attesta Solino & altri. Perche gli antichi, come scriue Plinio nel lib. 12, Diodoro, l'Alicarnasseo & altri, vsauano di conuersare & habitare sotto l'elce, & altri alberi in cambio de Templi, perche essi credeuano che le deità celesti conuersassero ne boschi & nelle selue: & gli teneuano come per sacri. Fu anco detto Iano, dalla voce Aramea, Iaim che significa, vino. onde Iano s'interpreta vitifero & vinifero: perche trouò la vite, & fece il vino, col quale s'inebriò. Et percioche i Greci dicono Enotrio alla vite, & al vino; però fu anco chiamato Enotrio; cioè vitifero & vinifero. inuentor della vite & del vino. Dalla medesima voce di Iano, furono detti i Ianigeni popoli in Toscana, come si dirà più auanti. & la Ianua, cioè la porta, della quale esso fu inuentore. & il primo mese dell'anno fu da lui nominato Ianuario, cioè porta, capo, & principio. perche da quel mese si vede quasi come l'huom fosse su la porta, l'anno passato, & il futuro. Et esso fu porta, per la quale il genere humano passò dal mondo vecchio & distrutto, nel mondo nuouo, & rifatto da lui dopo il diluuio. Però gli antichi lo dipingono con due faccie, l'vna che guarda in dietro, & l'altra dinanzi, significando che haueua veduto il tempo passato auanti al diluuio, & il futuro dopo il diluuio. la quale fu quasi come emblema allo huomo, al Principe & Re, accioche riguardando alle cose andate, sappia gouernar le future. Et l'vna fu fatta di età giouanile, & l'altra di età vecchia & barbuta, significando che l'anima ha due lumi, l'vno naturale suo proprio & nato con lei, come dice Platone, & con questo vede se stessa & conosce le cose del mondo, & l'altro è diuino & infuso in lei dalla bontà di Dio, con la scorta del quale ella s'inalza al cielo, & quiui contempla le cose diuine. De quai lumi il naturale è significato per la faccia barbuta, & il diuino per la faccia giouane & senza barba, come sono dipinti gli angeli da i pittori. Si fece etiandio con quattro faccie, per le quattro stagioni dell'anno, ben conosciute da ognuno, conciosia ch'egli regolò l'anno al corso Solare & Lunare, come si dirà più oltre. Fu detto Protheo, Vertuno, & Vadimone, tutte uoci d'vn medesimo significato, benche differenti di lingua, perche Proto in Egittio, vuol dir Vado in Arameo, ch'in latino diciamo verto, cioè riuolto, conuerto. onde da Proto Protheo, da Vado, Vadimone, & da verto Vertuno. quasi dicat in sostanza, Iano, riuoltatore, conuertitore delle cose con questa ragione, che gli Etruschi stimarono che si fosse conuertito in anima motrice del cielo, come più oltre dice Beroso, & che per questo erano in sua mano tutte le cose, le quali poteua conuertire in diuerse forme & stati, come gli elementi, le pietre, i vegetabili, gli animali, gli huomini, & la vita, & l'operationi loro. & ch'in somma era solo Monarca. Onde però Ouidio introducendolo

ducendolo a fauellare nel 1. de Fasti dice.

Quidquid ubique vides, cælum, mare, nubile, terras,
Omnia sunt nostra clausa patentque manu.
Me pœnes est unum uasti custodia mundi,
Et ius uertendi cardines omne meum est.

& però finsero i poeti, sotto nome di Protheo, che si mutasse in diuerse forme. Fu detto Sole, & Volcano, che vuol dir fuoco. perche fu primo a illustrare il mondo dopo il diluuio, cauandolo dalle tenebre, nellequali era entrato per l'acque, con restituire al mondo il genere humano. et fu primo che raccolse il fuoco in terra, tolto dal Sole, o con vetro, ò con bozza, o con specchio, o con altro modo, col quale apposto a raggi del sole, s'accende il fuoco in alcuna cosa che sia combustibile, come è l'esca, o cosi fatta altra materia. & con questo hauuto dal Sole, offerì sacrificio à Dio la prima volta su l'altare fatto di terra & di legne. il qual fuoco ordinò con Titea che si conseruasse perpetuamente, consignandolo a fanciulle uergini in guardia. & però Titea fu detta Cibele Magna, cioè Regina de sacrifici. & Vesta, cioè conseruatrice del fuoco celeste, riceuuto, & conseruato, ch'in Arameo si dice Esta, che significa fiamma & fuoco. onde però noi diciamo estate, perch'è voce formata da Esta. attento ch'allora è tempo caldo & focoso, & spetialmente ne giorni canicolari. Onde Vesta cioè fuoco, & Vestali, le vergini conseruatrici del fuoco. Il qual fuoco uolle Dio, che si conseruasse su l'altare dicendo a Moise, Ignis in altari meo semper ardebit, quem sacerdotes enutrient iugiter, &c.

DELLE ANTICHITA
DI BEROSO BABILONICO,

LIBRO TERZO.

In questo terzo libro si contiene, cio che si facesse dal tempo del diluuio fino à che furono mandate le colonie per il mondo, hauendo esplicato di sopra le genealogie.

BEROSO.

a Noi adunque abbreuiamo l'origini, & le posterità de Principi, & de gli *Heroi, da nostri libri Caldei & Scithici, tanto che basti, conciosia che fecero memoria di molti altri che noi pretermettiamo, perche non tornano à proposito alla nostra breue & corta intentione: & perche poco importano: facendone mentione solamente doue sarà bisogno.

DICHIARATIONE.

a Heroi } *Voce significatiua di cosa piu che humana, & deriuata non dallo honore, ma dall'amore. Gli antichi chiamarono heroi, gli huomini nobili & illustri, i quali essendo mortali, s'auicinarono alle qualità de gli Dei immortali per la grandezza delle cose fatte da loro. Et il volgo credeua che però fossero posti & trasportati in Cielo nel numero de gli altri Dij, come furono quei Semidei, de quali fauoleggiando i Poeti, credeuano che fossero nati di padre Diuino, & di madre mortale, o di madre diuina, & di padre mortale. Luciano diffinisce questa uoce, Heros est, qui neque homo est, neque Deus, & simul utrunque. S. Agostino nel decimo della Città di Dio, giudica che sieno cosi detti da Giunone: perche un suo primo figliuolo fu chiamato Heroe. significandosi misticamente per questa fauola, che l'aria sia deputata a Giunone, doue vogliono che gli heroi habitino insieme co i demoni: col qual nome chiamano l'anime de morti di qualche merito. Et il medesimo nel 7. libro dice, che fra il cerchio della Luna, & le cime de nembi, & de venti vi sono l'anime aeree, le quali non si possono veder con gli occhi, ma con l'animo, & che queste si chiamano Heroes, Lares, & Genij. Martiano Capella*

DI BEROSO BABILONICO. 7

pella dice, heroas chiamati ab hera, che significa terra. In somma heroe vuol dire, Huomo grande, Prencipe, & participante del diuino con l'intelligenza delle cose, d'animo virtuoso, & non punto imbrattato da gli affetti del mondo, & ammirabile in terra. Et vuol dire anco Semideo: cioè diuino in corpo humano, come espressamente dimostra Diodoro Sicolo nel 4 lib. con queste parole. *Hoc autem libro, quæ Græcis de Heroibus Semideisq́, quos prisca celebrauit ætas, tradita sunt.* & così diremo opere heroiche, cioè illustri, chiarissime & ammirande. & versi heroici, cioè pieni di maestà, o vero contenenti l'attioni de gli heroi, & de gli huomini grandi.

BEROSO.

Si dee dire in che modo il mondo euacuato, fosse ripieno di huomi-
a ni, & di habitatori. ªSeccato il suolo, & riscaldata la terra, Noà discese con la famiglia, sì come era il douere, dal monte Gordieo, nella vicina pianura piena di corpi morti, la quale fino a questa età chia-
b mano Miri Adam, cioè di huomini ᵇsenza budella. Et scrisse in pietra per memoria, come era passata la cosa. & i paesani chiamano il
c luogo, ᶜEgressorio di Noà. Ma impregnate le mogli, partoriuano di continouo maschio & femina, i quali cresciuti & maritati insieme, faceuano anco essi sempre, maschio & femina insieme in vn parto.
d percioche ᵈDio, o la natura non mancò mai al bisogno delle cose, doue habbia riguardo all'opulentia & ricchezza dell'vniuerso mondo. Cresciuto il genere humano in infinito, & ripiena tutta l'Armenia, era necessario che si partissero & che cercassero nuoue sedi.

DICHIARATIONE.

a Seccato il suolo } Dice il testo, *exiccata humo*, cioè rasciutto il terreno che era tutto fango per l'acqua che ui era stata tanto tempo, & torrefatta, cioè gagliardamente riscaldata la terra da raggi del Sole.

b Senza budella } *Euisceratorum hominum* dice il testo. cioè sbudellati. morti, & poi ammarciti, di modo, che erano consumati fino nelle budella, come fracidi & guasti.

Egressorio } vscita. doue Noà co suoi si fermò la prima volta vscito fuori dell'Arca. Si dice che quel luogo si chiama ancora Salenoà, cioè egressorio & vscita. perche Sale in lingua aramea significa egressorio, come attesta S. Hieronimo nel lib. delle interpretationi de nomi.

d Dio, o la natura } assegna la ragione della moltiplicatione così grande delle genti, dopo l'vscita dell'arca, l'vna (dice) è da Dio. percioch'egli benedisse Noe con la moglie & figliuoli dicendosi nel 9 del Gen. *Benedixitque Deus Noe & filijs eius & dixit ad eos. Crescite & multiplicamini & replete terram &c.* & questa benedittione fu di moltiplicatione, come fu quella quando Christo

ANTICHITA'

do Christo benedicendo cinque pani & due pesci, moltiplicò in tanto cibo, che diede da mangiare a 5 mila huomini. L'altra la natura. perche si come ella non abbonda nelle cose souerchie, come ben dice Aristotele nel 2 dell'anima, cosi non manca mai nelle necessarie. & però nasceua in ogni parto il marito alla donna. S'aggiugne à questo, ch'essi viueuano lungamente, onde cresceua no di maniera, che ripiena l'Armenia, fu necessario ch'andassero ad habita re in altri paesi.

BEROSO.

Allora Noa padre vecchissimo di tutti, cominciò ad ammaestrare
a ᵃnella sapientia humana, coloro a quali haueua per inanzi insegnato
b la theologia, & i riti sacri. Et nel vero, egli ᵇ messe in scrittura mol
c ti secreti delle ᶜcose naturali; i quali gli Armeni Scithi raccomanda
d no solamente a Sacerdoti. ᵈ Nè è lecito ad alcuno di vederli, leggerli, ouero insegnarli, eccetto che a soli Sacerdoti, & solamente fra loro.
e Et da questi fu loro imposto la prima volta nome di ᵉSaga, cioè sa cerdote, sacrificolo, & Pontefice.

DICHIARATIONE.

a Nella sapientia humana } Perche Noè, si come, la prima cosa ch'egli fece poi ch'vscì dell'arca, fu, il render gratie a Dio, dicendosi nel Gen. al cap. 8: *Aedificauit autem Noè altare domino, & tollens de cunctis pecoribus & volucribus mundi, obtulit holocausta super altare, &c.* cosi volle insegnare a suoi le cose diuine & i riti co quali si honora & reuerisce Dio: & dopo quelle le humane con le quali si gouernano le facende del mondo: si come anco insegnò Christo. *Primum querite regnum Dei &c.* Insegnò adunque, & ammaestrò i suoi nipoti nella sapienza humana dopo la diuina, cioè la maniera con la quale haueuano à reggere & gouernare quelli ch'erano atti nati à comandare: & come doueuano obbedire quelli che non sapeuano se non seruire, come atti nati a seruire. le leggi naturali, l'edificationi delle città, le constitutioni de popoli, & cosi fatte altre cose ch'egli haueua nell'intentione, tutta volta (come si vide poi) a mandar colonie in diuerse parti del mondo.

b Messe in scrittura } Onde si vede che egli haueua caratteri di lettere conti nouate dal principio del mondo fino in lui. argomento contrario a coloro che scriuono, che le lettere furono ritrouate dopo Noè.

c Cose naturali } Cioè di Astrologia, di Fisica, & cotali altre scientie che versano solamente intorno alla cognitione della natura.

d Nè è lecito } Adunque fino dal principio del mondo fu osseruato che i secreti cosi naturali come diuini, furono ascosi & celati al volgo, come incapace de misteri diuini. & che i Sacerdoti soli, come gente accetta a Dio, & sacra per

DI BEROSO BABILONICO.

era per la vicinità del ministerio loro con Dio, gli conseruarono con occulto silentio, acciochè non fossero profanati dalle insulse & vili interpretationi, o cogitationi de gli huomini, ignoranti del tutto, & oppressi à guisa di bruti, nel fango del mondo, & acciochè non si desse quel che è santo a cani, & le margarite pretiose a i porci; secondo il precetto diuino.

e Saga } Di sopra si disse, ciò che significhi questa voce. aggiungo, che s'interpreta Pontefice, cioè preposto alle cose sacre & diuine. & Sacrificolo, cioè Rex sacrorum. Dice Gellio nel libro 10 a 15 cap. Super flaminem dialem in conuiuio, nisi Rex Sacrificulus haud quisquam alius accumbit. Et Liuio nel 6. de bello punico. Vulgo ergo Pontifices, augures, sacrificuli Reges creantur, cuilibet apicem dialem, dummodo homo sit imponamus.

BEROSO.

a Insegnò parimente loro il corso [a]delle stelle, & [b]distinse l'anno al cor-
b so del Sole, & i dodici mesi al moto della Luna. Con laqual scienza prediceua loro, ciò che doueua dal principio auenir nell'anno, & ne suoi punti. Per le quai cose giudicarono ch'egli fosse partecipe della
c natura diuina; & però lo cognominarono Olybama, & [c]Arsa, cioè
d [d]Cielo & Sole; & gli dedicarono molte città. Conciosia che fino à questa età gli Scithi Armeni hanno Olibama, & Arsa Rata, & simi-
e li. Et essendo andato à regger [e]Kitym, che hora chiamano Italia, lasciò gran desiderio di se à suoi Armeni. Et però dopo la morte sua stimarono, ch'egli fosse conuertito in anima de corpi celesti, & gli
f renderono [f] honori diuini. Et per questa cagione, questi due Regni, cioè l'Armeno, perche vi cominciò, & l'Italico, perche vi insegnò, regnò, & vi finì, lasciando loro libri ripieni largamente di cose naturali & diuine ch'esso mostrò loro, lo hanno in reuerenza, & insiememen
g te lo cognominano, Cielo, Sole, Chaos, Seme del mondo, [g]padre de Dei maggiori & minori, Anima del mondo mouente i Cieli, le cose miste, le vegetabili, l'animali, & l'huomo. Dio della pace, della giustitia, della santimonia, scacciante le cose cattiue, & custodiente le buone. Et per questo l'una & l'altra gente, lo dipingono nelle scrit-
h ture col [h]corso del Sole, col moto della Luna, & col scettro del dominio; col quale scacciaua dal consortio de gli huomini i cattiui, & i dannosi, conseruando la castimonia del corpo, & la santità dell'animo con due chiaui, della religione, & della felicità.

DICHIARATIONE.

a Delle stelle } cioè l'Astronomia, & oltre a ciò la perfetta Fisica, la theologia,

ANTICHITA'

logia, i riti, & la magica naturale. Dice Macrobio nel primo de Salturnali, ch'i Fisici teneuano per diuino Iano. & che meritò per questo, perpetua prefatione o sermoncello quando si sacrificaua. Et dicono alcuni altri, che regnando esso, tutte le case furono piene di religione & di santimonia.

b Distinse l'anno } . Sono due sorti d'anno, l'uno si chiama Politico, & è quello che gli huomini sanno fra loro nell'attioni correnti del mondo, cominciando in quel giorno ch'essi contrattano, come in essempio, Liuio fa patto a gli otto di Aprile, di dar ogni anno a Salustio cento ducati. il principio adunque dell'anno sarà preso a costoro a gli otto d'Aprile, & finirà l'anno seguente a 7 d'Aprile. & di questo non parliamo al presente. l'altro si chiama Astronomico. & questo è, ò Solare, à Lunare. Il solare è spatio di tempo, nel quale il Sole con moto proprio camina una uolta tutta l'Ecliptica, et uscito da un certo punto, ritorna, hauendo fornito il suo cerchio intero al medesimo punto. percioche gli astronomi posero il principio & termine del moto solare, o in alcuna stella fissa del fermamento, o nel punto dell'equinottio apparente, o del Solstitio. Et però chiamarono l'anno Solare, qualche volta sidereo, qualche volta tropico vertente, o temporale, i quali nondimeno sono differenti fra loro, d'alquanti pochi minuti, & di spatio di poco momento. Et questo tale anno contiene 365 giorni, & quasi 6 hore. Ma l'anno Lunare è quello, nel quale s'accomoda la compartitione de mesi al corso della Luna. Et è spatio, nel qual la Luna, correndo 12 volte per lo Zodiaco, si congiugne al Sole 12 volte, & così abbraccia 12 mesi, chiamati Sinodici, cioè 354 giorni, 8 hore, & alquanti minuti. Et così l'anno Lunare è minor del Solare, 10 giorni, 21 hora, & alquanti minuti. Et questa sorte di anni è quella che fu regolata da Noè. & era auanti al diluuio, si come si puo conoscere dalla narratione di Moise, ch'egli fa intorno al diluuio nel Genesis. Et tale fu l'osseruanza presso à gli Hebrei. Fuori de quali, alcune genti, non osseruando quanto s'è detto, intesero l'anno per un'altro verso: facendolo chi d'un mese, chi di quattro, & chi di sei, & chi di dieci, come racconta piu oltre Beroso. & Xenofonte ne gli Equiuaci. & come scriue Plinio, Solino nel 3 lib. S. Agostino nel 12 libro a cap. 10, & altri diuersi.

c Cielo } O Celo. castrato da Saturno suo figliuolo, come dice Beroso. & Diodoro ne fa mentione nel 1. libro, nell'inscrittione d'Osiri. *Sum Osiris Rex. cum pater Saturnus fuit inter Deos iunior. Cui Saturno generoso & pulchro, genus & pater fuit, non semen, idest, castratum Cœlum.*

d Arsa } Del qual nome scriue il Volaterano, che è anco una città nella Media. Et Tolomeo ne mette un'altra nella Germania. Arsa s'interpreta Sole, nella lingua Aramea, ab ardendo. onde Arsa vuol dire, Città del Sole.

e Kitym } Costui fu chiamato Italo Atlaa, o uero Atlante, come dice il medesimo Beroso nel 5 libro. onde dal detto Kitym, l'Italia è chiamata Kitym dalla sacra scrittura. percioche nel Gen. a cap. 10. è scritto. Porrò filij Gomer

mer *Ascenez*, & *Riphath* & *Togorma*. Filij autem *Laban Elisa*, & *Tharsis*, *Kitym*, & *Dodanim*. Ne numeri 24. Robustum quidem est habitaculum tuum. Sed si in petra posueris nidum tuum, & fueris electus de stirpe *Kitym*, quamdiu poteris permanere? In *Esaia* a cap. 23. Quia vastata est domus vnde venire consueuerant. De terra *Kitym* reuelatum est eis. In *Hieremia* a cap. 2. Transite ad insulas *Kitym*, & videte, & in *Cedar* mittite. ne quali tutti luoghi i settanta Interpreti esposero *Kitym*, cioè *Italia*. Et la chiamano *Isola*. perche si come si vede, & lo dice anco *Liuio* nel 5. l'Italia, quasi à sembianza d'vna Isola, è cinta all'intorno da due mari, l'vno di sopra, & l'altro di sotto. Et si dee scriuere *Kitym*, & non *Cetim*, come dicono gli Hebrei, che stà scritto nel testo Hebreo.

f *Honori diuini*] Consacrandoli cognomi significatiui di cose diuine, & Templi, & altari, quasi ch'egli fosse vno de gli Iddij celesti.

g *Padre de Dei*] Di sopra dicemmo nel 2 alla voce padre, che Dei s'intendono figliuoli, & minori Dei nipoti. qui aggiungendo di piu diciamo, che Dei s'intende anco per Principi, capi, & giudici. Onde il Salmista in conformità dice. *Ego dixi Dij estis. & filij excelsi omnes*. Et nell'Esodo. *Si fur latuerit, causa referatur ad Deos*, cioè a Giudici.

h *Col corso*] Et non solo nelle scritture: ma nelle scolture, & nelle pitture lo figurauano con segni dimostratiui de gli honori che gli erano attribuiti. percioche Macrobio nel libro 1. a cap. 5. De Saturnali dice. *Inde & simulacrum eius plerunque fingitur manu dextera trecentorum, & sinistra sexaginta & quinque numerum tenens, ad demonstrandam anni dimensionem, que precipua est Solis potestas*.

i *Con due chiaui*] dice Beroso. altri dissero con vna chiaue, & con vna verga. perch'egli apre il mondo nel tempo della primauera, quando la terra germoglia i suoi frutti, & quando lo serra nel tempo del verno. & perche con la verga mostra dominio sopra il mondo. Ma qui si dice due chiaui. l'vna della religione, quanto alle cose diuine & appartenenti a Dio, l'altra della felicità, quanto a quelle del mondo, che sono i Regni, i dominij, le ricchezze, & cose tali, se però si possono chiamar felicità: poi che sono piene di trauagli, & di insidie: & passano come transitorie & terrene.

BEROSO.

Nè meno faceuano di *Tidea* ch'era madre di tutti, chiamandola dopo morte, *Aretia*, cioè terra, & *Esta* cioè fuoco, percioch'era stata Regina delle cose sacre; & haueua inseguato alle uergini, à conseruare il fuoco sempiterno de sacrifici. Ora *Noa*, inanzi che si partisse d'Armenia, insegnò loro la semplice agricoltura, procurando molto piu la religione & i costumi, che l'opulentia & le delitie, le quali prouocano

uocano alle cose non lecite, & alle lasciuie. & che già per lo passato haueuano irritata l'ira de Dei celesti. Fu il primo di tutti, che trouò & piantò le uiti, & insegnò a fare il uino; la cui forza & il cui us

a pore non conoscendo egli: fatto ebbro, cadde in terra poco honestamente. Era de tre primi suoi figliuoli, come noi dicemmo, il piu gio

b uane bChā; ilquale studiando sempre nella magica & nell'arte venefica; s'era acquistato nome di Zoroaste. Costui haueua in parte odio à Noa; perche amaua piu ardentemente gli altri ultimamente nati; & s'accorgeua ch'era sprezzato; & spetialmente dal padre per i suoi

c uitij. Per tanto presa occasione giacendo Noa suo pdre tutto mol-

d le, & uedendo le sue uergogne scoperte, & tacitamente d borbottan-

e do, schernì il padre con e uersi, & con parole magiche; & insieme insieme lo rese sterile, come se lo hauesse castrato. onde da indi in poi Noa non potè piu ingrauidare alcuna donna.

DICHIARATIONE.

a Poco honestamente } Cioè, scoperto dinanzi, onde gli si vedeuano da ogni vno le sue vergogne, con atto veramente infame à quello huomo illustre, & sconueneuole alla qualità sua.

b Cham } Detto Camese, & Camesenuo, Saturno, & Zoroaste. Gli Hebrei interpretano Cham, cioè libidinoso. Vedi alla voce Came Senuo.

c Tutto molle } Et bagnato nel vino, & disteso in terra per lo fumo che gli era andato al ceruello.

d Borbottando } Submurmurans dice il testo. cioè mormorando fra denti, come fanno alcuni che dicono l'orationi, di modo che si sente la voce loro, ma non si intendono le parole.

e Con versi magici } Che gli antichi in queste cose vsauano piu volontieri che la prosa.

BEROSO.

Per lo beneficio di hauere trouata la uite, & il uino fu fatto degno del cognome di Iano, che fra gli Aramei uuol dire uitifero & Viniferò. Ma Cham corrompendo publicamente il genere humano, affermando & esseguendo co fatti ch'era bene vsare, si come si faceua inanzi al diluuio, con le madri, con le sorelle, con le figliuole, co maschi, co bruti & con qualunque altro genere, per questo scacciato da Iano pijssimo, & pienissimo di castimonia & di santità, s'acquistò cogno-

a me di aChemesenuo, cioè di Cham infame & impudico, & propagatore dishonesto. percioche presso a gli Aramei, esen vuol dire infame & impudico, & chua vale, cosi impudico come propagatore. Costui fu in

questi

DI BEROSO BABILONICO.

b questi precetti seguito da gli ^b Egitij, i quali se lo fecero il Saturno loro piu giouane fra i Dei, & gli dedicarono una città chiamata Chem Min, dalla quale fino a questi tempi, chiamano i cittadini di quella Cheminusti. Ma poi i discendenti sprezzarono questa sua vitiosa dottrina, & ritennaquello che fu il primo costume loro, cioè che si potesse far matrimonio tra fratelli & sorelle.

DICHIARATIONE.

a Chemesenuo } *Cham, & Chem. dalla qual voce Chem, & la voce esem si compone Chamesenuo. perciochae sem, come dice il testo significa infame. Et infame per tre cagioni. prima perche era Zoroaste, cioè mago & incantatore. Seconda perche fece il padre, con incanti, & malie, inhabile, & impotente à generare, come se lo hauesse castrato, & queste due cose sono empie. Terza perche era infame per libidine non concessa. & è parimente composto da quest'altra voce Enuo, cioè inua, così detto ab incundo in cubum, cioè usar curuo. onde Chamesenuo, cioè infame, impudico, & propagatore per lo contrario, cioè nemico della propagatione, & della generatione. & però corruttore della humana generatione. & chiamato da Latini Camese.*

b Egittij } *Questi lo nominarono Siluano, & Pan. Alquale dice Diodoro Siculo, ch'essi consacrarono una città nominata dal suo nome Chem, Pan, & Min, che presso loro significa tabernacolo & città. cioè Chemmin. Il qual Pan, Macrobio nel 1. de Saturnali a cap. 28. dice, che è chiamato Inuo, & che significa il Sole. Pan ipse (scriue egli) quem vocant. Inuum, sub hoc habitu quo cernitur Solem se esse prudentioribus promittit intelligi &c.*

DELLE

DELLE ANTICHITA
DI BEROSO BABILONICO
LIBRO QVARTO.

Si tratta in questo quarto libro, dell'antichità de regni in commune, & narra prima la diuisione del mondo in tre parti.

BEROSO.

<small>a</small> **M**Oltiplicò in immenso il genere humano: & la <small>a</small> necessità lo astrigneua a procacciar nuoue sedi. Allora il padre <small>b</small> Iano esortò gli <small>b</small> huomini principali a cercar nuoue habitationi, a ccrescere il consortio comune fra gli huomini; <small>c</small> & a fabricar città. Disegnò adunque & distinse <small>c</small> quelle <small>d</small> tre parti del mondo, <small>d</small> Asia, <small>e</small> Africa, & <small>f</small> Europa, ch'esso haueua <small>e</small> ueduto auanti al diluuio. Et <small>g</small> assegnato a ciascuno di questi princi- <small>f</small> pali le parti alle quali douessero andare, promesse di condur colonie <small>g</small> di habitatori per tutto il mondo.

DICHIARATIONE.

<small>a</small> La necessità } *La moltitudine cresciuta da quei pochi che si erano fermati nel principio sul fiume Arasse, non vi poteua piu capire. onde bisognò per necessità ch'andassero altroue, poi che il mondo, non parte, ma tutto & per tutto era stato fatto per l'huomo.*

<small>b</small> Huomini principali } *Principes dice il testo. capi de gli altri, o per generatione, o per degnità, o per intelligenza di cose.*

<small>c</small> Quelle tre parti } *Ch'erano auanti al diluuio: chiamate forse per altri nomi. o uero chiamate anco allora come sono al presente.*

<small>d</small> Asia } *Cosi detta da Asia ninfa figliuola dell'Oceano & di Theti, & moglie di Iapeto, della quale dicono che nacque Prometheo. Ouero come altri scriue, da Asio figliuolo di Meneo Lidio. Si diuide in maggiore & minore. La maggiore è separata dall'Europa per lo fiume Tanai. & la minore contiene*

quattro

quattro Prouincie, cioè la Frigia, la Libia, la Misia, & la Caria.

a Africa } Quasi aprica, cioè esposta al Sole per esserui grandissimo caldo. Scriue Iosesso nell'antiquità ch'ella fu cosi detta da Afro vno de posteri di Abraham, ilquale hauendo condotto essercito contra la Libia, vinti i nemici, ui si fermò. Comincia da fine d'Egitto, & scorre per l'Etiopia, verso mezo dì, fino al monte Atlante, grandissimo fra tutti gli altri del mondo. ma dalla parte di Settentrione è chiusa dal mare mediterraneo, & finisce nel mar Gaditano. Contiene le prouincie Libia Cirenense, Pentapoli, Numidia & altre. Alcuni la diuidono in maggiore & minore. & dicono che la maggiore comincia da mezzo giorno & si distende fino all'Occaso. & che la minore ha la Numidia dall'Occaso dall'Oriente la Cirenaica, & da Settentrione termina al mare mediterraneo, & ch'in questa fu Cartagine Vtica, Hippona famosa per Santo Agostino, Rhegio & il fiume Bagrada.

f Europa } Piu nobile & piu habitata di tutte l'altre. chiamata cosi da Europa figliuola d'Agenore Re de Fenici. La qual Gioue, transformatosi in toro, & rapitala, condusse nell'Isola di Creta, secondo le tauole de i Greci. Et è chiamata Europa, tutto quello di terra che giace fra l'Oceano Hispano, & il Tanai, contenente diuerse Prouincie, cioè la Spagna, la Francia, la Germania, la Polonia, l'Vngaria & fra diuerse altre l'Italia, veramente paradiso del mondo & fiore di tutte l'altre Prouincie nobilissima, per grandezza, per ricchezza per potenza, & per acuti & bellissimi ingegni.

g Et asignato a ciascuno } Dice Annio, che questa prima diuisione in tre parti fu fatta l'anno primo di Falech, come scriue Moise nel cap. 10. & 11. del Genesi. doue supputa & fa conto da Sem, dopo il diluuio fino a Falech di cento anni. onde Noè assegnò le tre partia i tre figliuoli, l'anno centesimo dopo il diluuio. Nelqual corso d'anni potè molto bene esser cresciuto il numero de suoi figliuoli, nipoti, & bisnipoti. Et prepose Sem all'Asia, Cha all'Africa & all'Egitto, dellaqual fu Metropoli Chemin, & Iapeto detto anco Atlante Mauro, perche morì nella Mauritania all'Europa. Et riserbandosi la superiorità di tutto il mondo, promesse di mandar colonie per tutto. Di maniera che Noè vecchissimo, insegnò loro la Cosmografia, accioche ogniuno di loro sapesse, doue hauesse a condur le sue colonie.

BEROSO.

a Cosi creò Nimbroto primo Saturno di Babilonia, accioche punto ui
b edificasse con le sue colonie. Onde Nimbroto, tolto seco Gioue Bel-
c lo suo figliuolo con le colonie, rubò i rituali di Gioue Sago, & uen-
d nè col popolo nel campo Sennaar, doue disegnò una città, & fondò
e una grandissima torre, l'anno della salute dall'acque 131. & ui regnò 56. anni. & condusse la torre all'altezza & grandezza de monti, in segno &

ANTICHITÀ

f gno & per memoria ch'el f popolo Babilonico è il primo nel cerchio della terra, & che dee chiamarsi Regno de Regni. Adunq; cominceremo da questo. Et per esso g misureremo tutti i Regni, i Re loro, & i tempi, abbreuiandoli a questo modo.

DICHIARATIONE.

a Primo Saturno } Dice Xenofonte negli Equinoci, che si chiamauano Saturni, quelli che edificarono città, essendo vecchissimi. però fu Nimbroto primo Saturno: perche edificò Babilonia. Ma Macrobio nel 1. de Saturnali a cap. 5. in torno a questa voce Saturno scriue. *Propter abscissorum pudendorum fabulam, etiam nostri cum Saturnum vocitauerunt paratinsatim, qui membrum virile declarat ueluti Saturnum. Vnde Satyros etiam veluti Sathunos (qui sint in libidinem proni) appellatos opinantur &c.*

b Gioue Belo } Il medesimo Xenofonte scriue, che i primogeniti di Saturno erano detti Gioue, & essendo femine Giunone; in segno di maggioranza fra gli altri figliuoli. si come ne tempi uicini a questi nostri, si diceuano Cesari presso a gli Imperadori, i primogeniti che doueuano succeder all'Imperio. o come si dice hoggi Principe colui che dee succeder nel Ducato.

c Rubò } *I rituali furauit* dice il testo. i libri doue si conteneuano i riti & i modi, co quali si faceuano i sacrifici, & l'altre cose spirituali, quello che noi di ciò noi il Ceremoniale.

d Nel campo Sennaar } Il Comestore nella historia Scolastica, dice che Hestio fauellando di questo campo scrisse. *Qui uero de Sacerdotibus fuerunt erepti, Iouis sacra sumentes, in Sannaar Babilonis venerunt, diuisiq; post hæc diuersitate linguarum, per generationes suas tenuerunt loca maritima simul & mediterranea.* Et Moise nel Gen. a cap. 11. scriue. *Cumque proficiscerentur de Oriente, inuenerunt campum in terra Sennaar.*

e Vna grandissima torre } Del qual fatto Moise nel Gen. a cap. 11. dice: *Erat autem terra labij vnius, et Sermonum eorumdem. Cumq; proficiscerentur de Oriente, inuenerunt Campum in terra Sannaar, & habitauerunt in eo, Dixitq; alter ad proximum suum. Venite faciamus lateres & coquamus eos igni. Habueruntq; lateres pro saxis, & bitumen pro cemento. & dixerunt. Venite faciamus nobis Ciuitatem & Turrim, cuius culmum pertingat ad Cęlum, & celebremus nomen nostrum, antequam diuidamur in uniuersa terra.*

f Popolo Babilonico } Non per edificatione quanto al tempo, perche fu prima Enos, & Ioppe come dice Plinio. ma per degnità di fabrica. & perche anco di quindi uscì il primo intento nello huomo potente, di signoreggiare all'altre nationi.

g Misureremo } Cioè da questo primo della città di Babilonia diremo i tempi, ne *pi, ne quali furono poi nel futuro fondati gli altri regni.*

BEROSO.

L'anno 131 dalla salute dell'acque, la prima di tutte le genti, & di tutte le città, fu fondata da Saturno Babilonico nostro. La qual crebbe &
a moltiplicò assai per numero di posterità. & Saturno attese &ᵃ studiò
b piu alla pace & alla religione delli Dei che all'opulentie & richezze.
c Et edificò la torre, ma non a nì, ne fondò la disegnata città. percio-
d che dopo 56. anni, ᵇnon compari piu, ᶜtrasportatoᵈ da gli Iddij.

DICHIARATIONE.

a **Studiò** } Dice il testo, Studuit paci & religioni Saturnus Deorum cioè, Studiò Saturno, piu alla pace & alla religione delli Dei, ouero diremo. Studiò il Saturno de gli Dei, cioè il piu antichissimo & uecchio de gli Dei, cioè de nipoti & pronipoti suoi &c.

b **Non compari** } non fu piu ueduto nè uiuo nè morto. Così si legge di Enea & di Romolo che non furono piu ueduti. perciache quanto a Romolo, si tiene che fosse ammazzato & seppellito di nascosta da i Senatori, o per ordine suo, o per sua tirannide, & insolenza, si come anco auuenne a questo Nimbroto.

c **Trasportato** } Translatus dice il testo, traslatato da questo mondo all'altro.

d **Da gli Iddij** } Cioè da i giusti Principi in quella età d'oro, nella quale gli huomini attendeuano all'opere buone, diuiando forse costui in qualche cosa dallo honesto & dal giusto, se bene attendeua alla pace &, al culto diuino. onde perciò dispiaceua a Principi buoni.

BEROSO.

a Dal principio del costui regno ilᵃ padre Iano, mandò in Egitto Ca-
b mesenuo con colonie. Et in Libia, & Cireneᵇ Tritone. Et in tutto il re-
c stante dell'Africa, ᶜIapetto Prisco Atalaa. Nell'Asia Orientale mandò Gange, con alquanti de figliuoli di Comero Gallo. Nell'Arabia,
d Felice Sabo, cognominatoᵈ Thurifero. Et all'Arabia deserta prepose, per capo Arabo, & alla Petrea, Petreo. Et pose Canam da Damasco fino nell'ultimo della Palestina.

DICHIARATIONE.

a **Il padre Iano** } Non di Nimbroto, perche era suo nipote, ma padre uniuersale

ANTICHITÀ

    sale di tutte le genti dellequali era stato auttore.

b *Tritone* } *Sostituto di Camesenuo, dalquale fu cognominato il lago Tritonio.*

c *Iapeto* } *L'altro sostituto di Camesenuo: cognominato Atalaa, cioè Atlante Mauro, detto Massimo da gli antichi. percioche ne furono due altri dopo lui, cioè Atlante Italo fratello di Hespero, & Atlante d'Arcadia. Di questo che fu Iapeto fratello di Cham Diodoro Siculo nel 4. lib. dice così. Dicesi, che dopo la morte d' perione, i figliuoli di Cielo si diuisero lo stato fra loro, & ch'i nobiliss. di tutti furono Atlante & Saturno, & che i luoghi vicini all'Oceano toccarono per sorte ad Atlante. ilquale nominò i popoli dal nome suo, & il maggiore de monti vicino all'Oceano chiamò Atlante. Dicono che costui fu eccellentiss. astrologo, & il primo che ragionò della Sfera tra gli huomini. Così dice Diodoro.*

d *Thurifero* } *Delle Arabie che sono tre, cioè la Felice, la deserta & la Petrea; vien dalla Felice, l'incenso che s'adopera ne sacrificij; chiamato thus, on de si dice Thurifera; cioè producente incenso.*

BEROSO.

a In Europa fece Re di Sarmatia ᵃTuiscone, dal Tanai fino al Rheno: &
b furono aggiunti a costui tutti i figliuoli d'Istro, & di Moese co i suoi
c fratelli, dal monte Adula fino a Mesembria Pontica. Sotto questi ten
d nero il paese ᵇTyras, ᶜArcadio, ᵈEmathio, ᵉComero Gallo tenne Ita
    lia; Samo[?] o possedè i Celti; & Iubal occupò i Celtiberi.

DICHIARATIONE.

a *Tuiscone* } *Dalquale sono detti i Tedeschi.*
b *Tyras* } *Onde furono detti i Tirij.*
c *Arcadio* } *Che chiamò il paese Arcadia.*
d *Emathio* } *Onde sono detti gli Emathij.*
e *Comero Gallo* } *Primo a regnare in Italia, dopo Iano. & fu l'anno del mondo, secondo il Lucido, 1798, & auanti alla venuta di Christo 2163. Vedi piu oltre nel 5. lib. alla voce Comero nell'annotationi.*

BEROSO.

    Questi sono quelli che vscirono dopo Nimbrotho, ciascuno con se fa
a miglie, & con le sue colonie, lasciando i ᵃnomi loro a luoghi, in segno della espeditione commessa loro dal padre Iano, & a memoria de discendenti, accioche sapessero chi fosse stato il primo loro progenitore.

DI BEROSO BABILONICO.

DICHIARATIONE.

a Nomi loro } *Imponendoli a monti, a fiumi, & alle città. de quali molti sono durati fino a tempi nostri, & molti si sono mutati & perduti per la lunghezza del tempo, & per gli accidenti del mondo, che hanno corrotto i costumi, & le lingue. Et ciò facevano per due cose, l'vna per la commessione hauuta dal padre Iano, come obedienti al suo autore, & maggiore, l'altra perche i loro discendenti conoscessero chi furono coloro ch'imposero i nomi, quasi mossi da vanagloria, & per l'eternità del nome loro. Della quale loro intentione accenna Lattantio nel 1 delle Institutioni a cap. 11. dicendo. Sunt hæc similia veri non tamen vera, quia constat etiam tunc cum regnaret ita esse habitum. potuit & sic argumentari. Saturnum, cum potentissimus Rex esset, ad retinendum parentum suorum memoriam, nomina eorum cælo, terræq, indidisse: cum hæc prius alijs vocabulis appellarentur. qua ratione & montibus & fluminibus nomina sunt imposita. Neque enim cum dicant Poetæ de progenie Atlantis, aut inachi fluminis, id potissimum dicunt, homines ex rebus sensu carentibus potuisse generari, sed eos vtique significant, qui nati sunt ex hijs hominibus, qui vel viui, vel mortui, nomina montibus aut fluminibus indiderunt &c.*

BEROSO.

a Questi secondo il mandato di Iano, fabricata la torre per ᵃ metropo-
b li, habitauano né ᵇ Vei, & nelle ᶜCauerne. Solo il nostro Saturno tra-
c passò il mandato. perche volle che Babilonia fosse città delle città, & Regno de Regni. Et di nuouo Iano, essendo in questi tempi andati via tutti coloro che furono mandati con le colonie, fece due parti di quelli che restarono. Perche tenne con lui molti figliuoli ch'egli generò dopo la salute dall'acque, & grandissima moltitudine di genti, le quali era per douer coudurre in colonie. Fu lasciato primo Re, Scitha con Arasse sua madre, & con alquanti coloni che habitassero l'Armenia, hauendo ordinato per sommo Pontefice Sabatio Saga, dall'Armenia fino a Battriani. La qual lunghezza è chiamata da noi fino a questa età, Scithia Saga. L'ultimo di tutti uscì esso Iano della Armenia per seminar colonie per tutto il mondo. I nostri maggiori lasciarono queste cose in libri. Ora diremo de tempi, & delle discendenze loro; secondo che è stato conseruato fedelmente, nella nostra Caldaica, & primiera Scithica Historia.

DICHIARATIONE.

a Metropoli. } *era il mandato di Iano, che fabricassero città che fosse metropoli &*

ANTICHITA'

poli & capo dell'altre. Questo mandato fu contrafatto da Nimbroto & da suoi, perche fabricarono non una città, ma una Torre, laquale quasi che fosse città, uollono che fosse metropoli. Dionisio Alicarnasseo dice a questo proposito: che gli antichi usauano di fabricar terre piccole & non di sassi, monite all'intorno con carrette & cauerne. Et Annio perciò aggiugne, che le terre grandi de tempi nostri, o sono edificate di nuouo, o uero ampliate dopo la distruttione de Gothi.

b Vci } dalla voce latina uehere, che significa, condurre, menare, & sono i Veicoli, o vci, Carrette all'usanza de Tartari, che fanno & formano le città loro col numero delle carrette, mutando spesso luogo. Onde possiamo imaginarci, che gli antichi edificassero di terra & d'altra materia, una habitatione o castello, ma con diuerse torri attorno distanti l'una dall'altra, le quali gli antichi Etruschi chiamauano Tursi, onde Turseni & Etursia, cioè città fabricata con torri, & fornita di Torri. le quali poi da posteri, mutata la s in r furono dette Torri per Tursi, & Turreni per Turseni, & Eturria per Etursia, ch'i Romani poi chiamarono Etruria. Nella quale Etruria (della quale è capo Fiorenza) non è marauiglia se già 500 anni sono, vi era gran numero di torri per le città, percioche i nobili & possenti, ritenendo l'antica vsanza de loro antenati, le fabricauano in segno della loro maggioranza, come si legge in Ricordano, in Giouanni Villani, & in altri scrittori. Et intorno al Castello, stauano poi le carrette di coloro che non haueuano stanze nel castello. Et tutti questi faceuano il corpo della città fra murata & non murata.

c Cauerne } & tugurij di legne & di strame. & alberi ò tronchi incauati, intessuti, & ridotti in forma di stanza; per ripararsi dalle pioggie & dal Sole, come dice Vitruuio. & come dice Virgilio,

    Hæc nemora indigenæ Fauni, Nimphæque tenebant,
    Gens virum truncis & dura robore nata.

Et così fatte humili & strette città, insegnò Iano à fabricare per ridur gli huomini alla conuersatione & pratica ciuile fra loro: per vtilità solamente & non per pompa & per morbidezza di dannose delicature.

DELLE ANTICHITA

DI BEROSO BABILONICO

LIBRO QVINTO.

Nel precedente libro espose l'origine, & l'antichità in commune de Regni, & delle Provincie. Et in questo vltimo racconta particolarmente da Nimbroto fino ad Ascatade XVII Re de Babilonii diuerse operationi fatte in quei tempi.

BEROSO.

Ominciò il Regno Babilonico, sì come noi dicemmo di sopra, l'anno dalla salute del genere humano dall'acque 131 sotto il nostro Saturno, padre di Gioue Belo, il quale signoreggiò 56 anni. L'anno decimo di costui, [a] Comero Gallo pose le sue colonie, nel Regno che fu poi detto Italia. & cognominò la regione, & il paese dal nome suo. & insegnò loro la [b] legge, & la giustitia.

DICHIARATIONE,

[a] *Comero Gallo*] Costui dopo il diluuio, fu il primo figliuolo che nascesse a Iafet, detto anco Iapeto. & fu detto Gallo per lo cognome del padre. perciochè questa voce Gallo, ha diuersi significati, come si vede in Xenofonte de gli equiuoci. conciosia che nella lingua latina, significa il marito della gallina nella greca, significa bianco, & candido. nella Frigia, s'interpreta castrato: sì come erano i Sacerdoti di Cibele, & il fiume Gallo è così detto: perche haueua proprietà, che chi beeua della sua acqua, entraua in grandissima frenesia di castrarsi. Nell'Aramea, & nella Hebrea, vuol dire inondato, o stato nell'onde. onde però si dice al legno armato di soldati, & di cose da guerra, & di forma lunga, Galea, cioè inondata & posta nell'onde. Costui dunque fu primo che conduse colonie in Italia, che fu l'anno dalla creatione del mondo,

secondo

ANTICHITA

secondo il Lucido, 1798. & auanti a Christo 2163. & regnò 58 anni.
b La legge } *Piu chiaramente & difusamente. percioche Iano haueua insegnato loro sotto breuità per 33 anni auanti ch'esso era stato in Italia, che fu l'anno del mondo 1765, & auanti a Christo 2196.*

BEROSO.

a L'anno suo XII. ªIubal fondò i Celtiberi, & poco dopo ᵇ Samote, il
b quale fondò le colonie Dis Celte. & nessuno in questa età fu piu sauio di costui. & però fu detto Samote.

DICHIARATIONE.

a Iubal } *Costui fu fratello di Comero. chiamato Tabal da Moise detto anco Taracone: onde fu detta Teracona la Prouincia di Spagna.*
b Samote } *fratello di Comero & di Iubal. dal quale i Theologi, & i Filosofi della sua setta furono detti Samotei.*

BEROSO.

L'anno XV di Nimbroto, Oceano si fermò su'l Nilo d'Egitto, & hebbe molti figliuoli della sorella Thetide. Indi soprauenne quel corrut-
a tore della humana generatione Chemesenuo. & insegnando aªTelchini l'arte magica, era celebrato & tenuto in grande opinione.

DICHIARATIONE.

a Telchini } *Dice Diodoro Sicolo nel 6. ch'essi Telchini mandarono colonie di Egitto a Rhodi: laquale Isola fu detta da loro Telchinia. Costoro con la loro presenza, mutando ogni cosa in peggio furono sommersi da Gioue. onde Ouidio*
Phebgamą, Rhodom & Ialisios Telchinas
Quorum oculos ipso mutantes omnia visu
Iupiter exosus fraternis subdidit undis.
Dicono che costoro furono figliuoli di Minerua & del Sole, & altri di Saturno & di Aliope; chiamati anco Coribanti & Idei. Strabone nel 10. dice. Sunt qui memorent Telchines in Rhodo nouem fuisse Rhex Comites in Cretam, qui quoniam Iouis alendi curam gesserunt Curetes nominati sunt. Et Diodoro scriue, che erano incantatori, & come maghi faceuano a posta loro, piouere, tempestare, & oscurarsi il giorno, & che si mutauano in diuerse forme.

L'anno

BEROSO.

L'anno decimoottauo del medesimo Re di Babilonia, Gogo fanciullo con Sabo suo padre, tenne la Sabea, & l'Arabia Felice. & Tritone la Libia. & Iapeto Prisco Atalaa l'Africa. Cur l'Ethiopia. & Getulo la Getulia.

L'anno 25 del medesimo, Thuiscone fondò i Sarmati popoli grandissimi. Et Moesa co figliuoli d'Istro pose i Misii Prischi, dal monte Adula sino alla Mesembria Pontica.

L'anno 38 del medesimo Re, i Saghi Armeni moltiplicati possederono tutta la regione, & contrada Caspia, dall'Armenia sino a Battriani. Et il padre Lino condusse i Coloni Ianei nella Hircania, & i Ianili nella Mesopotamia verso il mare sotto Babilonia.

L'anno 40 del medesimo Re, alquanti coloni de figliuoli di Comero, cercarono sedi & paese per loro, ne Battriani, & Gange fondò nell'India la sede del suo nome.

L'anno 45 del medesimo Re, alcuni de figliuoli di Moese, & di Getulo congiunti insieme, furono primi a propagare & fondare i Massageti nell'India.

Nel medesimo tempo Saturno Re di Babilonia, mandò Assirio, Medo, Mosco, & Magogo capi & principi delle colonie, iquali fondarono i Regni de gli Assirii, de Medi, & de Magoghi nell'Asia: & de Moschi nell'Asia, & nell'Europa insieme. Et Anameone parimente giouanetto, fondò i Meoni, cosi detti da lui, & regnò 150 anni.

BELO II RE DI BABILONIA.

Gioue Belo figliuolo del detto Saturno, Secondo Re di Babilonia, a regnò 62 anni, & ᵃ eresse le fondamenta disegnate di Babilonia, piu tosto come castello che città. Godè la pace sino al fine del suo Imperio.

DICHIARATIONE.

a *Eresse] Et tirò, edificando sopra la fondamenta disegnata da Nimbroto, una città piu tosto a sembianza di castello che di città. Laqual poi Semiramis fece amplissima per ogni verso. Onde Nimbroto primo la disegnò, Belo tirò su le fondamenta, & Semiramis la fabricò in bella, grande, & honorata città.*

BEROSO.

a L'anno suo III Comero [a] insegnò a suoi Italiani, a comporre, & fabricar la città sule carrette, all'vsanza Scithica di doue era venuto. Et però furono appellati Vcj con vocabolo Sago, iquali al carro dicono Veia, & chiamano la città composta di carri, s'è piccola Veitula, &
b se grande Vlurdo, & se Metropoli, Ciocola. Et fino a questi tépi, gli Scithi vsano carrette, & [b] plaustri in vece di case. & sotto il palco hanno la stalla: & di sopra le stanze necessarie per la casa. Et chiamò il paese dal suo nome.

DICHIARATIONE.

a Insegnò } *A gli Italiani c'habitauano nelle grotte, & per le capanne, come haueua loro mostrato Iano, a compor le città con le tarrette all'vsanza de gli Scithi, & cotal parte doue egli insegnò loro fu detta Vetulonia: che hoggi è la città di Viterbo secondo alcuni.*

b Plaustrij } *Carretta, ma aperta da tutte le parti, si com'è il carro di Padoua: & la carretta è coperta. Onde le predette carrette erano parte aperte, & parte coperte.*

BEROSO.

Tiras, poi che hebbe fondato Tito, tenne insieme co i capi, & principi delle colonie, i lidi del mare. & fondò i Traci. Arcadio l'Arcadia & Emathio tenne l'Emathia.

L'anno 45 di questo Belo, il padre Iano pose le colonie nell'Arabia Felice: & ne chiamò vna dal suo nome, Noa, & dal suo cognome Ianinea. Et quelli ch'erano della posterità di Comero Gallo, li nominò Galli, dal cognome dell'auolo loro.

L'anno 56 di questo Belo, Camesenuo venne in Italia, a i Comeri, & non vi essendo Comero, cominciò a reggere & gouernar le colonie, & a corromperle con le sue impietà, & scelerateze. Ma il padre Iano, lasciando diuerse colonie intorno al fiume dell'Arabia Felice, & cognominandole Ianinee dal suo cognome, uenne in Africa da Tritone. In questa età, Gioue Belo, cominciò a esser tormentato dalla libidine, & dalla voglia del dominare. Et poco auanti Arassa col figliuolo Scitha, creato Re di tutte le genti Saghe, Sabatio Saga, & lasciatolo nell'Armenia, essa occupò tutta la parte Occidentale dall'Armenia,
a fino nella Sarmatia d'Europa. Ma [a] non potendo Gioue Belo soggio-
gargli

DI BEROSO BABILONICO. 16

gar gli altri, se prima non soggiogaua & occideua Sabatio Re de Saghi, s'ingegnò di farlo celatamente perire. Et vedendo Saturno che non poteua schiuarsi dall'infinite insidie, che Gioue Belo gli ordiua, si difendeua, fuggendosi ascosamente, & celandosi ne Saghi Caspii. Ma venuto a morte, comandò a Nino suo figliuolo, che del tutto mandasse in esterminio & in rouina Sabatio Saga, & sottomettesse tutti i popoli al Regno Babilonico, perche sarebbe stato nel mondo, il primo di tutti. Ilche inteso Sabatio, si nascondeua ne Battriani Saghi fin che vedesse tempo oportuno, o al Regno, o alla fuga. Cosi l'armi di Gioue apparecchiate contra di lui, lo scacciarono del Regno, intorno a tempi di Semiramis.

DICHIARATIONE.

a Ma non potendo] Si vede adunque per questa historia chiara per se medesima, che era verso la fine del secolo d'oro. Percioche come dice Trogo, & Giustino, i Re di quel tempo, costumauano di guardare i confini del regno loro: & non di allargarli, col torre a loro vicini quello, che essi possedeuano giustamēte.

BEROSO.

a Nel medesimo tempo Tritone lasciò suo figliuolo *Hammone Re di Libia. il quale tolse per moglie Rhea sorella di Camesenuo Saturno de gli Egittij. Nondimeno egli hebbe di Almantea giouanetta, di nascosto da Rhea, Dionisio, & lo mandò à nutrire in Nisa città della Arabia.

DICHIARATIONE.

a Hammone] Tratta amplamente di questo fatto, Diodoro Sicolo nel quarto libro.

NINO III. RE DI BABILONIA.

a Il terzo Re di Babilonia scritto da nostri, è *Nino figliuolo di Gio-
b ue Belo, & regnò 52 anni. Costui *b* poste insieme tutte le forze sue, mosse guerra à tutti con l'armi di Gioue Belo suo padre, non perdo-
c nando à nessuno. & *c* cercaua con ogni studio l'interito di Sabatio Saga: perche era desiderato & reuerito da ognuno. Onde esso per tutto questo tempo, stette nascosto in esilio tra suoi. Costui fu primo de nostri Re, che allargasse il Regno Babilonico. & primo di tutti,

che

d che dirizzaſſe Tempio, & ᵈſtatue, nel mezzo della terra di Babilonia à Belo ſuo padre, à Giunone ſua madre, & à Rhea auola ſua.

DICHIARATIONE.

a Nino } I Babilonij lo chiamarono Hercole, & gli Aſſirij Gioue. onde s'è detto che Saturno Saga fu fugato dall'arme di Gioue, perche Belo Gioue Babilonico l'apparecchiò, & Nino Gioue Aſſirio ſuo figliuolo l'adoperò. Ma che Nino & Gioue Aſſirio ſia tutto vno, ſi vede ne gli Equinoci di Xenofonte.

b Poſte inſieme } Non incontanente che ſocceſſe nel Regno, perche non s'era guerreggiato mai per auanti, onde è neceſſario che non haueſſero armi, & che non ſapeſſero maneggiarle. et però era l'età d'oro, nella quale i Principi vicini s'intendeuano bene inſieme, non eſſendo per altro potenti che per la bontà, & per la giuſtitia naturale, con la quale conteneua ciaſcuno in offitio. Ma cominciò Nino, dopo qualch'anno del ſuo Imperio cioè 42 ſecondo alcuni, à trouar l'armi, & inſegnarle à gli huomini, & ad eſſercitarli in eſſe. Et queſto fu il primo inuentore dell'armi & della guerra, aſſalendo con l'armi in commune, perch'in particolare, gli antichi danno l'inuentione a Marte, a Bellona, & ad altri Dei, che ritrouarono chi l'una coſa & chi l'altra, ſi come Virgilio, Polidoro, Herodoto, & altri ſcrittori Greci & Latini hanno detto. Onde fu facile a Nino, il ſoggiogare gli huomini rozzi nella guerra, & non auezzi ad eſſere offeſi: aſſalendoli co ſuoi, periti a sforzare & violentar gli altri con l'armi.

c Cercaua } Onde ſi vede che lo moueua l'inuidia dell'altrui bene, & il deſiderio della gloria: & l'ambitione d'eſſer ſolo fra gli altri. poi che perſeguitaua ch'era amato da popoli ſuoi. natura, in bene ordinato Principe, non punto degna di lode. douendo per lo contrario eſſere amatore de gli huomini valoroſi & liberale.

d Allargaſſe } Primo auttore della Monarchia. & da queſto pare ch'i Greci & altre nationi prendino il principio de Regni nel mondo. non ſapendo eſſi ch'auanti a coſtui fu cominciata la Signoria in Italia da Iano, & da ſuoi ſocceſſori.

e Statue } Dalle quali nacque l'origine dell'idolatria. Però non è picciola controuerſia fra gli ſcrittori, di chi ritrouaſſe le ſtatue, & di chi le dirizzaſſe o conſacraſſe al nome & alla memoria de gli huomini. Macrobio nel 1. de Saturnali l'aſſegna ad Hercole che occiſe Gerione in Italia. Diodoro Sicolo nel 4. l'attribuiſce à gli Egittij. Lattantio Firmiano nel 2 dell'Inſtitutioni, à Prometheo. Gioſeffo nel 1. dell'antichità dice, che Rachel, ritornando Iacob di Meſopotamia da Laban ſuo ſuocero, rubò al padre alcune imagini. Et Euſebio afferma per auttorità di Plutarco, che le ſtatue ſi faceuano per gran tempo a dietro. Quanto al dirizzarle ſi legge, che gli Athenieſi, le conſacrarono in publico a Hermodio & Aristogitone che ammazzarono il tiranno della Patria. Gorgia Leontino, dedicò vna statua d'oro massiccio nel tempio in Delfo. Et Marco Attilio Glabrione in Italia, fu il primo che consacrasse statua d'oro a cauallo, alla memoria di suo padre. Però Beroso attribuisce questa inuentione a Nino, dopo il quale Diodoro Sicolo dice, che Semiramis, poi che hebbe ampliata la città di Babilonia, vi pose statue di molta altezza, così d'oro, come d'argento. Et questo fu fatto da loro per conseruar nell'altrui menti, quel desiderio & quello honore ch'essi hebbero a coloro, ch'erano rappresentati con le statue: accioche fossero con questo mezzo immortali nel mondo.

BEROSO.

a   L'anno quarto di questo Nino, Thuiscone gigante, ᵃforma con leggi i
b   ᵇSarmati presso al Rheno. Il medesimo fa Iubale presso a ᶜCeltiberi,
d   & Samote presso a ᵈCelti. Per lo ᵉcontrario Camesenuo Saturno de
e   gli Egittij, si ingegnaua di corrompere i Comeri Itali: dandogli aiu-
f   to i ᶠpaesani, & i ᵍforestieri, i quali egli haueua condotti per coloni
g   in Italia, che essi chiamano Montani ʰAborigini. Ma presso alla Li-
h   bia nacque lite fra Rhea & Hammone per lo stupro commesso con Almantia; & Rhea cercaua doue fosse Dionisio per farlo capitar male, & questa rissa durò lungamente.

DICHIARATIONE.

a   Forma } *Informa, & gli fa huomini nel modo del viuere, insegnando con leggi, cio che si debbe fare & non fare.*
b   Sarmati } *detti Tuisconi & Tedeschi.*
c   Celtiberi } *detti così da Tubal, detti hoggi Spagnuoli. i quali si crede che hauessero origine da Celti. perch'essendo andati sul fiume Ibero in Spagna: presso al quale fermarono le loro stanze, ritenendo la prima parte del nome Celti, cioè Celt, & aggiungendo quello del fiume Ibero, fecero il vocabolo di Celt Iberi, cioè Celtiberi, nominando la prouincia loro Celtiberia.*
d   Celti } *Popoli della Gallia: fra i fiumi Garonna, Matrona, Sequana, & Rhodano. Hoggi si chiama Francia.*
e   Per lo contrario } *Come scelerato & empio, insegnò la magica con altre tristitie, corrompendo i popoli già per auanti informati con lettere & con leggi da Comero.*
f   Paesani } *Dice il testo conuenis & aduenis: a queste voci s'aggiugne Indigeni. Le quali voci non si potendo così ageuolmente esplicare con proprie uoci della lingua nostra, le dichiareremo, per auttorità di Seruio sopra l'ottauo dell'Eneide, con piu parole, per intelligenza del lettore. Indigeni adunque si chia-*

ANTICHITA'

si chiamano coloro che nascono in un paese, senza esserui uenuti i loro antecessori, da nessun'altra parte del mondo. quello che noi possiamo dire in uolgare natiui del paese. Conueni poi sono quelli che conuenuti tutti insieme in un luogo, si partono & uanno à stare in vn'altro. & aduene si dicono à quelli che uenendo di diuersi paesi, si fermano ad habitare in vn luogo. Habbiamo adunque detto paesani: cioè di quelli che si chiamano conueni.

g Forestieri } Cioè Egitij. perch'egli condusse in Italia, colonie tratte d'Egitto.

h Aborigini } Nome proprio di popolo antichissimo che fu primo a posseder quel terreno, nel quale fu poi fabricata Roma: detti così, perche furono i primi à esser veduti, come se fossero nati senza padre, & quasi senza origine alcuna: o vero perche erano mescolati di varie misture di genti. Et a questo modo l'intende Annio, fauellando de gli Aborigini. De quali dice. che la loro generatione fu di tre sorti dopo la uenuta di Iano co Galli. I primi furono Indigeni, cioè nati in proprio luogo, & questi furono generati in Salombrona, in quel tratto ò paese dell'Vmbria Tuscia. I secondi furono conueni cioè conuenuti insieme in vn luogo, et andati ad habitare in un'altro, & questi nati in Salombrona, partitisi di quel luogo andarono à stare in altri luoghi della Tuscia, della Sabina, & del Latio. Gli ultimi furono di coloro che Camesenuo condusse da diuersi luoghi di Egitto & della Libia, & gli pose ad habitare in colonia su gli alti monti dell'Vmbria minore: & però sono chiamati montani, rispetto a gli Aborigini di pianura.

i Rhea } Egittia, & sorella di Saturno, maritata in Hammone Re della Libia.

BEROSO.

L'anno X di Nino, il padre Iano venne d'Africa, ne Celtiberi Hispani, doue lasciò due colonie, dette da lui Noela, & Nocgla. percioche perauanti haueua chiamato con questi cognomi, le mogli di Iapero, & di Camesenuo.

L'anno XIX di Nino, il padre Iano venendo in Italia, & hauendo trouato che Camesenuo, fuori dell'opinion sua, corrompeua la giouen-
a tù, lo sopportò ªpatientemente per tre anni. Et poi assegnateli alcu-
b ne colonie, gli comandò che si ᵇpartisse d'Italia. Egli diuise tutte le
c colonie. Et comandò che tutti i Comeri ᶜcorrotti, & i paesani & fo-
d restieri, habitassero i luoghi montani ᵈdi là dal fiume Ianicolo, & diede loro la sua figliuola Crana, Helerna, cioè eletta, & esaltata da que-
e sti co i loro suffragij, per Regina, col scettro, & con ᵉl'alba. Percioche Iano haueua mandato due suoi figliuoli vltimi, & la loro posterità, cioè Crano, & Crana con Comero. Et erano costoro cresciuti in gente
f & posterità grandissima, la quale al tempo nostro è chiamata ᶠLa-
g nigeua, & la coguominarono ᵍRazenua, cioè sacra propagatrice &
incuba,

incuba, contra l'impietà di Camesenuo. Et così volle che la sua posterità fosse separata da gli Aborigini, di quà dal fiume Ianicolo, nella
h pianura, & per le maremme. Et la cognominò Razenua, sì come anco Crano Razenuo.

DICHIARATIONE.

a Patientemente } *Con animo quieto, dissimulando il dispiacere: & facendo forse vista di non vedere.*

b Si partisse } *Et andasse a regnare in Sicilia, doue fondò la regia, chiamata dal suo nome Camesena, ò Camerena.*

c Corrotti } *Perche insegnaua i termini, che si appartengono all'auaritia, cioè mio, & tuo, non volontari, ma violenti, l'usura, il furto, l'inganno, la rapina, la frande per torre altrui quello che è suo. & altre cose simili contrarie al voler di Dio, come la magica, le stregarie, le fascinationi, gli incantesimi, & cose altre si fatte.*

d Di là dal fiume } *Cioè del Teuere.*

e Alba } *Cioè insegne di Signoria, che erano fasci di verghe, con la scura, o accetta legata ne fasci, che si portauano dinanzi a i Re, a dimostratione dell'auttorità loro sopra i disobedienti & malfattori. Detta così da al, che significa legatura, & eban, che significa mucchio di verghe.*

f Ianigena } *Da Iano.*

g Razenua } *Cioè propagatori sacri. perche raz, come attesta S. Hieronimo, significa sacro, & enuo, incubo & propagatore. Onde contra la publica & infame libidine di Camesenuo, che vituperaua i matrimonij abusandoli in scelerata operatione, Iano volle chiamar costoro, non Esenui, cioè infami & incubi, ma sacri propagatori, cioè Razenui, come quelli che benediceuano le sacre nozze. Et fatti i sacrifici si maritauano.*

h Per le maremme } *Cioè per le riuiere del mare.*

BEROSO.

In questo mezzo, essendosi Camesenuo partito d'Italia, Rhea venne à trouarlo, & maritatasi in lui, andarono amendue co Titani contra Hammone, & quiui fatta giornata, scacciano del Regno Hammone, & lo sforzano andare in Creta. Et mentre che Camesenuo regna nella Libia, partorisce di Rhea sua sorella, Osiri, il quale cognominò Gioue.

L'anno XXII di Nino, Iano statuì nella Thuscia per sua sede perpetua il Ianicolo, ch'egli haueua fabricato auanti à Camesenuo, fino ad Arno, doue poste colonie, le chiamò Ayn Ianas, cioè esaltate da Ia-no.

ANTICHITA

no. Et in Vetulonia rendeua ragione, & infegnaua, & reggeua.

L'anno XLIII di Nino, confiderando Sabatio ch'à patto veruno non gli era lecito vfar de i Regni, dato Barzane fuo figliuolo, Re à gli Armeni Saghi, pafsò ne liti Sarmatici del Ponto. Nel medefimo tempo, Dionifio figliuolo di Hammone, tolte l'armi in mano, & fcacciando Rhea & Chemefeno del Regno paterno, & ritenendo feco Ofiri, & adottatolo per figliuolo, lo cognominò Hammone Gioue, dal nome di fuo padre; fi come lo chiamò anco Olimpico dal fuo maeftro Olimpo, & gli diede il regno di tutto l'Egitto.

L'anno medefimo la vergine Pallade, pofta & lafciata, picciola bambina ful lago Tritonio, fu adottata per figliuola dal medefimo Dionifio, cognominato Gioue Libico. la qual prima infegnò a Libici, tutta la militia.

Nel tempo fteffo, il padre Iano infegnò à Ianigeni Razenui la Fifica, a l'aftronomia, la diuinatione, i riti, & fcriffe i [a]rituali, raccomandando alle lettere il tutto. Et continouarono i medefimi nomi, & quella medefima diuina veneratione, che efsi haueuano vfata prima nella Armenia Saga.

DICHIARATIONE.

[a] Rituali } *il Ceremoniale, come dicemmo di fopra. Dice Fefto che conteneuano il modo, col quale fi confacrano i Templi, le cappelle, le cafe, le città, gli efferciti, & cofe tali.*

BEROSO.

L'anno XLIX di Nino, reffe i Celtiberi Ibero figliuolo di Iubal, dal quale furono nominati Iberi.

L'anno LI di Nino regnò preffo a Celti, Mago figliuolo di Samote: dal quale furono fabricate molte terre per loro.

L'ultimo anno, Barcane fu fuperato da Nino nell'Armenia.

SEMIRAMIS IIII.

Nel quarto luogo regnò preffo à Babilonij, la moglie di Nino Semiramis [a]Afcalonita, 42 anni. Coftei, per militia, per trionfi, per ricchezze, per vittorie, & per Imperio, fuperò di grā lunga tutti i mortali. Effa fece quefta città di caftello ch'ella era, grandifsima, onde fi può dire, che l'edificaffe più tofto che l'ampliaffe. Neffuno mai fra gli huomini è da paragonare à quefta femina, tante fono le cofe che fi dicono & fi fcriuono di lei, cofi in vituperio, come in fua grandifsima lode per la fua magnificenza.

Afcaloni-

DICHIARATIONE.

a Ascalonita ⟩ *Fauellano di costei lungamente, Trogo, Giustino, Diodoro Siculo, & altri historici degni di fede, così Greci come Latini. Ma fra gli altri Diodoro nel libro 2. a cap. 2. dice queste parole. Ascalona è città nella Soria. Non molto discosto alla città si troua vn Lago pieno di pesci, doue è un Tempio notabile della Dea, ch'essi chiamano Derceta che ha la faccia humana: & il corpo di pesce. Gli habitatori del paese huomini letteratissimi dicono, che la cagione della fauola fu questa. Andando Venere vna volta à incontrar questa Dea, la fece inamorare d'vn bellissimo giouane che le sacrificaua, & di questo coito nacque vna figliuola. Ma Derceta vergognandosi del peccato commesso, & abbandonato il giouane, lasciò la figliuola in certi luoghi diserti & sassosi doue erano molti vccelli, alla ventura. doue la bambina, quasi per diuino cenno, fu nutrita da gli vccelli. & la madre menata dal dolore, gettatasi nel lago, si conuertì in pesce. Onde i Soriani, fino à questo tempo, astenendosi da questi pesci, gli adorano come Dij. Dicono cosa ammiranda, che gli vccelli coprendo con l'ali la bambina, la nutrirono col latte rappreso, ch'essi togliewano da i vasi & dalle conche de pastori che haueuano le capanne quiui presso. Passò l'anno; & bisognandole cibo più fermo, gli vccelli rubando del cascio da medesimi luoghi gliele portauano. Onde i pastori auertiti di questo fatto per lo cascio guasto & beccato da gli vccelli, trouarono la bambina molto bella: & alleuatala presso a loro, la donarono finalmente al gouernatore de pastori del Re, chiamato Simma. Costui non hauendo figliuoli, nutrendola con gran cura come se fosse sua propria, la chiamò Semiramis, da gli vccelli, che i Soriani nella lor lingua dicono Semiramis. I quali vccelli i Soriani dapoi, honorano come Dei. Così dice Diodoro. Altri dicono, che questi vccelli furono vna colomba. & che i Babilonij adorauano la colomba in memoria di Semiramis: perche diceuano ch'era conuertita in colomba. Valerio Massimo nel 3 cap. del 9 libro scriue, ch'essendo vn giorno occupata in farsi bella & ornarsi: le fu data nuoua che Babilonia s'era ribellata. onde trouandosi con vna treccia auolta, & con l'altra sciolta & scapigliata, corse come era à espugnarla: nè si acconciò la testa, se prima non vinse i nemici, ricuperando la città. Racconta Suida, della potenza sua cose grandi & marauigliose. & fra l'altre ch'ella haueua 3 mila naui, & tanti fanti, caualli, & camelli che par fauola à dirlo.*

BEROSO.

Nel suo primo anno, nasce in Egitto, di Rhea & di Camesenuo Iunone

ANTICHITÀ

a none Egittia, cognominata Isis grandissima, ᵃ frugifera, legifera, sorella & moglie d Osiri.

DICHIARATIONE.

a Frugifera Legifera } Cioè insegnatrice delle biade, & datrice delle leggi. Diodoro nel 1. & nel 2 lib. scriue à questo proposito, ch'in Egitto era scritto in vna colonna trionfale con lettere sacre questa memoria. EGO sum Isis Egipti Regina, à Mercurio erudita. Quę ego legibus statui nullus soluet. Ego sum Osirides. Ego sum prima frugum inuentrix. Ego sum Ori Regis mater.

BEROSO.

L'anno medesimo, Sabatio Saga, se n'andò di Ponto in Italia a trouar Iano suo padre. Il quale riceuutolo cortesemente in casa, lo
a creò, dopo alquanti anni, ᵃCorito, & lo prepose al gouerno de gli Aborigini.

DICHIARATIONE.

a Corito } D'Italia, cioè Gioue hastato. perciòche i piu vecchi, & primi si chiamauano Saturni, ma i loro successori erano detti Gioui, che gli Etruschi chiamauano Itos, cioè Gioui, & Corin, hasta: detta da Sabini Curi, & da Romani Quiri onde Quirites. Corito adunque significa Gioue hastato. & Quirites, cioè Gioue hastati diceuano i Romani a gouernatori della Rep. loro. perche i Re, innanzi a Romolo vsauano la hasta, & lo scettro in cambio di corona, come dice Trogo, & Giustino. & così creò Corito a gli Aborigini, Sabatio Saga, accioche gli potesse contener meglio in offitio, come gente rozza, con l'auttorità ch'egli haueua del Pontificato. Hoggi parimente la hasta & il bastone in mano, significa preminenza.

BEROSO.

L'anno 6 di Semiramis, Manno figliuolo di Thuiscone regnò sopra a Sarmati vicino al Rheno. Et presso a Ianigeni Razenui, Vesta moglie di Iano, ammaestrate le vergini nelle cose sacre, diede loro in custodia il fuoco sempiterno.

L'anno 12. di Semiramis, Sabatio Saga regna con Iano.

a L'anno 17 di Semiramis, Sabatio Saga insegna ᵃ l'agricoltura, & ᵇ alb quanto di religione.

DICHIA-

DICHIARATIONE.

a L'agricoltura } *Non in sostanza: perche di già la haueua insegnata Iano così alla grossa, ma piu particolarmente, mostrando forse diuersi stromenti ch'appartengono all'agricoltura ritrouati dapoi.*

b Alquanto } *Cioè qualche particella d'essa religione, oltre a quelle ch'essi sapeuano.*

BEROSO.

a L'anno 21 di Semiramis, ^a Sabatio, prepose Sabo, al gouerno de Sabini, & de gli Aborigini. & esso con gli altri Curiti habitò il Ianicolo & quel paese doue finì la uita.

b L'anno 34 della medesima, regna ^b Iubalda presso a Celtiberi. & il figliuolo di Ibero, presso al monte chiamato dal suo nome.

DICHIARATIONE.

a Sabatio } *Caspio, figliuolo di Curi, generò gli Itali Curiti, così cognominato da Curi suo padre, & Iano con Crano suo figliuolo, & con Comero suo nipote, generò i Razenni Toschi. Et Sabo Curite i Sabini, da quali vscirono poi i Sabelli detti Sanniti.*

b Iubalda } *Nome composto di tre voci, ch'in lingua Latina significa, Mago di voluttà deifica, cioè sauio di piacere, & diletto che partecipa del diuino, idest Filosofo, & Theologo. perche fu il primo presso a gli Spagnuoli ch'accrebbe i loro sacrifici, & pose in delitie la Theologia: cioè la spianò loro largamente & a pieno. Et tenne in Spagna quella parte di paese, che Tolomeo chiama Tubida. hoggi detta dal volgo corrottamente Gibilterra.*

ZAMEO V RE DI BABILONIA.

Regnò presso a Babilonii il quinto Zameo Ninia figliuolo di Semi-
a ramis 38 anni. Costui nel Regno Babilonico fu ^a di poco splendore
b nondimeno ampliò i Templi de gli Dii, & ampliò i ^b Caldei.

DICHIARATIONE.

a Fu di poco splendore } *Perche, come dicono: si lasciò veder poche volte da gli huomini, & dato alle lasciuie, & alla dapocaggine, s'inuecchiò fra le donne. Diodoro scriue nel 3. che dopo la morte della madre, si pacificò con*

tutti

tutti, & ch'il rimanente del suo tempo lo consumò fra le meretrici, & gli Eunuchi.

b Ampliò i Caldei } cioè i Sacerdoti dedicati alla Teologia, alla Filosofia, & all'astronomia.

BEROSO.

L'anno suo primo, uenuto a morte Sabatio, Iano suo padre uecchissimo, creò Corito, Crano suo figliuolo. & otto anni dopo, passò all'altra uita; hauendo compito 350 anni. & i Ianigeni chiamandolo Vertunno, gli dirizzarono un Tempio, & gli fecero diuini honori, sì come era il douere.

Questo anno Osiri, essendo insieme con la sorella giouanetta, stato inuentore del fromento, & delle biade, cominciò a insegnarle a Palestini. Indi ritornato in Egitto & ritrouato l'aratro, con altre cose conueneuoli all'agricoltura: andò pellegrinando a poco a poco, per tutto il mondo, insegnando tutto quello che haueua ritrouato. Et così comandò all'uniuerso mondo: fuori che alle genti che di già erano uenute in podestà, & sotto la signoria de Babilonii.

In questi tempi, regnò presso a Celti Sarrone, ilquale per raffrenar la ferocità de gli huomini allora nuoui, ordinò ᵃ gli studi publichi delle lettere. Et presso a Thuisconi Ingheuone.

BEROSO.

a Studi publichi } Erano le lettere presso a Galli, ma non in publico. onde Sarrone l'ordinò primo: perche la conuersatione dell'uno con l'altro nella professione spetialmente delle lettere, raffrena & addolcisce molto la crudezza dell'ingegno: onde però forse le lettere in parte sono dette humane.

ARIO VI RE DI BABILONIA.

Regnò Ario 6 Rè di Babilonia 30 anni. Il quale aggiunse all'Imperio tutti i Battriani, percioche poco auanti alla morte di Ninia, Camesenuo, scacciato quasi da tutto il mondo, s'era messo tra Battriani, & se gli haueua obligati con arti magiche, in tanto ch'egli signoreggiaua presso loro con molta potenza. Et hauendo Camesenuo messo insieme un grandissimo essercito di popoli, assalì gli Assirij, contro alquale combattendo Nino: fu superiore, & occise Camesenuo, & anco esso poco dopo morì. Onde Ario fatta gente dopo la morte del padre Ninia soggiogò i Battriani, & tutti i Caspii.

Crano

DI BEROSO BABILONICO.

Crano Ianigena, venuto a morte sua sorella, la celebra co suoi Ianigeni Razenui, & con tutti gli Aborigini insieme con solenne pompa. Et a le *a* consacra vn bosco vicino al fiume Ianicolo, & solenni riti, & b *b* vn giorno. Et essendo vecchio, crea Corito, Auruno suo figliuolo.

DICHIARATIONE.

a Consacra } Non perche fosse ancora entrata l'idolatria ne petti de Toscani, ma perche gli fu ordinato da suo padre. Et questi'ordine è quello ch'i Latini dicono, parentalia, ne quali si comprendono etiamdio quei conuiti che si faceuano nelle morti dei genitori: o de parenti piu stretti. de quali dicono che fu inuentore Enea. & de quali si riuedendo S Hieronimo dice. Mos est in gentibus ferri cibos, & preparare conuiuium, quòd a Grecis, & a nostris vulgo appelletur parentalia, eo quod parentibus iam defunctis celebrabantur. Hoggi l'vsano in diuerse parti d'Italia i contadini. & altri ancora per quanto ho veduto.

b Et un giorno } Cioè dedicarono vn giorno al nome suo. Chiamandolo col suo nome, o forse facendole ogni anno sacrificij in quel giorno. o vero era festiuo per lei.

BEROSO.

L'anno 20 di Ario, Brigo regna presso a Celtiberi: il quale fondò molte terre al suo nome, aggiugnendo loro i nomi de capi dell'origini, a quali le consegnaua.

Presso alla Libia regnò Prisco Hiarba: huomo feroce in arme, & a in militia *a* Palatua.

DICHIARATIONE.

a Palatua } Cioè secondo quella che haueua insegnato Pallade, ò vero introdotte nella militia di mare come si dirà più oltre.

BEROSO.

L'anno 24 d'Ario, regna presso a Ianigeni Razenui, Auruno figliuolo di Crano.

L'anno 29 presso a Celti, Dryio pieno di peritia.

ARALIO VII RE DI BABILONIA.

Aralio 7 signoreggia a gli Assirii 40 anni. Questo huomo fu illustre

ANTICHITA'

a -ſtre per ingegno & per ſtudio militare. Et ᵃ primo accrebbe le pompe, le gemme, & le delitie feminili.

b Preſſo a Libici Hiarba, guerreggiando con le donne ᵇ Palatue, non fu loro uguale. Onde andando loro incontro con doni, ſottopoſe ſe ſteſſo col ſuo Regno, alla podeſtà d'eſſe donne.

DICHIARATIONE.

a Primo accrebbe } le laſciuie, & le corruttioni dell'animo di coloro che gouernauano. douendo eſſi per lo contrario eſſere eſſempio di parſimonia, & di ſantità.

b Donne palatue } cioè introdotte nella militia di Pallade, o coſì dette da Pallade, quaſi palladie, chiamate Amazoni.

BEROSO.

Preſſo a Thuiſconi regnaua Herminone huomo feroce nell'armi. Et preſſo a Celti Bardo: illuſtre tra ſuoi per l'inuentione de uerſi, & della muſica.

a L'anno 10 d'Aralio, gli Armeni Ianigeni ᵃ Grifonii, uennero co ſuoi coloni ad Auruno Ianigeno, a quali riceuuti in caſa ſua hoſpitalmente, aſſegnò anco ſedi co Ianigeni Razenui. Et nel medeſimo tempo Auſone fu riceuuto da Auruno con armata, l'anno ottauo ſeguente. Et gli fu conſegnata ſede dal medeſimo nell'Italia, uerſo la parte Orientale.

DICHIARATION.

a Grifonii } Cioè Perugini. perciò Perus in lingua Scithica, ſignifica Grifone. & eſſi hanno il Grifone per inſegna.

BEROSO.

Il medeſimo Auruno conſacrò a Crano un boſco in Vetulonia, & lo
a connumerò fra gli ᵃ Iſi, cioè fra gli Dii. Et parimente dedicò a Iano
b Vertuno un Tempio, & una ſtatua, non molto diſcoſto dalla città. &
c fabricò una ᵇ capella al Dio Razenuo nella ᶜ Vitulonia.

DICHIARATIONE.

a Iſi } Gli Etruſchi diceuano Itum & Itim, cioè Gioue & Giunone. onde mutata

DI BEROSO BABILONICO. 22

tata la t, in ſ, fu detto Iſum, cioè Dio, & Iſi la Dea.
b Capella } Sacellum, dice il teſto.
c Vitulonia } Hoggi è la città di Viterbo ſecondo Annio.

BEROSO.

a Ne gli ultimi anni Auruno, creò Corito, a Malot Tagete ſuo figliuolo. Et l'anno 35 d'Aralio uenne a morte, & gli ſoccesſe Malot Tagete

DICHIARATIONE.

a Malot } Cognome prepoſto al nome. ſignifica in Hebreo, Angelo annuntiatore, & perſona che predice le coſe future, perche Tagete profetizaua & preuedeua quello che doueua auenire.

BEROSO.

L'anno penultimo d'Aralio, Fetonte venne con armata co ſuoi, a Malot Tagete Ianigero Razenuo. & trouato occupato dalla parte Orientale, ogni coſa da gli Auſonii, & il paeſe montano poſſeduto da i Galli, & Aborigini, & la pianura habitata da i Razenui Ianigeni, hebbe in dono la parte Occidentale. Et poſſedè con la ſua diſcendenza i monti, & tutto a l'Ecidano fino alla b prossima regione, laſciando nomi a
a
b queſti luoghi.

DICHIARATIONE.

a Eridano } cioè per la coſtiera dell'Eridano, chiamato hoggi Pò
b Proſſima regione } cioè la Gallia Ciſalpina fino all'Iſtria.

BEROSO.

In quel tempo, Italia arſe per molti giorni, in tre luoghi, intorno a gli Iſtri, a Cimei, & a Veſuuii. & quei luoghi furono chiamati da i Ianige
a ni a Palenſana, cioè paeſe abbruciato.

DICHIARATIONE.

a Palenſana } Voce Etruſca, dice S. Hieronimo ch'Eſan ſignifica fuoco, & incendio, e pucm, o palem, bocca di percuſſione d'incendio. onde Palenſana, cioè luoghi ripercoſſi prima da celeſte incendio, & dalla ſalſedine laſciataui poi per l'incendio.

B A

ANTICHITÀ

BALEO VIII RE DI BABILONIA.

a L'ottauo Re di Babilonia fu Baleo cognominato ᵃ Xerse, & regnò 30 anni. lo chiamarono Xerse, cioè vincitore & trionfatore: perche signoreggiò piu gente il doppio, che non fece Aralio. percioche era valoroso nella militia, & fortunato. & accrebbe il Regno fino quasi presso all'Indie.

b Ne tempi di questo Baleo Xerse, regna presso a Celtiberi Tago, cognominato ᵇ Orma; dalquale la patria fu detta Taga. Presso a Thuisconi regna Marso. & presso a Liguri, Fetonte lasciato Liguri suo figliuolo, ritorna in Ethiopia. Malot Tagete accrebbe i riti sacri, insec gnati da Iano, & la ᶜ auruspicina.

DICHIARATIONE.

a Xerse } Significa in lingua Persiana guerriero. & Artaxerse gran guerriero. ma Beroso da piu forza all'interpretatione, cioè vincitore, & trionfatore. perche non basta esser guerriero, ma bisogna superare il nimico: & allora si trionfa.

b Orma } cioè colonia, ouero habitatori. onde S. Hieronimo interpreta Tagorma, cioè auulsio incolarum: quello che noi diremo spiccamento di habitatori. perche Tago si sforzò di torre, spiccare, & leuar via, huomini natiui, & habitanti in Spagna: per condurli in colonia, in altri paesi della Spagna, allora inculti & disbabitati.

c Auruspicina } arte d'indouinar le cose future col mezo dell'interiore degli animali che gli antichi sacrificauano. Dice Donato. Haruspex ab Haruga deriuatur, quę est hostia abharain qua concluditur & seruatur.

ARMATRITE IX RE DI BABILONIA.

Il nono Re di Babilonia Armatrite, imperò 38 anni. Questi uolto piu tosto a piaceri, & alle delitie, ritrouò molte cose, che s'appartengono alla libidine: & molte ne accrebbe alle ritrouate.
a In questa età regnò presso a Celti, ᵃ Longo, & presso a Celtiberi
b ᵇ Belo dalquale il Regno prese il nome. Et presso a Ianigeni Sicano figliuolo di Malot Tagete, dalquale fu cognominata la regione di Vitulonia.

DICHIARATIONE.

a Longo } onde sono detti i Lingoni in Francia.

b Beto } che pose nome Betica alla Spagna, quasi beatica, cioè beata. o campo elisio come dice Homero, parte felice per molte qualità sue raccontate da gli scrittori che parlano di questa Prouincia. Vedi il trattato de i Re di Spagna dell'Annio, a questo nome Beto.

BEROSO.

a L'anno 20. di Armatrite, Liguro mandò Cidno & Eridano, co i Coloni, co fratelli, & co i nipoti, & occuparono fino all'Istro in Italia. Sicano edificò Aretia, & la nominò in lingua Ianigena Horchia. Osiri nella Tracia, occise il gigante e Licurgo.

L'anno 32. d'Armatrite, Deabo prese la tirannide presso a Celtiberi. ilquale meritò questo cognome, per le caue dell'oro, & delle ricchezze, ch'esso fu primo a trouare & cominciare in quel luogo; opprimendo le colonie.

Et dopo due anni regnò presso a Celti, Bardo minore.

DICHIARATIONE.

a Cidno } Diede il cognome a Cenomani: fra quali sono, Bergamo, Brescia, Cremona, & altri luoghi che ritengono i nomi antichi.

b Horchia } vocabolo Scithico & Etrusco. percioche hor, significa alta o monte simile a torre, & chia o chiat in Aramco, vale & s'interpreta corona. onde si disse Horchia, cioè corona Turrita in quella guisa che si dipigne in capo a Cibele. percioche come a Regina de sacrifici, madre de Dei, & delle Vergini Vestali, se le donaua vna corona turrita. Scriue Liuio ch'è Dea della Etruria. Et questa Aretia credo io che fosse vn'altra città differente da quella ch'edificò Iano a Tidea, detta così da Arez voce hebrea, che significa terra; si come si vede in Moise nel principio del Genesi doue dice (per quanto mi mostrano gli hebrei) Berescit Barah, elohim, & asciamaimue & arez: cioè, In principio creauit Deus cœlum & Terram chiamata da Moise arez.

c Occise il gigante } Diodoro Sicolo, scriue a lungo questa historia, nel lib. 1, 2, 5, & 6, doue si trattano molte cose d'Osiri.

d Deabo } Padre di Gerione. cognominato Chriseo, dall'oro. Et anco di costui ne fauella Diodoro nel 5 libro. & l'Annio nel trattato de i 24 Re di Spagna.

BELO-

ANTICHITA

BELOCO X RE DI BABILONIA.

Il X Re de gli Aſsirij Beloco, regna 35 anni. Il quale preſe il cognome da Belo, perche volle inſieme con l'Imperio, eſsercitare anco il Pontificato Maſsimo di Belo Gioue; & fu occupato grandemente intorno a gli auſpicij, & alle diuinationi.

Ne ſuoi anni, regnò preſſo a Thuiſconi Gambriuio, huomo feroce d'animo.

Preſſo a gli Emathij, cominciò à regnare, Macedone figliuolo di Oſiri, dal quale la prouincia tiene hora il nome. Et intorno a queſti tempi, Oſiri oppreſſe i giganti, i quali haueuano di già cominciata la ᵃtirannide.

DICHIARATIONE.

a Tirannide } Il padre Iano mandò le colonie, & quelli erano Principi che furono mandati da lui. I ſocceſſori poi ridotti inſieme, eleggeuano co ſuffragij i loro Principi: ſi come ſi vede di ſopra alla voce Helerna. & queſti eletti erano detti Principi legittimi. Ma quelli che cominciarono à farſi Principi con violenza & ſenza il conſenſo del comune, furono detti tiranni. percioche queſti togliuano per forza quello che ſi daua à Principi per volontà. Onde l'intento loro era piu toſto d'amare il ben proprio, che quello del publico & comune. perciochè il principe vero padre de ſudditi ama piu il beneficio comune ch'il particolare. All'incontro il tiranno ama piu il proprio & particolare vtile ſuo che quello del comune & del publico, alquale eſſo comanda.

BEROSO.

L'anno XXIX di queſto Beloco, fioriuano preſſo a Celtiberi i Lomnimi, & fabricarono vna gran città, chiamata dal nome loro Lomanima. Ma l'anno ſeguente gli Itali oppreſsi da giganti tiranni ᵃne tre Rateuſani, chiamarono Oſiri, il quale era peruenuto con le colonie, a fonti vicini dell'Iſtro. Oſiri ottenuta tutta l'Italia, la tenne 10 anni, & la nomiò ᵇda lui per ſua gloria. & ſoggiogati i giganti, laſciò Re a Ianigeni Leſtrigone gigante ſuo nipote, per Neptuno ſuo figliuolo.

L'anno XXXIIII di Beloco, Ludo Re. cominciò a regnare preſſo a Celti. Ne gli vltimi anni di Beloco, crebbe il mare Attico, & gorgogliando inondò l'Attica.

Dichiara-

DICHIARATIONE.

a Ne tre paleníani } *Che noi dicemmo di sopra che era arso il paese: cioè in tre luoghi.*

BALEO XI RE DI BABILONIA.

L'vndecimo Re a Babilonij fu Baleo XLII anni. Costui dopo Semiramis fu chiarissimo per fama sopra tutti gli altri, & risplendè per Imperio fino tra gli Indi. Furono scritti da nostri molti libri de fatti suoi.

a   L'anno X di costui, ªPorco, riempiè l'Isola ᵇ Cado Sene di coloni Vetulonici, lasciandone parte alla posterità de Liguri.

DICHIARATIONE.

b Porco } *In lingua Aramea significa portatore da luogo a luogo: perche traportaua le colonie per l'Italia, & per le isole: Fu poi detto Forco, per schiuar la bruttezza del nome porco, significatiuo dell'animale, che i Latini chiamano Sues. Fu figliuolo di Nettuno Egittio, & primo Re della Corsica & della Sardigna, come scriue Seruio nel 5 di Virgilio.*

b Cadosene } *I Greci dicono Sandalioti, & i Latini Crepida, sorte di calzamento, & noi diciamo questa isola Sardigna.*

BEROSO.

Ne tempi di questo Baleo, gli Indiani offerirono le cose loro a i Babilonij. Osiri ritornato in Egitto, scrisse per memoria in vna colonna che dura ancora l'imprese sue per tutto il mondo.

Presso a Thuisconi regna Sueuo, & presso a Celti Celte, dal quale preſero il nome, i monti loro grandiſsimi per la cõtinouatione delle selue che diuidono i Celti da i Celtiberi.

a Tifone Egittio, ªessendo consapeuoli tutti i giganti del mondo, occise suo fratello Osiri Gioue giusto Egittio, & prese la tirannide in Egitto.

b ᵇBusiri in Fenicia. Et vn'altro Tifone nella Frigia. Anteo nella Libia. i Lomnimi nella Celtiberia. i Lestrigoni nell'Italia, & Milinio Cretense in tutto il mare.

Dichiara-

ANTICHITÀ

DICHIARATIONE.

a Essendo consapeuoli } *Di questo disegno di Tifone, tutti i Capitani & sostituti d'Osiri che erano in Egitto, nella Libia, nell'Asia, co quali Tifone haueua congiurato contra Osiri.*

b Busiri } *Percioche dopo Tifone, Busiri, con tutti gli altri nominati in questo capitolo dopo Busiri, furono tiranni crudeli & spenti da Hercole, come si legge piu oltre.*

BEROSO.

Hercole figliuolo di Osiri, il cui nome è Libio, con Iside insieme, leuò del mondo Tifone in Egitto, Busiri in Fenicia, vn'altro Tifone nella Frigia, Milino in Creta, Anteo nella Libia & i Lomnimi nella Celtiberia, dalla quale, sostituto in luogo loro, il Re Hispalo, si riuoltò con
a tra i tiranni d'Italia. Et passando in Italia per i Celti, Galatea, con licenza de suoi genitori, generò loro Galate Re.

DICHIARATIONE.

a Con licenza } *Diodoro Sicolo dice questa historia in questa maniera. che signoreggiando altre volte a Celti vn'huomo egregio & di valore: hebbe vna figliuola grande di corpo, & di bellissima forma. Costei fatta illustre per molte qualità sue, sprezzò tutti coloro che cercauano di hauerla per moglie. Ma essendo Hercole venuto fra Celti per far guerra con Gerione: marauigliatasi costei del valore, & della bellezza di Hercole, chiesta licenza a suo padre: hebbe da far con lui: & fatta pregna, generò Galateo, così dice Diodoro:*

BEROSO.

In Italia, debellò & scacciò in X anni i Lestrigoni, poi regnò XX anni con loro pacificamente, & fondò loro molte terre dal suo nome & co gnome dette Musarna, Gedrosia, & Carmania, & bonificò per habitatione de gli huomini, i luoghi impediti dall'acque.
L'anno adunque XII di Baleo, cominciata la pugna in Italia contra i giganti, gli distrusse, due anni inanzi alla morte di Baleo. Cosi Hercole venne da gli Hispali in Italia, & leuò via i Lestrigoni & tutti i ti-
a ranni. Fondò gli Arni Libarni, cognominati da lui ªMusarni, & resse XXX anni, & chiamato a se Tusco, lo lasciò Re loro.

Dichiara-

DICHIARATIONE.

a Mufarno] Cognome di Hercole, che significa erudito & valoroso, onde si fa argomento dal fiume Arno che diuide Fiorenza: che Hercole edificasse in queste parti, città, & vi asciugasse gli stagni & i laghi che vi erano nel suo tempo. O vero ch'Arno prendesse quel nome suo da gli Arni libarni. Il quale Arno, nella lingua hebrea significa, quello che i latini dicono exultans ò vero famoso. Mufarno adunque erudito esultante. ò famoso, percioche Hercole liberando Italia, & il mondo da mostri, come erudito & valoroso nel bene & nella virtù, esultaua operando, & giouando al genere humano. Et fondò gli Arni: hauendo leuati i pantani di quel paese.

ALTADA XII RE DI BABILONIA.

Altada fu Re XII de Babilonij, & regnò 32 anni. Interpose & con
a fumò il suo tempo nelle delitie, ªstimando che fosse vanità l'affaticarsi ne sudori, & nella continoua miseria della sua vita. certo non per vtilità & benefitio d'altri, & della humana gente, ma per danno, esilio, & seruitù loro. Però fu sua deliberatione, il godere le ricchezze, & la gloria mentre viuesse.

DICHIARATIONE.

a Stimando] Il testo dice. existimans vanum esse laboribus & suæ vitæ miseria continua liberare. che si può anco dire. Stimando esser vano alla fatica & alla vita sua, l'affaticarsi in miseria continoua. Era adunque l'intento di costui, non di acquistare, ma di goder l'acquistato: riputando nell'acquisto di nuocere al genere humano, ma nell'acquistato di non fare ingiuria à nessuno: quando però non hauesse goduto vitiosamente in delitie.

BEROSO.

a Nel tempo di questo Altada, ªHercole richiamò dalla regione del Tanai, Tusco suo figliuolo hauuto d'Arassa. In quella età Galate, dal
b quale i Samotei sono detti Galli, regnò presso a ᵇCelti, & ᶜVandalo
c presso à Thuisconi.

DICHIARATIONE.

a Hercole] Della cui monarchia Beroso tratta in tutto questo libro. nel cui

ANTICHITA

tempo gli altri Principi gli furono inferiori per virtù & per potenza. Et si dee notare che gli Hercoli sono stati 43 come afferma Varrone, de quali questo Egittio fu il primo, & l'vltimo fu Alceo Greco figliuolo d'Almena & d'Anfitrione. Onde talhora auiene che si prende l'uno per l'altro.

b Celti } Questi furono chiamati con piu nomi. Perche nel principio furono detti Samotei, & poi Celti da Celito, Galatij da Galate, Belgi da Belgio, Galli da Romani: & vltimamente Francesi, da Franco, vno de figliuoli di Hettor Troiano secondo Vincenzo Francese.

c Vandali } Detti prima Tuischi da Thuiscone, Gambriui, Ingeuoni, Isteoni, & da poi Socui, Vandali, Alemani, Theutoni, & finalmente Germani.

BEROSO.

a Hercole crea ᵃCorito a Ianigeni, Tusco suo figliuolo, secondo l'vsanza. Et lasciatolo parimente Re loro, esso molto uecchio, se ne ritornò à Celtiberi l'anno 29 di Altada, & ui regnò & morì. Al quale i

b Celtiberi ᵇ fecero un tempio alle Gadi, & un sepolcro; & gli attribuirono honori diuini, & dedicarono molte città al suo trionfo, & al suo nome, come Libisosona, Libosoca, Libunca, & Libora.

c Thusco mandò in ᶜSicilia con colonie, Gallo fanciullo mandato à Herode. Il medesimo Thusco, primo insegnò la militia palatua, & gli initiamenti a Razenui Ianigeni.

DICHIARATIONE.

a Corito } Cioè Gioue bastato come s'è detto altroue, & Re loro & era l'offitio del Corito di essere insieme col Re, per dare & mandar le colonie doue bisognaua.

b Fecero vn tempio } Et dirizzarono le colonne, chiamate hoggi di Hercole: perch'egli morì in quella parti. Onde non fu quello Hercole che hebbe nome Alceo, ma questo Egittio primo. Al quale gli Spagnuoli dedicarono diuerse città in quella prouincia. Et fra l'altre Libisosona forse hoggi Lisbona.

c Sicilia } Mandò colonie nelle maremme d'Italia, cioè Iolao nella Sardigna con i Tespiadi, & in Istria i Liburni, cioè i Libij rematori, perche chiamano Vrna, un vaso largo & amplo di corpo, & lungo stretto di collo chiamato da loro palatuo, nel quale si ripongono le ceneri de morti, alla cui sembianza fatte le fuste larghe di corpo, & strette & lunghe di rostro, o sperone, sono dette Liburne, cioè Vrne de Libij. Et questa voce palatua significatiua di remi, la ho sentita dire infinite volte da gli huomini dell'Arsenale che chiamano i remi, palamenti per le galee.

MAMI-

MAMITO XIII RE DI BABILONIA.

a Il XIII Re di Babilonia Mamito regnò 30 anni. Costui ªrimesse di nuouo in essercitio i soldati, auezzandoli alle fatiche. Et posto da can-
b to le delitie, gli unguenti, gli ᵇopobalsami, attendeua alla militia & alle guerre, & cominciò à esser temuto da gli Egittij, & da i Siri.

DICHIARATIONE.

a Rimesse di nuouo } *Perche Hercole fatto uecchio, i Principi cominciarono à risurgere & rimettere in opera l'armi loro, addormentate dal ualore & dalla fama di Hercole uincitore & trionfatore del mondo.*
b Opobalsamo } *Olio di balsamo, il quale per soauissimo odore trapassa tutte l'altre cose odorate: concesso solamente alla Giudea, come scrine Plinio a cap. 29. nel lib. 21.*

MANCALEO XIIII RE DI BABILONIA.

Il decimoquarto Re de Babilonij Mancaleo imperò 30 anni. Nel cui primo anno Kitym regnò presso à Celtiberi, hauendo scacciato il fratello Hespero in Italia.

DICHIARATIONE.

a Hespero } *Dal quale Italia fu chiamata Hesperia: si come anco fu da lui chiamata Hesperia la Spagna, di doue esso fu scacciato da Kitym suo fratello.*

BEROSO.

a L'anno XII di Mancaleo, regna presso à Ianigeni ªKitym hauendo lasciato Re di Celtiberi, Sicoro suo figliuolo.
b Ne medesimi tempi di Mancaleo, regna presso à Thuisconi Hercole Alemano. Presso à Celti ᵇLugdo, dal quale gli huomini & la prouincia presero il nome loro.
c I Ianigeni chiamarono Kitym nella lingua loro, ᶜItalo Atalaa, per
d l'eccellenza del suo ingegno. Costui diede per moglie à ᵈCambo
e Blascone, ᵉPrincipe de Ianigeni, Elettra sua figliuola. Et per ᶠle noz-
f ze, mandò colonie di là dall'alpi vicine all'Italia. Et Italo ᵍconsacra
g Roma sua figliuola Vice Regina a gli Aborigini. Et creò etiandio
h Corito, ʰMorgete suo figliuolo.

D 2   Dichia-

ANTICHITA.

DICHIARATIONE.

a Kitym } Indi a 12 anni, fatto Re de Celtiberi, Sicoro suo figliuolo, passa in Italia. la qual prese dopo Hespero il nome da costui, & fu detta Kitym: si come s'è detto di sopra in Beroso alla voce Kitym.

b Lugdo } Lud lo chiama Moise nel Gen. dal quale si disse fra Galli & Celti, il paese Lugduno. hoggi Lione & Lionese.

c Italo Atalaa } O vero Italaa.

d Cambo Blascone } O vero Cambo di Blascone. perche Cambo fu figliuolo di Blascone.

e Principe } O vero principalissimo fra i Ianigeni.

f Per le nozze } mandò colonie. percioche scriuono gli antichi, che nella creatione d'vn Re, & nella coronatione, il popolo faceua diuerse dimostrationi di allegrezza. onde si mandauano colonie, si consacrauano statue, si scriueuano titoli per memoria: si edificauano terre & castella, mettendo loro il nome del coronato, & cose altre tali.

g Consacra Roma } Cioè la crea, subregina dice il testo latino. Viceregina.

h Corito } Cioè Gioue ha stato, accioche gli soccedesse nel regno.

SFERO XV RE DI BABILONIA.

Signoreggia à gli Assirij il XV Sfero 20 anni. Huomo de cui fatti, & della cui prudenza, risuona per tutto il volgo. Ne costui tempi, Morgeto figliuolo d'Italo, creò Corito, Camboblascone suo parente. Presso à Celtiberi, regna Sicano, figliuolo di Sicoro, dopo la morte di Sfero sotto Mamelo.

MAMELO XVI RE DI BABILONIA.

Il XVI. Re Mamelo signoreggia à Babilonij 30 anni. Et l'anno ottauo, a Romanesso figliuolo di Roma, è fatto Luogotenente de gli Aborigini montani. Et Sicano regna presso à Celtiberi.

DICHIARATIONE.

a Romanesso } Di Roma figliuola di Italo, & moglie di Tusso Sicano, nasce Romanesso. primo de maschi Vice Re del Latio, & de gli Aborigini. E' questo nome composto, di due voci Roma, & Nesso. Roma significa sublimità, & Nesso, forte & valido augurio, che insieme rileuano forte & valido augurio: predicendo la sublimità della futura città di Roma. percioche da questa Ro-
ma, nac-

ma, nacque la città di Roma. la qual poi Rumulo, detto volgarmente Romolo: hauendola esso trouata picciola terra & derelitta, la ridusse in forma quadra & la restaurò. onde molti poi gli attribuirono che egli la edificasse di nuouo. essendo per lo contrario fatta per molti anni auanti che egli nascesse. Et percioche Plinio a cap. 5. nel 3 libro dice. Veliterni, Vlubrenses, Vluernates superâ, Roma ipsa, cuius nomen alterum dicere, arcanis ceremoniarum nefas habetur, optimaq̃, & salutarem si de abolitam enunciauit Valerius Soranus, luitq̃, mox pœnas, apparisce che Roma haueua due nomi, l'vno publico, & l'altro nascosto & celato. Et vogliono alcuni, che il nascosto fosse Romanesso, dal quale si trahe la sublimità, & grandezza della futura Roma. Prima, perche fu primo Saturno & Dio di Roma, & poi perche questo nome portaua alla città di Roma il nome & l'augurio insieme della felicità sua, onde però s'occultaua, accioche non peruenisse a gli orecchi de nemici. Terza, perche questo nome, per rispetto del secreto predetto, fu imposto alla tribu di Romolo: conciosia che essendo l'altre due tribu chiamate l'vna Tacien se da Tacio, & l'altra Lucere da Luco, ò Lucumone amendue Capitani. Romolo volle che questa fosse detta non Romulea, ma Romnense, cioè Romnesse, in cambio di Romanesso, che era il proprio Saturno & Dio di Roma. Percioche vsauano gli Etruschi, d'occultare lo Dio ch'era auocato della loro città, & trahendo dal nome del Dio, lettere a bastanza, formauano di esse vn'altro nome che essi imponeuano alla città, in quella forma che fanno i Cabalisti ne tempi nostri. & in quel modo che Giulio Camillo trahe dal nome di Lucretia, diuersi altri nomi & concetti, che in sostanza si riferiscono tutti al nome di Lucretia. Si come scriue anco Sempronio verso il fine del suo trattato.

BEROSO.

Presso à Celti regna Beligio, da quali essi sono appellati Belgici.
a Et presso a Ianigeni, Iasio alla fine è creato Corito, da ªsuo padre.

Iasio è creato Corito. & l'anno seguente cominciarono due Re insieme, cioè Cecrope Prisco, primo Re de gli Atheniesi, & Iasio Ianigena presso à Celti.

b Alle nozze di Iasio, si trouò presente ᵇ Io Egittia. percioche questa sola delle femine, visse un centinaio d'anni di più di Dodone: & caminò quasi per tutto l'uniuerso mondo, dopo la morte di suo marito.

DICHIARATIONE.

a Suo padre} Cambo, il quale era Re. percioche il Re creaua il Corito per soccessore del suo Regno.

ANTICHITA'

b Io] *Cioè l'Egittia che fu la prima. & fu sorella & moglie di Osiri, chiamata Giunone, Iside, Cerere, frugifera & legifera. La seconda fu quella corrotta da Giove Greco. & dicono i Greci che si fuggì in Egitto: applicando alla prima, quello che auenne alla seconda.*

SPARETO XVII RE DI BABILONIA.

Il XVII Re de Babilonij fu Spareto, & regnò 40 anni. Sotto lui,
a cominciarono nel mondo °cose ammirande, conciosia che un terremoto spauentò i Babilonij. Gli Atheniesi principiarono il Regno loro, il suo quarto anno. Et l'anno medesimo Iasio Ianigeno, imperò a gli Italici. Et Siceleo a i Celtiberi, alquanto dopo.

DICHIARATIONE.

a Cose ammirande] *Volendo dire, che non si era sentito mai terremoto alcuno nella prouincia di Babilonia fino à Spareto.*

BEROSO.

Sotto l'Imperio di Spareto, finirono i gran Re d'Egitto, Oro Achena cre, Acori, & cominciò °Chencre, il quale pugnò con gli Hebrei della magia, & fu sommerso da loro.

L'anno parimente XXXIII, & XXXV di costui, fu in Thessaglia
b un ᵇdiluuio, non solo per le pioggie, ma perche i fiumi, otturati i monti con la caduta loro, empierono la pianura. & seguendo poi un terremoto, aperte le bocche de monti, l'acque ritornarono ne lo
c ro letti. Et in altra parte ᶜ di loro, dopo il terremoto, seguì uno incendio sotto un certo Fetonte Re loro. Et il nostro Re soggiogò i Fenici & i Siri. Ma XX auanti a questo Imperio, lo ritornò d'Italia
d in Egitto. Et nacque la ᵈ prima guerra ciuile, per cagione del Regno fra Dardano & Iasio. Gli Aborigini seguiuano le parti di Dardano, ma i Ianigeni & i Sicoli, con Siceleo, quelle di Iasio.

DICHIARATIONE.

a Cominciò Chencre] *A regnare. Questo è quel Faraone d'Egitto, che opponendosi alla volontà di Dio, non volle obedir Moise, onde però, dopo la liberatione d'Israel d'Egitto, fu sommerso nel mar rosso: non perche fosse vinto dalla magia de gli Hebrei, eletti da Dio per popolo suo, come dice Beroso, ma perche non voleua credere, che Moise fosse mandato da Dio, del quale si tirò*

addosso

addosso l'ira sua santissima co suoi peccati.

b **Vn diluuio** } *L'anno del mondo 2438, & auanti alla venuta di Christo 4523 secondo Giouanni Lucido.*

c **Di loro** } *cioè monti.*

d **Prima guerra** } *cioè ciuile fra i popoli d'Italia, mossa, perche Dardano diceua, che l'imperio veniua à lui, perch'era nato, quando Cambo suo padre era Gioue, cioè Re ; & Iasio quando Cambo era Corito, cioè non Gioue Re, ma Gioue bastato. All'incontro Iasio diceua, ch'era primogenito. perche la potenza del regno comincia nell'offitio del Corito, comparticipante del gouerno, si come ben significaua la basta & lo scettro che si daua al Corito. & ogni vno di loro haueua i suoi seguaci. & Sicoleo venuto di Spagna per accomodar questa differenza fra loro, fauoriua Iasio.*

ASCATADE XVIII RE DI BABILONIA.

Il XVIII Re de Babilonij fu Ascatade, & regnò 41 anno. Egli fece assolutamente soggetta alla sua giurisditione tutta la Siria. Et il suo XIII anno, si ragiona che fu ritrouata la uite presso a Greci.

Sotto l'anno medesimo, Dardano fece morir Iasio con inganno, & fuggitosi in Samotracia, ui stette nascosto lungamente.

a   A Iasio soccesse ᵃ Coribante suo figliuolo.

L'anno ottauo d'Ascatade. Chencre uinto dalla magica de gli hebrei, perì in mare, al quale soccesse presso a gli Egittij Acherre. Presso à Celtiberi Luso, presso à Celti Allobroge; & presso à gli Itali Aborigini, Romanesso figliuolo di Roma, consacrato primo Saturno morì indi à poco; al qual soccesse ᵇPico Prisco suo figliuolo.

b

L'ultimo anno del Re Ascatade, Ato donò à Dardano parte del

c ᶜterritorio Meonico, & così Dardano cominciò il Regno Troiano. Et Dardano rinuntiò a Tirrheno figliuolo d'Ato, qualunque ragione, s'alcuna ne haueua, nel Regno d'Italia. Et nauigando Tirrhe-

d no inᵈ Italia Ianigena, riceuuto lietamente da Cibele & da Coriban-

e te, ᵉcome de gli Herculei, hebbe ᶠin dono la ciuiltà Razenua.

f

Esso Tirrheno, trahendo fuori molti ornamenti Meonici gli do-

g nò loro. Ma Coribante & ᵍ Cibele, ordinata la ʰ Dinastia di 12 Du-

h chi & capi di 12 Popoli, che fossero di Ianigeni, se n'andarono nella Frigia. Et sotto Ascatade furono parimente Re presso a gli Egitij Chene & Armeo che fu cognominato Danao, & Ramesse cognominato Egitto. Hora sia breuemente detto in queste nostre annotationi, di quei Re, & di quei tempi che sono stati scritti da nostri, dal diluuio di Iano Primo, fino al Regno fondato dai Dardani.

ANTICHITÀ

DICHIARATIONE.

a Coribante } Ban era il suo proprio nome. & Cori, deriua da Corito. quasi Cori Ban. cioè Cori, idest initiato ò consacrato col scettro & con la hasta. Dicono ch'egli fondò Nueto città, chiamata Cor Nueto, cioè coronato & hastato Nueto: che hoggi è detta orneto nella Toscana. Fu costui Re d'Italia 48 anni. L'anno del mondo 2458. & auanti all'auenimento di Christo 1503.

b Pico Prisco } Giouanni Lucido scriue, che Pico figliuolo di Coribante, fosse Re nel Latio 6 anni innanzi che suo padre dominasse in Italia.

c Territorio Meonico } Facendo contracambio. Percioche Dardano rinuntiò tutta quella regione che haueua come Corito à Tirrheno figliuolo di Ato. & Ato all'incontro gli diede parte del paese Meonico, doue Dardano fondò il Regno Troiano; dal cui seme vscirono poi tanti Re illustri.

d Italia Ianigena } cioè in quella parte, doue habitauano i Ianigeni: la qual sola in tutta questa gran Prouincia si chiamaua Italia & Saturnia.

e Come de gli Hercoli } cioè nato del sangue & della prosapia Herculea.

f In dono } cioè fu fatto cittadino, & hebbe quella auttorità & preminenza ne suffragij & in altre cose che haueuano i Razenui. onde fu con gli altri chiamato Razenuo.

g Cibele } Nome composto dalla voce. Cy che significa madre, & Belem o vero Belum, che s'interpreta Dio o Dea. onde Cibele, cioè madre de Dei. La prima Cibele fu Tidea Vesta, moglie di Noè Iano, la qual generò di Iano, i Dei, i sacrifici, i riti loro, & la conserua del fuoco perpetuo: come si è detto di sopra. La seconda Cibele fu figliuola di questa prima, chiamata per proprio nome Regina. & fu anco ella madre di Dei: perche per far piacere à Titea sua madre, alleuò i Titani. La terza fu moglie di Iasio sopradetto. La quarta fu Cibele Frigia, che nacque molto tempo dopo le predette. L'vltima fu la moglie di Iasio Samotrace, ricordata da Palefato & da Eusebio.

h Dinastia } voce Greca, che significa, Magistrato a tempo & presinito. però dice Magistrato di 12 Duchi, che furono detti nell'Etruria Lucomoni, cioè Re, & capi di 12 città Toscane: come diremo altroue.

DI MANETHONE
SACERDOTE EGITTIO

LIBRO VNO.

MANETHONE.

BEroso approuato scrittor fra i Caldei, trasse il fiore di tutte le cose Caldee con breuissime annotationi, & ragionò di quelle de i piu importanti Regni del mondo: dal tempo del grandissimo diluuio ch'i loro maggiori scri-
b uono che fosse auanti Nino, fino alla ᵇ particolare fondatione del Regno di Troia. Noi etiamdio seguiremo, doue egli lasciò, quello che habbiamo saputo da gli historici nostri: o dalle loro relationi: passando per i nostri Re Egittij, come esso fece sotto gli Assirii.

a *Manethone* } *Sacerdote Egittio fu l'anno del mondo poco piu di Beroso: & auanti alla venuta di Christo 300 anni. Fa mentione di questo scrittore Eusebio, & Ioseffo nell'antichità Giudaiche lo adduce spesso per testimone nella sua historia. Costui tenne quel grado presso a gli Egittij che hebbe Beroso presso a Caldei. Onde fu sacerdote, & notaro publico dell'Archiuo d'Egitto: & in consequenza dignissimo di fede. perciocche hauendo veduto l'ordine di Beroso: volle trattar de gli Egittij quello che haueua trattato Beroso de Caldei.*

b *Particolar fondatione* } *Del Regno di Troia: ilquale cominciò l'anno 828 dopo il diluuio & finì l'anno del mondo 2781 & auanti alla venuta di Christo 1177. che sono a punto fino al tempo che noi scriuiamo queste cose dal suo interito 2759 anni.*

BE-

ANTICHITA
BEROSO.

a Egitto scacciato Danao suo fratello regnò 40 anni. l'Egitto prese no
b me da costui. & erano detti ^b Faraoni per dignità loro. L'anno 5 di
c questo Re ^c Aminta durò 45 anni.
d L'anno 6 regnò ^d Dardano 64 anni.
e L'anno 10 ^e Danao regnò a gli Argi 50 anni.
f L'anno 13 di costui, regnò ^f Tirrheno presso a Ianigeni 51 anno
   L'anno 33 regnò in Creta Asterio.
g L'anno 35 del medesimo, ^g Romo regnò presso a Celti, dalquale pre-
h sero nome i Romandui. Et due anni dopo ^h Fauno Prisco presso a gli
   Aborigini. & Pandione presso a gli Athenicsi.
   L'anno 50 Belocho minore presso a gli Assirii,
i. L'anno 67 imperaua presso a gli Aborigini ⁱ Aruno Faunigna.

DICHIARATIONE.

a Egitto } Et Danao furono fratelli. Danao fu Re d'Argo: hauendone prima scacciato Stenelo. & vi regnò 50 anni: come si dice nel testo poco piu
   di sotto. All'incontro Egitto chiamato Ramesso scaciò lui d'Egitto: & si
   fece Re. & impose il suo nome a quella prouincia, laquale fu prima chiamata con diuersi nomi. percioche fu detta Oceana, Nilea, Aeria, Osiriana,
   & Mizrea da gli Hebrei. alla fine ritenne il nome d'Egitto.
b Faraoni } Per dignità. come diciamo Augusto, all'Imperatore, & era aggiunto del nome proprio. laqual voce nella lingua Egittiaca significa, pieno di ferocità. quello che gli Etruschi antichi diceuano Eth, & i Greci Tro
   solo, & Tromatoreo.
c Aminta } Re de Macedoni: primo di questo nome: ilquale secondo Giouanni Lucido nel suo libro de emendatione temporum durò 43 anni.
d Dardano } & questo dice il Lucido che regnò 31 anno a Troiani.
e Danao } Fratello del sudetto Egitto. Decimo Re per ordine de gli Argini, & de Miceni. Hebbe costui 50 figliuole, maritate tutte in 50 figliuoli
   d'Egitto. lequali congiurate insieme ammazzorono i mariti loro, da Iperme
   stra in fuori che saluò Lino suo marito.
f Tirrheno } altri scriuono Turrheno. dalquale prese nome il mar Tirrheno.
   detto hoggi Adriatico. l'anno auanti Christo 1456.
g Romo } dalquale furono detti i Romandui in Spagna: che hoggi secondo
   alcuni sono i Valentiani.
h Fauno Prisco } Nel Latio. l'anno del mondo 2510 & auanti Christo 1452
   nel tempo ch'Othoniel gouernaua il Regno Hebreo.

Amne

DI BEROSO BABILONICO.

Aruno Faunigena } nel Latio: che fu l'anno del mondo 2540 & auanti a Christo 1421. nel tempo ch' Arioth gouernaua gli Hebrei. Ilquale Aruno è detto Aus nella scrittura sacra. & Arunte da Latini, secondo alcuni.

BEROSO.

Il secondo dopo costui Faraone Menofi, regna presso a gli Egittij 40
a anni. Nel cui secondo anno, regna presso a Troiani ª Ericthonio 40
b anni. ᵇTarquon Prisco presso a ᶜRazenui Ianigeni, che hora si chiama
c no Tirrheni & Toschi, per lo Tirrheno, & per la peritia delle cose di-
d uine ch'essi impararono da Iano: regna 31 anno. presso a Celti ᵈ Paris, presso a Celtiberi, Testa Libio Tritone.
e L'anno settimo del medesimo regna presso a gli Assirij, ᵉBelopare.
f & ᶠ Minos regna in Creta.
g Ma l'anno decimonono regna ᵍ Eritheo a gli Atheniesi.
h L'anno suo 35 regna presso a Toschi ʰ Abante 15 anni: dalquale furono posti gli Abii Toschi.
i Et l'anno 33 del medesimo. regna a gli Argi ⁱ Abante Argo.
k L'anno 30 di Menofi, ᵏCadmo, & Fenice, partiti dal mar Rosso, re-
l gnarono presso a ˡ Sidonii. Et dopo 7 anni Cadmo insegnò alla rozza
m Grecia. & regnò in Thebe. presso a gli Assirii regnò ᵐ Lampride.
n Et l'vltimo anno suo, ⁿ Zeto, & ᵒ Anfione, scacciarono Cadmo.

DICHIARATIONE.

a Ericthonio } Scriue il Lucido 75 anni, che sono 29 anni manco di quello che dice Manethone.
b Tarquon } Tarcon dice il Lucido: & mette 2 anni di piu. & fu l'anno del mondo 2552. & auanti alla venuta di Christo 1404 anni.
c Razenui } Si disse di sopra in Beroso, cioche siano, & quali genti.
d Paris } Dalquale fu detto Parigi, ne Celti che hora sono i Francesi.
e Belopare } Et regnò 30 anni. l'anno del mondo 2555 & auanti la venuta di Christo 1406.
f Minos } Figliuolo di Gioue & d'Europa: prima che desse leggi a Candiotti. Hebbe per donna quella Pasife, del cui fauoloso amore d'vn Tauro, nacque per artificio di Dedalo, il Minotauro mostro horrendo, & rinchiuso per ordine di Minos nel laberinto: morto poi da Theseo. Ilqual Tauro, scriue Seruio nel 6 di Virgilio: fu non vn toro, ma vn Cancelliero, ò Secretario del Re: ilquale essendo il Re lontano da casa: vsò con la Regina, & partorì due figliuoli, l'vno somigliante a Minos & l'altro a Tauro: onde fu da Poeti finto il Minotauro.

Eri-

ANTICHITA'

a Erictheo } 4 Re per ordine. costui tolto di villa da Minerua fu fatto Re di Athene. Dicono che hebbe anco nome Erictonio: delquale fauoleggiano i Poeti, facendolo nascere del seme di Volcano, quando impetrò Minerua per moglie da Gioue, con laquale volendo egli consumare il matrimonio, & non volendo ella: Volcano sparse il seme in terra & nacque costui.

b Abante } l'anno del mondo 2580. & auanti Christo 1381.

i Abante } Re de gli Argiui, duodecimo per ordine, differente dal predetto.

k Cadmo & Fenice } Dice Xenofonte ch'i Cadmi furono diuersi. Questo adunque fu figliuolo d'Agenore Re de Fenici. & essendo stata rubata Europa sua sorella da Gioue: fu mandato da suo padre a cercarla. ma non la trouando: si fermò in Beotia, & vi edificò la città di Thebe. Dicono che portò 16 lettere dalla Fenicia nella Grecia. & che trouò la historia. & che fu primo ch'ordinasse la prosa. Visse poco dopo Orfeo Tracio. Et è fama che egli fosse inuentore dell'oro, & ch'insegnasse a fondarlo, & liquefarlo.

l I Sidonii } Popoli della città di Sidonia posta nella Fenicia, prima de Cananci, & poi de gli Hebrei. o vero popoli nella Thracia presso al fiume Hebro, che Plinio chiama Sidoni: o vero i Sidonij nella Scithia.

m Lampride } Che fu l'anno del mondo 2585 & auanti a Christo 1376.

n Zeto } figliuolo di Gioue & di Antiopa, ch'aiutò a fabricar Thebe.

o Anfione } Fratello di Zeto. & suo compagno nell'edificar Thebe.

BEROSO.

a Dropo Menofi si incominciò la ^aDinastia de ^bLarthi come in Italia.
b laqual Dinastia durò 194 anni solari. Di questi Larthi il primo in
c Egitto fu ^cZeto che regnò 55 anni.
d L'anno ottauo del quale regnò in Dardania ^d Tros.
e Et l'anno 33 regnò nella Toscana 38 anni ^eVeibeno, della famiglia de Vetulonii.

DICHIARATIONE.

a Dinastia de Larthi } Questa voce Dinastia: significaua presso a gli Egittij, potentato d'alcuno sotto tempo determinato. & secondo che dice Eusebio de temporibus, cominciarono l'anno 131 dopo il diluuio: nellequale in principio duraua il potentato di chi reggeua per 7 anni continoui. da poi cominciarono i Re, ad accrescergli anni piu & meno secondo che pareua loro. Et vna di queste Dinastie conteneua molti anni. Questa adunque de Larthi fu la 19 Dinastia, & durò 194 anni.

b Larthi } Voce di dignità, si come è quella di Faraone & d'Augusto. Perciochè

DI BEROSO BABILONICO.

cioche nella Dinaſtia o vero potentato c'Etruria, habitauano in Vetulonia, 12 Lucumoni, cioè 11 Re & Gouernatori, & di queſti, vno di loro era prepoſto & capo de gli altri, come ſcriue Seruio nell'ottauo di Virgilio. & queſto preſidente & prepoſto era detto in lingua Etruſca Larth, che ſignifica, maſſimo de gli altri, percioche oltre che era capo de gli altri dodici: teneua anco la preminenza in vita ſua ſopra i Lucumoni, i quali non durauano piu d'vno anno ma ſi cambiauano di mano in mano d'anno in anno.

c Zeto} Non il Greco fratello d'Anfione, che ſcacciò Cadmo di Thebe: ma l'Egittio. & regnò coſtui 55 anni. l'anno del mondo 2590. & auanti alla venuta di Chriſto 1371.

d Tros} Terzo Re de Troiani. delquale la città fu detta Troia, & il Regno Troiano.

e Veipeno} All'Italia, che coſi era chiamata allora la Toſcana. & regnò 42 anni, l'anno del mondo 2616. & auanti Chriſto 1345.

BEROSO.

a Il primo anno parimente di Zeto, regnò preſſo a Celti, a Lemanno. Et
b 32. anni, preſſo a gli Aborigini b Marte Italo: cognominato Iano Iuniore.

L'anno 35. del medeſimo, regnò preſſo a Celtiberi Romo.

DICHIARATIONE.

a Lemanno} Dalquale preſe nome il Lago Lemanno: chiamato hoggi Lago di Genebra: dice Natale de Conti, poſto nella prouincia di Narbona, chiamato anco lago Luſſano, nelquale il Rhodano sbocca al ponte della città di Geneura.

b Marte Italo} Gouernò il Latio 23 anni. l'anno del mondo 2630. & auanti alla venuta di Chriſto 1331.

BEROSO.

Il ſecondo Larthe in Egitto fu Ranſe 66. anni.
a L'anno ſuo 24 imperò a gli Aſſirii a Pania.
b L'anno 28. del detto, regna b Egeo a gli Athenieſi.

Cadmo tolſe per moglie Armonia ſorella di Iaſio Samotrace. Olbio regna preſſo a Celti.

L'anno 60. Cadmo, per la geloſia della prima ſua moglie per conto d'Armonia, è chiamato a combattere in duello.

L'anno 23 del medeſimo, c Ceculo cognominato Saturno Iuniore, regna preſſo a gli Aborigini. Et tre anni dopo regna preſſo a Tirrheni Oico

ANTICHITA

d   ^d Osco, la cui insegna fu un serpente. Costui seminò molte colonie tolte di Vitulonia: presso allaquale era nato di gran famiglia.

e   L'anno suo 13 regna ^e Ilo presso a Troiani 52 anni. Et ^f Palatuo pres

f   so a Celtiberi. presso a Celti ^g Galata Imione. ilquale vinse i Sarma

g   ti, & fondò i Galati d'Asia.

h   L'anno 47 del medesimo ^h Pico Imione è fatto Re a gli Aborigini. Et

i   presso a Tosch regna ⁱ Tarcone Secondo 44 anni dopo Pico.

K   L'anno penultimo di Ranse: regna presso a Celti ^k Nannes.

DICHIARATIONE.

a   Patenia } ilquale regnò 45 anni, l'anno del mondo 2667. & auanti a Christo 1294.

b   Egeo } che fu padre di Theseo. Re 7 de gli Atheniesi, & visse 48 anni.

c   Ceculo } edificatore della città di Preneste fu figliuolo di Marte Italo. & fu cognominato Saturno. Percioche in Italia furono tre Saturni. Il primo fu Sabatio: che fuggendo l'insidie, & l'armi di Nino: venne in Italia a trouar Iano Prisco, dalquale fu raccolto & alloggiato. & questo fu ne tempi del secolo d'oro. & furono originati da lui i Sabini, & i Sanniti. Il secondo fu Romanesso figliuolo di Roma, & nipote d'Italo, ilquale fu il primo Saturno creato da gli Aborigini: & fu questo in tempo di Iasio. Il terzo fu questo Cecolo: figliuolo di Marte detto Iano Iuniore. & regnò questo Cecolo 36 anni. l'anno del mondo 2653. & auanti alla venuta di Christo 1308.

d   Osco } Vocabolo Etrusco che significa, venenoso & spauentoso serpente. ma in questo luogo, significa nome proprio, di huomo che portaua il serpente per insegna: come faceua Macedone che haueua il lupo, Anubi il cane, Gioue l'aquila, il toro, & cosi fatti altri. che che se ne dica Seruio nel settimo dell'Eneide.

e   Ilo } 4 Re di Troia, dalquale la città fu chiamata Ilion, & regnò 55 anni. dice Gian Lucido. Dicono che fu fratello di Ganimede che fu rapito da Gioue.

f   Palatuo } figliuolo di Romo. dalquale furono detti i Palatui popoli nominati da Tolomeo, & posti sopra Valenza vicini a monti, nella Spagna, come dice Annio nel cap. 24 de i Re di Spagna.

g   Galata } figliuolo d'Olbio. ilquale soggiogò i Sarmati, gli Asiani, & descrinò da Olbio suo padre diuerse colonie nella Gallia, nella Sardigna, nella Sarmatia Maggiore, nell'Asia. & nella Cilicia, doue sono diuerse città chiamate Olbie, si come si legge in Tolomeo.

h   Pico Iuniore } Re del Latio. & regnò 34 anni. l'anno del mondo 2689. & auanti alla venuta di Christo 1272.

i   Tarcone } Re d'Italia. ilquale regnò 44 anni. l'anno del mondo 2692. & auanti a Christo 1269.

Nannes

DI BEROSO BABILONICO.

k Nannes } Dalquale vscirono quei popoli che hoggi habitano nella Francia in Nantes, posti all'incontro dell'isola di Inghilterra.

BEROSO.

a Il terzo Larthe d'Egitto ^a Amenofi, regna & impera 40 anni.
b Il cui primo anno ^b Laomedonte regnò in Troia.
c Ma l'anno terzo, ^c Solarmo regna a gli Assirii. Et ^d Hercole d'Anfi-
d trione nasce l'anno sesto; & uisse 52 anni: & ^e perì di fuoco, ^f primo
e de i grandissimi pirati.
f L'anno 14 d'Amenosi, regna presso a gli Aborigini, ^g Fauno Iuniore
g Et l'anno 29 impera a Toschi, ^h Tiberino, della famiglia Veia di Ve-
h tulonia.

DICHIARATIONE.

a Amenofi } visse in regno 40 anni. L'anno del mondo 2711. et auanti a Christo 1250 et dicesi che fu quello che comandò a gli Hebrei ch'erano moltipli cati in Egitto, che fossero schiaui de gli Egittij.

b Laomedonte }. Quinto Re di Troia, et padre di Priamo. ilquale regnò 36 anni.

c Solarmo } Regna 19 anni. L'anno del mondo 2712. et auanti a Christo 1252.

d Hercole } D'Anfitrione. perche Alcmena sua madre fu moglie d'Anfitrio ne, delqual Hercole non fu figliuolo: ma fu di Gioue che corruppe Alcme na: onde fu bastardo, et Greco. Et a questo, perciochè gli Hercoli sono sta nati) i Greci fauoleggiando hanno attribuito tutte le fatiche et l'opere illu stri che fecero auanti a lei Ercole Egittio et altri Ercoli, che furono in que sto mondo. Ilqual nome di Hercole, è degno: come dice Xenofonte ne gli equiuoci. perciochè i nipoti de Sauarni, essendo ualorosi, sono detti Hercoli.

e Perì di fuoco } conciosia che essendo caduto in pestifera malattia: si gittò nel fuoco per ultimo rimedio del suo dolore.

f Primo } Fu tutti i corsari del tempo suo. Perciochè gli Argonauti furono corsari, i quali predando per tutte le marine i popoli, si fecero famosi, et chiari. et di questi Hercole fu il primo et più fiero. perciochè essendo fan ciulletto, ammazzò Lino Musico suo maestro con un pugno: et fatto compa gno di Iasone et de gli Argonauti, uccise in tempo di neste uer a guerra, ma a tradimento Laomedonte Re di Troia, et altre cose fece mal fatte.

g Fauno Iuniore } Nel Latio et gouernò 44 anni. L'anno del mondo 2723. et auanti a Christo 1238.

h Tiberino } Nell'Italia 30 anni. auanti a Christo 1225.

BERO-

ANTICHITA

BEROSO.

a   Il quarto ne gli Egittij imperò ^a Ammenefo 27 anni.
b   L'anno suo quarto, regna presso à Celti ^b Rheno dal quale furono detti i Rheni.
c   L'anno suo nono, regnò a gli Asirij ^c Teutane. &
d   L'anno 16, ^d Latino presso à gli Aborigini. Et presso à Toschi re-
e   gna ^e Mezentio.

DICHIARATIONE.

a Ammenefo } *L'anno del mondo 2751, & auanti a Christo 1210.*

b Rheno } *Dal quale furono detti Remensi, alcuni popoli in Francia, la cui Metropoli è la città di Rhens: doue i Re di Francia nella loro coronatione, si vngono con l'olio santo.*

c Teutane } *regnò 32 anni. & fu l'anno del mondo 2758. & auanti alla venuta di Christo 1203.*

d Latino } *Nel Latio, gouernò 39 anni. L'anno del mondo 2748. & auanti alla venuta di Christo 1214.*

e Mezentio } *All'Italia 22 anni. L'anno del mondo 2766. & auanti alla venuta di Christo 1195. Costui fu cognominato Agillino, dalla città Agillina presa da lui. Et, come racconta Macrobio ne Saturnali, comandò a Rutuli che gli offerissero quelle primitie che essi soleuano offerire a gli Iddij. Allora i Latini per paura d'un simile Imperio, fecero voto a Gioue in questa maniera. O Gioue, se ti è piu a cuore, che noi ti diamo le primitie piu tosto a te, che a Mezentio: fa che noi siamo vincitori. Et però Virgilio lo chiama, sprezzator de gli Iddij & Tiranno crudelissimo: conciosia che legaua i viui co morti, facendoli crudelmente morire. onde fu scacciato da suoi sudditi. & essendo ricorso a Turno Re de Rutoli, con Lauso suo figliuolo, furono ammazzati amendue per mano di Enea. Et questo è quel Mezentio, del quale disse il Petrarca.*

    Silla, Mario, Neron, Caio, & Mezentio
    Fianchi, stomachi, & febbri ardenti, fanno
    Parer la morte, amara piu ch'assentio.

BEROSO.

Seguì poi l'ultimo Larthe, che durò 7 anni. Dopo il quale seguì la Dinastia senza Larthe per 177 anni. Nella quale annoueremo, quelli che fiorirono Babilonij, Egittij, & Tirrheni.

L'anno

DEL MONDO.

a L'anno primo della Dinastia di ᵃDiapolitani: ᵇTroia fu rouinata.
b Et l'anno terzo ᶜEnea venne in Italia a Latino, & Euandro, & à Tirrheni, presso a quali regnò Tarcon Iuniore 20 anni.

DICHIARATIONE.

a Diapolitani } *La Dinastia 18 fu de Diapolitani. & nella 19 entrarono i Larthi. la qual finita, cadde la 20 di nuouo ne Diapolitani. & la 18 fu di 300 anni, & questa ventesima fu di 178. & fu detta senza Larthi.*
b Troia } *che fu l'anno del mondo 2783. & auanti à Christo 1178, della qual guerra & distruttione scriue amplamente Ditte Candiotto, & Darete Frigio.*
c Enea } *costui venne da Troia, l'anno terzo della sua rouina, & dominò nel Latio tre anni. auanti alla venuta di Christo 1175. dal quale discesero i Romani.*

MANETHONE.

a L'anno settimo, ᵃAscanio impera a Latini. Et l'anno seguente ᵇTeu-
b theo gli Assirii. Et dapoi ᶜFranco, de figliuoli di Hettore à Celti. Et
c l'anno medesimo i Lidii ottennero la Signoria del mare.
d L'anno 42 l'Amazoni abbruciarono il Tempio di Diana Efesia. Et
e l'anno 47 ᵈOcno imperò all'Italia 46 anni. visse 96 anni. Et l'anno
f 49 ᵉSiluio à Latini. & ᶠTineo a gli Assirii.

DICHIARATIONE.

a Ascanio } *Figliuolo d'Enea, regnò 38 anni nel Latio: auanti alla venuta di Christo 1175 anni.*
b Teuteo } *Visse in Signoria 40 anni: nel tempo di Sansone: che fu l'anno 1171 auanti la venuta del Saluatore.*
c Franco } *Dice Vincenzo historico Francese, che costui dopo la rouina di Troia, si condusse nella Gallia, doue hauuto caro dal popolo, & grato al Re per lo suo molto valore: Ebbe per donna vna sua figliuola. & che fatto Re di quella Prouincia: la chiamò Francia dal nome suo: quantunque altri senta in contrario.*
d Ocno } *figliuolo del Tebro & di Manto indouinatrice & maga. il quale edificò la città di Mantoua, come attesta Virgilio nel 10.*

    Ille etiam patrijs agmen ciet Ocnus ab oris
    Fatidicæ Mantus, & Tusci filius amnis,
    Qui muros, matrisq; dedit tibi Mantua nomen.

E   Siluio

ANTICHITA'

e Siluio } *Posthumo. & regnò 29 anni. & fu l'anno auanti Christo 1134.*
f Timeo } *Altri scriue Timeo. regnò 30 anni. auanti a Christo 1131.*

MANETHONE.

a L'anno 45 della Dinastia, regnò a Latini ^aEnea Siluio. Et à gli Assi-
b rii ^b Dercilo 47 anni. Ma l'anno 72, ^c Pipino comanda a Toschi
c 52 anni.
d L'anno ottauo regna a Latini ^dSiluio Latino. Et l'anno 121 ^eEupa-
e le à gli Asirii. L'anno 153 ^fAlba regna a Latini. Et l'anno 128 ^gNi-
f ceo Fiesolano a Toschi 47 anni. L'anno 166 ^hPiseo Tusco Pirata, co-
g manda all'Italia 52 anni. Così gli Asirii, gli Egittii, i Tirrheni, sner-
h uati dalle delitie scemano, & per lo contrario i Latini crescono. Però
breuemente soggiugneremo in che modo i Re de gli Asirii, & de gli
Egittii cominciarono à snerarsi: & per lo contrario diremo de Greci, & de i Latini Aborigini. Presso a Toschi soccesse à Piseo, Tusco
i Iuniore 39 anni. Dopo il quale segui ⁱFelsino 33 anni. Indi Bon 28
anni. Atrio 27. Marsia 18. Etalio 30. Celio 21. Ma da Latini seguirono quelli, per i quali i Romani accresciuti, tengono l'Imperio.

DICHIARATIONE.

a Enea Siluio } *che regnò 31 anno, auanti alla venuta di Christo 1105.*
b Dercilo } *che durò 40 anni. auanti all'auenimento di Christo 1101.*
c Pipino } *che riparò la regia di Cibele Toscanica, come si dice, nel territorio di Viterbo.*
d Siluio Latino } *regnò 50 anni. auanti a Christo 1075 anni.*
e Eupale } *durò in signoria 38 anni, l'anno del mondo 2900, & auanti alla venuta di Christo 1061.*
f Alba } *regnò 39 anni auanti alla venuta di Christo 1025 anni.*
g Nicea } *Costui scacciò i Focensi dell'Isola di Corsica. & fabricata la città di Nicea, volle che i Corsi pagassero tributo ogni anno a Toschi, come scriue Diodoro Alicarnasseo nel 6 libro.*
h Piseo } *Scriuono che costui fu corsaro: & fu l'inuentore della tromba che si usa in galea.*
i Felsino } *Dal quale furono detti Felsini, i popoli Bolognesi.*

DI ME-

DI METASTHENE PERSIANO

DEL GIVDICIO DE' TEMPI,
& de gli annali de' Persiani,

LIBRO VNO.

Velli che s'apparecchiano à ragionar de tempi: è necessario che scriuino la Chronografia, non per sola vdita & opinione: acciochè quando scriuono per opinione. come fanno i Greci, non ingannino se medesimi & gli altri insieme errando per ogni via. Ma si farà senza errore alcuno, se seguendo noi i soli annali di due monarchie: risiuteremo tutti gli altri come fauoleggiatori. Percioche in questi sono digesti & ordinati, tanto chiaramente, & tanto ueramente i tempi, i Re, & i nomi; quanto s'è splendidamente regnato presso a loro. Nè si debbono accettar per buoni tutti coloro che scriuono di questi Re, ma solo i Sacerdoti di quel Regno, presso a quali è la fede publica & approuata de loro annali, come è Beroso. Percioche costui huomo Caldeo, trattò tutti i tempi de gli Assirij da gli antichi Annali, il qual solo noi Persiani per hora seguitiamo.

DICHIARATIONE.

Metasthene } fu Sacerdote Persiano: & come sacerdote auertisce, che non si debba credere a chi non ha carico, & scriue le historie del mondo. percioche a soli sacerdoti era commessa la cura delle memorie presso à Caldei, à gli Egittij, & a Persiani. Ma quando egli vinesse non lo ho trouato. Si vede bene ch'egli fu dopo Beroso, poi che lo ricorda, & lo celebra come scrittore veridico & degno di fede. Conchiude per tanto in questo proemio che à coloro si dee prestar fede, che sono dall'auttorità publica approuati & tenuti fedeli.

E 2   BERO-

ANTICHITA
METASTHENE.

Costui adunque dice, che innanzi à Nino 249 anni si regnò sotto tre Dij Re. de quali il primo che imperò à tutto l'vniuerso mondo fu
a ᵃOgigi che precesse all'inondatione delle terre. Indi ᵇSaturno, fon-
b data Babilonia, regnò 56 anni. Belo Gioue suo figliuolo 60. Nino suo figliuolo, che fu primo a cominciar la monarchia 52 anni. Semiramis 42 Zameo 38 anni. Ario 30. Aralio 40. Xerse Baleo 30. Armatrite 38. Belocho Prisco 35. Baleo Iuniore 52. Altada 32. Mamito 30. Mancaleo 30. Sfero 20. Mamelo 30. Ascatade 40. Aminta 45. Belocho Iuniore 25. Belopare 30. Lampride 32. Sosare 20. Lampare 30. Panta 45. Sosarmo 19. Mitreo 27. Tautanio 32. Tauteo 40. Tinco 30. Dercilo 40. Eupale 38. Laosthene 45. Piritidia 30. Ofrateo 20. Ofraganeo 50. Ascrazape 42. Tonosconcolero 15. i Greci lo chiamano Sardanapallo. Fino à qui dice Beroso. Ma noi hauendolo imitato, non ci siamo seruiti di nessuno altro auttore, che della pu-
c blica libreria di ᶜSusa. Nella quale dicono i Persiani, che Beloco III fu secreto nemico di Sardanapallo: essendo Generale de gli esserciti suoi:

DICHIARATIONE.

a Ogigi } Noè, detto Iano, & Ogigi, come s'è detto largamente in Beroso.
b Saturno } cioè Nembroth padre di Celo, cognominato Gioue.
c Susa } Città Metropoli nella Persia: posta in vna regione ch'è parte della Persia, chiamata Susia. Fu fabricata (dice Plinio) da Dario figliuolo di Idaspe. Dicono ch'il palazzo reale di Ciro in questa città, vi fu fatto di marmo bianco & vario di colori, con colonne d'oro, co i volti lauorati di gemme, i quali rappresentauano la forma del cielo, con stelle che riluceuano: con molte altre cose mirabili & incredibili.

METASTHENE.

a Diuise costui la monarchia con ᵃArbace, allora Principe de Medi con conditione che Beloco reggesse Babilonia, & Arbace la Media co Persiani. Occisosi adunque & gettatosi Sardanapallo per se medesimo nel fuoco; la Monarchia fu diuisa in due parti. Regnarono in essa questi Re per lo spatio di 304 anni. Arbace 28. Mandane 50. Sosarmo 30. Arti Carmo 50 Arbiane 22 Arceo 40. Artine 22. Astibaro con Apanda suo figliuolo 20. Apanda solo 30. Vinto costui & debellato Ciro & Dario regnarono 36 anni. Percioche inanzi che riunissero

nissero la Monarchia, regnarono in Persia 6 anni. Indi rinuntiato per 6 altri anni il regno Persico a Cambise suo figliuolo; mossero guerra che durò 6 anni, a Tamiri Regina de gli Scithi. L'anno sesto, richiamati da Babilonij & occiso Balt Assar, trasportarono la Monarchia, riunita da capo, nella Persia.

DICHIARATIONE.

a Arbace ⟩ Percioche s'è fatto mentione di sopra di Monarchia: per piu chiara intelligenza delle cose presenti: *& di molte altre in diuersi scrittori sparse in piu luoghi diciamo, che le monarchie furono 4 principalissime nel mondo. La prima fu de gli Assirij, percioche hauendo prima i Caldei signoreggiati i Babilonij, gli Assirij loro vicini tolsero loro il Regno. & Nino fu il primo che cominciasse questa monarchia. La seconda fu de Persiani: percioche essendo stato morto Balt Assar da Medi & Persiani insieme: s'estinse la monarchia de gli Assirij in Sardanapallo & cominciò quella de Persiani & de Medi, come si narra qui nel testo. La terza fu de Greci, & cominciò da Alessandro Magno, ch'atterrò la Persiana. & la quarta & vltima fu de Romani, che fu cominciata da Iulio Cesare Imperadore. Arbace adunque sopradetto essendo Principe de Medi fu tolto in compagnia di Beloco Terzo, & diuise con lui la Monarchia: dando principio alla seconda. & fu l'anno del mondo 3140, & auanti alla venuta di Christo 821.*

METASTENE.

Si regnò per altrettanti anni nella Monarchia diuisa in due parti a presso a Babilonij. Primo Ful Beloco 48 anni. ᵃFul Assar 25. ᵇSalman Assar 17. ᶜSenna Cherib 7. ᵈAssar Adon 10. ᵉMerodach 52. ᶠNabugdonosor Magno 45. Amelino Euilmerodach 30. Il suo primo figliuolo Reg Assar 3. Il secondo Iab Assar Dach 6. Il terzo, Balt Assar 5. Occiso Balt Assar, regnarono insieme Ciro, & Dario 2 anni. Indi Ciro solo 22 anni. Il figliuolo di Dario, Prisco Artaxerse Assuero 20 anni. Essendosi intanto fatta vendetta della fattione Tamarica: la quale per inganno de padri, l'haueua tradito a Tomiri, due suoi figliuoli Ciro Artabane, & Dario Longimano, combatterono insieme per l'Imperio 10 mesi. & nel settimo mese Longimano hebbe vittoria, & regnò 37 anni. Dario Notho suo figliuolo 19 anni. Magno Artaxerse Dario Meneone 55 anni. Artaxese Ocho 26. A tempi nostri Arse 9 anni. Dario vltimo 6. Alessandro Magno, che traportò l'Imperio ne Greci 12 anni. Seleuco Nicanore, che al presente è di età di 30 anni, soccesse a tutta l'Asia, & alla Soria.

ANTICHITÀ

DICHIARATIONE.

a Ful Assar } fu cognominato Teglat. Nel 4 lib. de Re cap. 15. si legge di costui. *Venit Teglat Phul Assar contra Phacee Regem Samariæ, & transtulit in Assyrios Galileam & vniuersam terram Neptalim. & nel cap. 16. Misit Achaz Rex Ierusalem ad Teglat Phul Assar Regem Assyriorum, ut iuuaret eum contra Reges Samariæ, a Damasci.*

b Salman Assar } nel lib. 4. de Re, cap. 17 si dice di costui *Ascendit Salman Assar Rex Assyriorum contra Oseam Regem Samariæ, & cæpit eum sexto anno Ezechiæ Regis Ierusalem, & transtulit decem tribus Israel in Assyrios.*

c Sennacherib } Nel medesimo lib. & cap. si legge. *Anno 14. Ezechiæ Regis ascendit Senna Cherib Rex Assyriorum ad uniuersas ciuitates Iuda munitas, & cepit eas.*

d Assar Adon } Nel detto lib. a cap. 19. *Cum Senna Cherib sacra faceret in templo Dei sui, duo filij eius interfecerunt eum: & regnauit Assar Adon filius eius pro eo.*

e Merodach } nel lib. predetto a cap. 20. *Misit Merodach Rex Babiloniorum literas & nuncios ad Ezechiam Regem Iudam.*

f Ben Merodach } Nel lib. 2. del Paralip. a cap. 33. si dice, che costui prese & incarcerò Manasse fig. d'Ezechia, dopo la morte di esso Ezechia.

g Nabugdonosor } Di costui si fa mentione nel lib. 4. de Re a cap. 23.

h Nabugdonosor Magno } Prese Ierusalem, distrusse il Tempio, & condusse gli Hebrei prigioni in Babilonia.

ᵃDI ᵃSENOFONTE,
ᵇ DE GLI ᵇEQVIVOCI

LIBRO VNO.

ᶜ **S**I chiamano ᶜSaturni, quelli che vecchissimi delle nobili famiglie de i Re, fabricarono città. I loro primogeniti, Gioui, & Giunoni; & Hercoli i loro fortissimi nipoti. I padri de Saturni, Cieli, le mogli, Rhee, & le mogli de Cieli, Veste. Adunque quanti Saturni, tanti Cieli, tante Veste, tante Rhee, tante Giunoni, tanti Gioui & tanti Hercoli. Il medesimo parimente che è Hercole à certi popoli, à certi altri sarà Gioue. Percioche Nino, che fu Hercole à Caldei, fu Gioue à gli Assirij; a qua-
ᵈ li statuì vna tetricciuola paterna; per ᵈtetrapoli & capo dell Imperio, onde lo cognominarono Nino, cioè Gioue, essendo per lo suo diritto nome detto Assirio. dal quale i popoli presero nome d'Assirij,
ᵉ & la ᵉcittà dal suo cognome fu chiamata Nino.

DICHIARATIONE.

a *Senofonte* } *o Xenofonte, si crede che fosse figliuolo di Grifone, & che fosse dopo Archiloco, che scrisse, de Iudicio temporum. Visse costui nella 95. Olimpiade, cioè l'anno del mondo 3562. & auanti alla venuta di Christo 399.*

b *Equiuoci* } *Dice Aristotele, intorno a nomi equiuoci, che si debbono prima distinguere & dichiarire che diffinire: per schiuar l'oscurità de nomi, che suol fare errare anco gli huomini dotti & saui. percioche equiuoco non significa altro che voce pari: come in essempio, se diremo Francesco scrisse prose potremo intendere che fosse così Francesco Petrarca, come Francesco Filelfo: però bisogna distinguer l'uno dall'altro, o per lo cognome suo, o per qualunque altro accidente che lo possa far conoscere senz'alcuna difficultà. Adunque in questo luogo equiuoci, s'intendono i nomi de gli huomini che indussero diuersi errori ne gli historici Greci, stimando che fauellandosi d'un solo s'intendesse di molti altri.*

c *Saturni* } *adunque il padre vecchissimo è detto Saturno. il figliuolo s'è maschio si chiama Gioue: se femina Giunone: & il nipote nato di costoro, ma nipote, rispetto a Saturno, è detto Hercole, quando sarà forte, valoroso, &*

E 4 *robusto*

robusto di corpo.
d Tetrapoli } cioè di quattro castella nella città medesima, o di quattro terre congiunte insieme, che fanno vna sola città.
e La città fu cognominata Niuo } Moise la chiama Assur & Niniue pero dice nel cap. 10 del Gen. Fuit autem principium Regni eius Babylon & Arach, & Achad, & Chalanne in terra Sennaar. De terra illa egressus est Assur, & ædificauit Niniuem, & plateas Ciuitatis, & Chale. Resen quoque inter Niniuem & Chale, hæc est ciuitas magna.

FORONEI

Furono piu Foronei, ma due soli in pregio. L'antichissimo fu illustre nel primo anno di Nino; nella parte Hellinica, la qual poi si chiamaua Grecia. Il iuniore, secondo Re de gli Argiui figliuolo d'Inaco; fra il quale & l'antico, furono dieci età & più.

TEMPI

L'età presso a diuersi, contiene diuersi spatij di anni. perche presso à gli Egittij si compie con lo spatio di 30 anni, & presso à Greci contiene la quarta parte del centinaio, cioè 25 anni. Et l'anno parimente è diuerso. conciosia che gli Egittij qualche volta vsano l'anno di vn mese, di due, & non poche volte di tre, & spesso di quattro, & qual che volta lo fanno secondo il corso del Sole. La qual varietà ha anco
a fatto errore de nostri saui, che ªappresero lettere da loro. L'anno de gli Hiberi è di quattro mesi per lo piu; & ratissimo di 12. Per lo contrario i Caldei, ancora che nelle antiquità delle discipline l'vsino d'vn mese: nel restante poi confessano sempre di intender dell'anno Solare, & in quel modo sempre, che Semiramis intagliò in vna colonna a Nino, in questa maniera. ᵇ A me padre Gioue Belo, auo Saturno Babilonico, proauo Saturno Ethiopo, abauo Saturno Egittio. Atauo
b Cielo Fenice Ogige. Da Ogige all'auo mio, il Sole ha riuolto il suo cerchio 131 volta. Dall'auo al padre 56. Dal padre a me 62. Io Semiramis dedicai, Colonna, Tempio, & Statua, a Gioue Belo suocero, & alla madre Rhea in questo Olimpo.

DICHIARATIONE

a Appresero lettere } dicono i Greci che Cadmo portò loro le lettere. & non dimeno Xenofonte uuole ch'i Greci le hauessero da gli Egittij. ma qui intenderemo lettere, non per i caratteri d'esse lettere, ma per le scienze & discipline:

pline : secondo l'uso nostro, che diciamo volgarmente, Antonio è letterato cioè scientiato & dotto.

b A me padre } Scriue di questa colonna: & intorno a questa inscrittione Diodoro Siculo nel 3.libro.

OLIMPI.

a °Olimpo significa piu cose. perche ogni monte in vn paese, che sia piu alto de gli altri è chiamato da Greci, Olimpo. onde sono anco detti piu Olimpi, quasi tutti limpidi. Ma da barbari ogni vltimo spatio circolare è chiamato limbo: & col piano di dentro Olimpo.
b dal qual vocabolo l'Astrolabio è detto Olimpo. Et è olimpo b il sacro circuito di fuori, sotto le mura della città.

DICHIARATIONE.

a Olimpo } Se si deriua dalla voce olos in greco significa tutto : si come limpo significa chiaro, & limpido : & netto & sereno, quasi dicat (congiunta la voce olos & limpo in olimpo) tutto limpido & chiaro come il cielo, che però è chiamato olimpo, & come sono i monti altissimi, che si veggono da lontano limpidi & chiari d'ogni intorno per essere scoperti da tutti i lati. Ma se questa voce ol si deriua dalla lingua Aramea; significa antico, eterno, perpetuo : & se quest'altra limpo pur dalla medesima lingua, significa limbo, cioè vltimo cerchio ; onde Olimpo, vorrà dire, circolo eterno come è il cielo.

b Il sacro } Perche il circuito della terrra ò città che si fabricaua era detto Olimpo ; dalla predetta voce Ol & limpo. per essere estremità rotonda. & così chiamauano gli Etruschi Olimpo, quello ch'i Romani diceuano pomerio, quasi dicat ponemænium. Del qual pomerio dice il Marliano. Spatium quod intra extraque mænia, neque arari, neque habitari fas est, pomerium dicitur. Aliquando etiam pro totius Vrbis ambitu ponitur. Et dice sacro. perche si consacraua da sacerdoti, in quella maniera che racconta diffusamente Ouidio nel 4 de Fasti, doue dice,

    Apta dies eligitur, qua mænia signet aratro
       Sacra pali suberans, inde mouetur opus.
    Fossa fit ad solidum, fruges iaciuntur in ima
       Et de vicino terra petita solo est.
    Fossa repletur humo plenéq, imponitur ara,
       Et nouus accenso; funditur igne focus,
    Inde premens stiuam, designat mænia sulco
       Alba iugum niueo cum boue vacca tulit.

Beroso.

ANTICHITÀ

SENONTE.

a Furono piu ªHomeri, de quali quello che fu il piu illustre di tutti i poeti,fu vltimo di tutti,& si troua che fu dopo Tales Milesio. Furono piu Nini. Il primo Assirio; il quale hauendo ampliata la città del padre,fu detto Nino,cioè Gioue in lingua Assirica. Il costui fi-
b gliuolo ᵇZameo,fu parimente appellato Nino,col cognome paterno.

DICHIARATIONE.

a Homeri } Scriue Archiloco che furono otto,de quali particolarmente racconta nel suo trattato de Tempi. al quale si rimette il lettore.
b Zameo } regnò 38 anni,& fu l'anno del mondo 2000, & auanti alla venuta di Christo,1961.

SENOFONTE.

a Furono piu Ogigi. Il primo, il sopradetto ªatauo di Nino.il quale gli Assirij cognominano Gallo. percioche rimasto saluo dal diluuio,saluò & generò altri. Quindi i Saghi,presso a quali si saluò, & vscì del nauigio,chiamano il nauigio Gallerim,perche salua dall'onde. Ma nella lingua Greca Gallo vuol dir candido & latteo. Nella Frigia castrato. Nella Latina, marito della gallina. & i Celti, che sono Galati antichi detti dal Re Galante figliuolo di Hercole,da quali sono i Galati in Asia,& i Gallogreci in Europa. L'antico Ogige fu nella prima inondatione delle terre; & l'altro Attico nella terza.

DICHIARATIONE.

a Atauo } cioè Noè detto Iano,che saluò il genere humano nell'Arca.

DILVVII.

a L'inondatione,& i diluuij furono diuersi.ª Il primo,l'inondatione del-
b le terre di 9 mesi,sotto l'antico Ogige. Il secondo ᵇNiliaco d'un mese,
c sotto Hercole & Prometheo Egittij. Vn'altro di due mesi,sotto ᶜOgi-
d ge Attico nell'Acaia. Di tre mesi il ᵈThessalico sotto Deucalione. Di
e altrettanto fu il Faronico sotto Protheo Egittio quando fu rapita Helena. Dall'inondatione del mondo, fino al nascimento di Deucalione l'anno secondo di Sfero,si annouerano 700 anni. il quale d'età di
82 anni

82 anni, vide inondata la Thessaglia, doue la prima uolta regnò Foronco in Hellina.

DICHIARATIONE.

a Il primo } & vniuersale che coprì tutta la terra fu sotto Noè, detto Iano et Ogigi. del quale tratta ampiamente Moise nel Genes. Gli altri essendo stati particolari, furono cognominati da luoghi & dalle prouincie doue essi furono.

b Niliaco } cioè del Nilo. il quale vscito del letto suo, allagò il paese: del quale era signore Prometheo fratello d'Atlante Mauro, che fu nel tempo ch'Osiri andò pellegrinando per tutto il mondo, cioè l'anno 28 d'Armatrite Re de gli Assirij, ch'era allora del mondo 2138. & auanti alla venuta di Christo 1823. Il quale Armatrite (come attesta Diodoro) vedendo il paese affondato con tanto danno de suoi sudditi, si volle ammazzare: ma Hercole Egittio consigliatolo à sperar bene: operò si con l'ingegno & con le forze: che fatto sboccare il Nilo, liberò il paese dall'acque.

c Ogige } & questo diluuio fu nell'Attica, ch'è prouincia della Grecia; nella quale è posta la città di Athene: regnando allora questo Ogige Attico: et fu 44 anni dopo la Niliaca, & durò due mesi: hauendo inondato tutte l'Isole dello Hellesponto, & i lidi vicini all'Asia, come scriue Diodoro nel 6 lib.

d Thessalico } Sotto Deucalione. & dal diluuio uniuersale fino à questo Thessalico corsero 782 anni. Durò 3 mesi in tempo di verno, in luogo particolare chiamato Hellinico. Su la quale occasione i Greci finsero che Deucalione con la moglie Pirra restaussero il genere humano, trahendo sassi all'indietro. onde Iuuenale,

  Ex quo Deucalion nymbis tollentibus equor
  Nauigio ascendit montem sortesque poposcit,
  Paulatimque anima caluerunt mollia saxa
  Et manibus nudas ostendit Pirra puellas &c.

e Faronico } cioè l'Alessandrino in Egitto. cola doue Alessandro fabricò la città di Alessandria: doue era prima una sola chiamata Faron, hbaitata da colonie Faronice. & questo fu nel tempo di quel Proteo Sacerdote, al quale Paris, hauendo rapita Helena, ricorse la prima volta con la preda per mare. si come scriue Herodoto nel secondo.

PROTHEI.

a Furono piu Prothei. Il [a]primo Saga tra Caspij. L'altro Egittio, sotto il quale fu il diluuio Faronico. percioche costui era sacerdote di
b [b]Protheo Magno Fenice. al quale per consenso di tutto il mondo, furono dedicati Tempij, Statue, & altari, nell'Europa, nell'Asia, & nell'Egitto.

Dichiara-

ANTICHITÀ

DICHIARATIONE.

a Primo } *che fu Iano, detto Protheo, Vadimone, & Vertuno, per le cagioni che noi dicemmo di sopra in Beroso.*
b Protheo Magno } *Cioè Iano predetto. alquale furono fatti diuini honori, come si legge in Beroso.*

CADMI.

Furono molti Cadmi. Il primo fu fratello di Fenice, poco dopo la fondatione di Troia; & questi regnarono amendue presso à Sidone. Da Fenice, tutto il paese tolse il suo cognome, ilquale si distende da Sidone, fino à lamineo porto della città ᵃd'Ascalona di Semiramis, vicino al monte Tetrapoli, & al Ginnasio uecchio de Fenici; essendo per auanti tutto chiamato Assiria. Poco dopo fu un'altro Cadmo Argiuo, il quale dopo l'esilio, ritornato da Fenici, fabricò Thebe nella Beotia. Lino & Zeto, scacciarono un'altro terzo Cadmo, che s'era fatto tiranno nella predetta città. Il quarto guerreggiò con gli Spartani. Il quinto poco dapoi la rouina di Troia, illustre per Armonia Samotraca. Il quale uenuto à contesa con la moglie per Armonia, ritornando di Fenicia: fu primo che portasse nella Grecia 16 lettere rozze, non Fenici, ma simili a caratteri de Galati, & de Meonij. Il rimanente delle altre lettere le ritrouarono poco dapoi, Palamede, & Simonide Medico. Fu etiandio un'ultimo Cadmo, che insegnò a scriuere in prosa, conciosia che auanti che fossero portate le lettere, usauano solamente i uersi nella lingua loro.

DICHIARATIONE.

a Ascalona } *Città di Semiramis. percioche ella vi nacque della Dea Dircea, si come s'è detto in Beroso, & si come scriue Diodoro Siculo nel 4 libro. vedi alla voce Ascalonita.*

DI MIR-

DI MIRSILO
LESBIO
LIBRO VNO.

Dell'origine d'Italia, & de Tirrheni.

Abitarono[b] l'Italia, i [c] Greci, gli [d] Areadi, i [e] Veneti, i [f] Liguri, gli [g] Ardeati, i [h] Rutoli, i [i] Sicoli, i [k] Pelasgi, i [l] Iapigi, i [m] Lacedemoni, i [n] Salentini, i [o] Pelii, gli [p] Oeniani, gli [q] Achei, gli [r] Oropiti, i [s] Pilii, i [t] Pisi, & tali altri. Primo di questi [u] Enotrio Arcade, condusse colonie con Peucino suo fratello, colà doue habitauano allora, quelli ch'erano detti Ausonii, doue hora è la regione Enotria, dirimpetto a Peucini. Si dice che questa fu la prima colonia de Greci, poco meno di 15 [x] età auanti alla rouina di Troia.

DICHIARATIONE.

[a] Mirsilo) nacque costui nell'isola di Lesbo detta hoggi Metellino: & fu historico famoso de suoi tempi. Scrisse questo trattatello su l'occasione della controuersia ch'era fra i Greci: de quali parte voleuano ch'i Tirrheni fossero anco essi Greci, & parte nò. Diffinisce adunque la lite loro: conchiudendo ch'i Tirrheni furono natiui d'Italia, & non Greci. Et questo suo ragionamento si può quasi vedere, nel primo lib. di Dionisio Alicarnasseo.

[b] Habitarono) Apparisce in questo principio, quàte sorti di generationi vennero anticamente in Italia: a quali aggiunti poi i Barbari, dopo la declinatione dell'Imperio di Roma, si può fare argomento di che qualità sia la nobiltà Italiana, se schietta di questa prouincia: se mischiata o depèdente da altri sangui che dal proprio Italiano. & quante forme ella habbia mutato, di habitationi, di nomi, di costumi, di leggi, di riti, di lingue, & di così fatte altre cose. & in cò
sequenza

ANTICHITA

seguenza quanti errori possino hauer commesso gli Scrittori che hanno trattato d'Italia: confusa, auiluppata, & intricata: per tanti secoli in tante renolutioni di cose.

c Greci } In generale: di diuersi luoghi nella Grecia. anzi vna parte d'essa si chiamò Magna Grecia, intorno al golfo di Taranto.

d Arcadi } popoli posti nella Morea: in quella parte dell'Acaia ch'è discosto dal mare: così detti dal nome di Arcade figliuolo di Gioue, & di Calisto. & vennero in Italia con Euandro. & si posero sul Palatino, come scriue Solino.

e Veneti } Detti Heneti nel principio, iquali vennero di Paflagonia secondo la commune, col Re Filemone all'assedio di Troia. dopo la cui rouina passarono in Italia con Antenore, & si posarono nella prouincia de gli Euganei ch'essi scacciarono, chiamata poi da loro Venetia.

f Liguri } così detto da Liguro figliuolo di Fetonte. ch'hoggi sono i popoli del Genouesato.

g Ardeati } popoli, onde fu detta la città d'Ardea, in campagna di Roma.

h Rutoli } popoli antichissimi, che tennero il Latio: non lontani da Roma. Dice Plinio nel lib. 3. a cap. 5. Colonis saepe mutatis: auere alii alijs temporibus, Aborigines, Pelasgi, Arcadis, Siculi, Auenti, Rutuli, &c.

i Siculi } Siciliani. la cui isola, si crede che fosse altre volte congiunta con la Italia.

k Pelasgi } popoli dell'Arcadia.

l Iapigi } venuti da Iapige figliuolo di Dedalo: iquali si fermarono nella Puglia, detta da loro Iapigia.

m Lacedemoni } Spartani. posti nella Morea.

n Salentini } Scriue Strabone, ch'essi furono popoli di Candia. & passati in Italia, si posero in quella parte ch'hoggi si chiama terra d'Otranto, ouero di Bari.

o Pelii } da Pelio Re di Thessaglia, fratello di Esone che fu padre di Iasone. habitarono il monte in Thessaglia, doue stette Chirone Centauro. Questi venuti in Italia, si posero nella regione di Viterbo, colà doue è il fiume Pelio, detto hoggi Paglia.

p Eniani } Furono Pelasgi: chiamati Eniani dal fiume, & dal paese in Thessaglia detto Enisea, secondo il Gerbellio. doue Pompeo, & Cesare combatterono insieme. Plutarco gli chiama Enetani, & Xenofonte Enasij. Questi fabricarono presso a Roma 12 miglia vna terra detta da loro Eniana, che gli Etruschi poi chiamarono Latherniana.

q Achei } così detti dall'antico Re d'Acaia. Scriue Giustino, che costoro condotti da Vibio, fabricarono vna portione di Perugia, essendo prima stata fatta l'altra portione da i Perugini, cioè Grifonij Armeni, come attesta Beroso.

r Oropiti } da Oropito città d'Acaia come scriue Tolomeo da quali fu fatta in Italia Oropito, detto per accorciamento Orpito, & Orbito, che volgarmente di-

Pagination incorrecte — date incorrecte

NF Z 43-120-12

te diciamo Oruieto città.

Pilii } Furono questi compagni di Nestore, edificarono Pilia nel territorio di Pisa, detta da gli truschi Capilia, percioche Ca nella lingua loro significa, derivati, onde Capilij, cioè derivati da Pilij, Capeni, cioè derivati da Peni, ma hoggi aggiunta la m si dice Campiglia, si come Capitolio Campidoglio, Capeniano, Campagnano, & simili.

Pili } cosi detti da Pisa città d'Arcadia, come scriue Plinio nel 6. i quali edificarono la città di Pisa in Toscana secondo il medesimo nel 3. lib. & Virgilio l'attesta dicendo.

Hos parere iubent Alpheæ ab origine Pisæ.
Vrbs Etrusca solo, &c.

Enotrio } Questa voce significa in greco vino, onde però Iano fu detto Enotrio, perche fu primo inuētore del vino, come s'è detto in Beroso. Et gli Enotrij furono tre, il primo il detto Iano: dalquale fu chiamata Enotria, quella parte d'Italia, doue egli si pose la prima volta, ch'egli ci venne passato il diluuio, che fu doue è Roma nel Latio, come dice Beroso. Il secondo fu Enotrio Arcade figliuolo di Licaone: dalquale fu detta Enotria, quella parte di Puglia, doue habitarono inanzi gli Ausonij. Il terzo fu Enotrio Re de Sabini, che pose il suo nome a quella parte de Sabini ch'egli signoreggiaua. Ma Antioco per autorità dell'Alberti, aggiugne il quarto Enotrio, che pose nome a quelpaese, che comincia al fiume Iano termine della Basilicata, lungo il mare inferiore per lo Abruzzo fino al mare Siciliano: Enotria, & Italia.

Quindici età } se ogni età è di 25 anni secondo i Greci, come scriue Xenofonte de gli equinoci, 15 età faranno 375 anni, ma se l'età s'intende di 30 anni secondo gli Egittij, sarebbono 450 anni.

MIRSILLO.

Si sospica che l'origine de Tirrheni fosse da Lidij, percioche stimano, che Ati Re di Meonia, figliuolo di Hercole & della vergine Onfale figliuola di Iordana Regina de Meonii, hauesse in un parto Lido & Tirrheno. Ma non capēdo il Regno due Signori, & non sopportando la sterilità della terra grā moltitudine di persone, Ati gettata la sorte, hebbe Lidio per suo soccessore, & comandò a Tirrheno, che andasse con la maggior parte del popolo, a cercar nuoue sedi, fuori di quel paese. Costui uenendo nelle parti Settentrionali del Tebro, tenne tutta quella metà, da fonti fino al luogo doue erano gli antichi Vmbri: & habitò mescolatamente con loro, & edificò le città chiamate fino a questi tempi, Meonie, & Tirrhene.

ANTICHITA

DICHIARATIONE.

a Lidii ⟩ *detti cosi da Lido figliuolo di Hercole, & d'Onfale, come si dice nel testo.*

b Onfale ⟩ *costei rimunerò Hercole largamente; per hauer egli ammazzato vn serpente presso al fiume Sagari, ch'vccideua di continouo gran quantità di persone. Ella astrinse Hercole a seruirla fino a filar lana: hauendoli dato in luogo di dardi, della mazza ferrata, & della pelle del leone, la rocca, la cestella da cucire, & altri suoi feminili ornamenti. Ma altri dicono che hauendo Hercole occiso Isceto figliuolo del Re Emilo: fu venduto per ordine di Gioue, da Mercurio, a Onfale Regina de Meonij; & per questo come schiauo, le portaua drieto la cestella, la rocca, & cosi fatte altre cose.*

c Vmbri ⟩ *Plinio mette la Vmbria per la sesta prouincia d'Italia detta cosi dalla uoce imbre, che significa pioggia, come quelli che si crede che sopranauazzassero in Italia dall'innondationi dell'acque, onde però furono tenuti antichissimi popoli in Italia. o vero dalla voce vmbra, & ambra, per rispetto de monti, & della vicinità dell'apennino che adombra o fa ombra a quel paese. In questa sono Spoleti, dallaquale il paese, è chiamato il Ducato di Spoleto, per la diuisione de 4. Ducati che fecero i Longobardi, Norcia, Rieti, Ameria, Fuligno, Nocera, Narni, Terni, & altre simili a queste. Si troua ch'i Toschi tolsero loro 300 & piu terre; tale era la loro potenza, & grandezza.*

MIRSILO.

a Ma questi fingono aperte bugie, perche *ª* dell'origine, & dell'antichità della gente, si crede piu tosto a essa gente, & a loro vicini, ch'à forestieri, & lontani. Adunque si crede piu a essi Lidii & Tirrheni, & a Romani loro vicini: & a quelli che consentono alla loro origine, & patria historia, ch'a qualunque altri, quantunque in altro eruditissimi, & dotti.

DICHIARATIONE.

a Dell'origine ⟩ *Si trahe da questo testo, che nella historia: si dee credere piu tosto a coloro che si trouano sul fatto delle cose che si narrano, ch'a quelli che non vi sono. & piu tosto a vicini a quel fatto ch'a lontani. percioche si presupone per regola de i Legisti, ch'il vicino sappia il fatto del vicino, piu ch'il lontano. Cosi nelle cose delle nationi: trattandosi d'vna prouincia, si ha da prestar fede piu presto a gli huomini di quella prouincia, o a loro vicini ch'a quelli che sono d'vn'altra prouincia & lontani: se bene questi tali fossero eruditissimi & dotti in altre materie, & tenuti per tali.*

Beroso

Documents manquants (pages, cahiers...)
NF Z 43-120-13

MIRSILO.

Conciosia che tutto quello che dicono questi Historici patrii è contrario a quanto s'è detto di sopra di Lido Meonio, percioche ᵃ Xanto Lidio, nella historia della sua patria, non scriue che Ati hauesse nessun Tirrheno; ma dice che hebbe due figliuoli, cioè Lido, & ᵇ Torebo, da quali vennero nell'Asia i popoli Lidii, & Torebi: non punto differenti in cosa alcuna: se non nella pronuntia della fauella: & anco poca, come i Dori, & gli Attici. Quale adunque de gli Historici Lidii mandò Tirrheno figliuolo d'Ati, & fratello di Lido, nella prima metà del Tebro doue fu la vecchia habitatione de gli antichissimi Vmbri?

DICHIARATIONE.

a *Xanto Lidio* } *A questo adunque che fu Lidio, si dee creder molto piu delle cose di Lidia, come quello che scrisse la historia della sua patria, ch'a Greci.*
b *Torebo* } *In luogo di Tirrheno. adunque gli altri dicono la bugia.*

MIRSILO.

a Et tanto piu che Xanto, trattādo della guerra ᵃ Pelasgica, afferma ch'i
b pelasgi piu antichi d'Ati, assaltarono con l'armi la ᵇ Tuscia che altre
c uolte era detta Vmbria, & che occuparono ᶜ Crotone. Indi assalendo
d il paese Tiberino, presero anco ᵈ Tirrhena, & habitarono insieme co Tiberini, & impararono molte cose intorno al mestiero della militia, & spetialmente nell'arte nauale & marinaresca, nellaquale erano allora ammirabili a tutto il mondo.

DICHIARATIONE.

a *Pelasgica* } *Onde si vede apertamēte che hauendo essi presa Tirrhena in quella guerra che fu per molto tempo auanti ad Ati: non potè Tirrheno esser figliuolo di Ati, ma potè ben Terebo esser cognominato Tirrheno, per gli antichi Tirrheni.*
b *Tuscia* } *Toscana hoggi, Etruria anticamente.*
c *Crotone* } *città fabricata da Crotone compagno di Hercole. hoggi detta Crotone: se perauentura non fosse Cortona.*
d *Tirrhena* } *città nella Toscana.*
e *Ammirabili* } *essi Tirrheni:*

F De

ANTICHITA

MIRSILO.

a De quali i Greci fauoleggiano, che si conuertirono in *Delfini, che scherzano con le naui,& si fanno loro compagni, ma nel vero essi erano allora chiamati Delfini: per l'arte del corseggiare, & insieme per lo dominio che haueuano in mare: perch'erano potenti per armate: & portauano colonie per tutto. Sono argomento di ciò, quei che sono
b chiamati Tirrheni nelle isole ᵇ Attiche, & nelle bocche della ᶜ Tracia:
c percioche vsano la lingua Tirrhena con coloro co quali habitano: & honorano i medesimi Dei de i Tirrheni: & adoperano le stesse lettere. onde non si può dire che uenissero da nessun figliuolo d'Ati, poi che si troua, che sono chiamati Tirrheni auanti Athi, & Pelasgo Re; & poi che furono auttori di molte colonie del medesimo nome, & de medesimi costumi auanti Ati. Habbiamo tratto & imparato questo da i Lidi, hora ragioneremo quello che i Tirrheni dichino di se stessi.

DICHIARATIONE.

a In Delfini } *per similitudine del Delfino che scorre per tutto il mare come fanno i corsari, perciò detti Delfini. Fauoleggiano di ciò Igino, Ouidio, & altri trahendo la fauola da Greci. Dicono che si messe insieme vn'armata d'alquanti, fra quali furono 20 Delfini Tirrheni, de quali Libaca fu detta città Tirhena. & Aceste del Contado Tiberino del luogo chiamato Menoniano. & della città regia di Tirrhena detta Volturna, furono Libo, Oselle, Medone, Etalione, Proteo, Epipeo, Alcimedonte, & Melanto. Questi haueuano con esso loro Bacco chiamato Dionisio Egittio. & giunti all'isola di Nasso, detta hoggi Nicsia, misero in terra Aceste ch'era Sacerdote, col Simon Iatro, & con le colonie, per la detta isola: onde perciò furono conuertiti in Delfini. cioè nauigando per mare con le naui loro, come fanno i delfini che vanno scorrendo per tutto: portarono diuerse altre colonie, nell'isole circonuicine dell'Arcipelago. & di quindi si distesero nella Thracia, & per altre prouincie lasciandoui le colonie.*
b *Isole Attiche } dette Cicladi, che significa in corona: & hoggi chiamate isole dell'Arcipelago.*
c *Thracia } Romania hoggi, posseduta dal Turco.*

MIRSILO.

La prima cosa si ridono d'esser cognominati per lo nome d'alcun fo-
a restiero, perche giudicano d'esser soli ᵃ indigeni, & natii in Italia, & si
b nominano da ᵇ Razenua figliuolo dell'antichissimo loro Dio, ch'essi

chiamano

c chiamano Iano Vadimone. Et la loro Tetrapoli ᶜ Etursia, con la sua parte Bolturſena, Betulonia, Tuſſa, & Narbano cognominato Calumbo, la nominano da Luco. & affermano che fu fatta, & fabricata dal loro Dio nell'aureo ſecolo, poco dopo l'inondatione delle terre, non che auanti Ati. percioche chiamano dall'innondatione ſteſſa, il paeſe loro: nella loro lingua paterna, Salumbrona: doue prima furono generati gli Vmbri.

DICHIARATIONE.

a Indigeni } conuene aduene: cioche ſignifichi s'è detto di ſopra in Beroſo onde il lettore può ricorrere alla tauola del preſente libro, alla voce Indigeni.

b Razenua } Iano hebbe tra gli altri figliuoli dopo il diluuio, Crano, & Crana femina, laquale fu fatta Helerna, & chiamata da gli Etruſchi. Ma Crano fu detto Razenuo, da Raz che vuol dir Sacro, & Inuo, cioè incubo, & propagatore: cioè ſacro propagatore.

c Eturſia } la città regia Tetrapoli, cioè di quattro parti che ſono Bolturſena, Betulonia, Tuſſa, & Hachano, onde però è detta Tetrapoli.

MARSILO.

Producono parimente molte veſtigie dell'antichità loro, come, i Dei, i coſtumi, i riti, le lettere, & le leggi, lequali tutte coſe ſi confanno a quello che ſcriuono i piu approbati hiſtorici Greci. Conciofia ch'eſſi dicono, ch'i Tirrheni ſoli ſono antichiſſimi in Italia: & che non dipen-
a dono da gli altri per origine, nè come gli altri foreſtieri, & ᵃ conuene: ma che nacquero nel proprio paeſe, poiche ſono differenti d'antichiſſimi Dei & coſtumi, non pur da gli altri popoli d'Italia, ma etiandio
b da loro vicini ᵇCrotonieſi, & Perugini a fronte, & da proſſimi Faliſci alle ſpalle, de quali eſſi giacciono in mezzo. percioche ſono Dij & Dee
c a tutti i Toſchi, Gioue & Giunone, ſoli i Tirrheni adorano ᶜIano & Veſta: iquali eſſi nella lingua loro, chiamano Ianib Vadimona, & Iabith
d ᵈHorchia.

DICHIARATIONE.

a Conuene } cōuenuti da piu luoghi inſieme in vn luogo, vedi nella tauola: alla voce Indigeni.

b Crotonieſi } da Cortona: ouero Crotona.

c Iano } Vadimone, & Vertunno, antichiſſimo Dio principale di Etruria come dice Varrone nel 1 della lingua Latina.

d Horchia } l'antichissima Vesta moglie di Iane: per lo suo vero nome detta Tidea, & antica Dea d'Etruria.

MIRSILO.

E anco essi Romani confessano che gli Etruschi sono antichissimi, & nati nel secolo d'oro: da quali l'antica Italia hebbe gli altari, i riti, le divinationi, le colonie, & le discipline. preso il principio dalla loro prima Tetrapoli detta Etruria, dalla quale i Romani gli chiamano Etrusci. Non hanno adunque gli auuersari alcuna via per laquale prouino che i Tirrheni habbiano o l'origine, o il nome dal figliuolo d'Ati; ma
a che trasero il nome da i ᵃ Tursi. Et se pure anco, venne a costoro Torebo figliuolo di Ato, non perciò furono nominati i Tirrheni Indigeni, da lui forestiero. ma per lo contrario, Torebo fu per loro cognominato Tirrheno da Greci. Adunque quantunque i Greci habitassero tutta Italia, come scriuono i nostri; nondimeno habbiamo mostrato per essi Lidii, Tirrheni, & uicini Romani, ch'è falso, quello che molti scrissero al contrario di quello che si è detto, de Tirrheni.

DICHIARATIONE.

a Tursi } che mutata la s in r, s'è detto Turri, onde i Tursini furono detti Turrini, & Tirrini. Adunque si vede per la presente narratione che Tirrheno non fu figliuolo di Ati, ch'esso non diede il cognome a Tirrheni. che Torebo venne in Italia, che fu accettato cortesemente da Tirrheni antichissimi in Italia, & ch'esso Torebo fu da loro cognominato Tirrheno, prendendo, & non dando esso cosi fatto cognome come molti scrissero falsamente.

DI ARCHILOCO
DE' TEMPI
LIBRO VNO.

M^bNesa Fenice Damasceno, afferma nel lib. 97. delle historie, che l'inondatione delle terre, fu quasi 250 anni auanti Nino. & che ^cvn certo, del quale fa testimonianza ^dMosea antichissimo historico, fu liberato su monti Caspi, intorno al fiume Arasse. Et ch'allora sotto il nuouo cielo, il rozzo genere humano, menò la vita aurea, nella quale si viueua secondo la natura, senza che alcuno imponesse legge; fino à tanto che Nino & Semiramis, andando contra i popoli con arme: cominciarono primi, a corromper la vita humana. Riferiscono adunque i Caldei che l'anno 131 da Ogigi, regnò appresso loro Saturno auo di Nino 56 anni. & che fu primo che gettasse le fondamenta di Babilonia. Et che dopo costui segui, Belo Gioue suo figliuolo, & gouernò i Caldei & gli Assirij 62 anni. Nino 52. Semiramis 42. ^f Ella edificò Babilonia con indicibile grandezza. Si supputano adunque da Nino fino al secondo anno di Spero, nel quale nacque Deucalione, 451 anno; & 700 dalla prima inondatione di 9 mesi. Dalla quale fino al tempo di Troia, Mnasea raccoglie non meno di 828 anni.

DICHIARATIONE.

^a Archiloco } *fu Greco, Cronista, & vincitore ne giuochi Olimpici che si faceuano nella Grecia con gran concorso di quelle nationi. Fiorì con Simonide & Aristosseno nella 29 Olimpiade, come scriuono i Greci, & Eusebio de temporibus, che fu l'anno del mondo 3298. & auanti alla venuta di Christo 663. Scrisse questo trattato de tempi, per illuminare i Greci, i quali prendono i tempi da Nino: non sapendo quali altri Re fossero stati auanti à Nino. Et scriue anco perche molti de Greci haueuano scritto per opinione, onde erano incorsi in molti errori. & finalmente, perche s'era cominciato a errar parimente intorno a tempi di Homero: nelquale Archiloco visse di 110 anni.*

^b Mnesa } *altri scriuono Masea, & forse piu correttamente.*

^c Vn certo } *cioè Noe, o Noà, detto Iano &c.*

ANTICHITA'

d Mosca } *Moisa, scrittore antichissimo & famosissimo fra tutte le nationi del mondo.*

e Monti Caspi } *onde però Iano fu detto Saga Caspio.*

f Ella edificò } *Scriuono gli Historici antichi di questa città, cose ammirande. Dicono che era così nobile, che tutta la Caldea, & la Mesopotamia fu chiamata Babilonia, dalla città. Ella hebbe, horti pensili, cioè in aria, con vn tempio, & con vna Rocca marauigliosa. Haueua attorno bellissime & grasse campagne. & era di figura quadrata. Le cui muraglie furono fortissime & grosse molto, & di incredibil fermezza. perche di larghezza erano 25 braccia, d'altezza 100, se però ogni cubito fa mezzo braccio. & di circuito 480 stadij, sendo vno stadio vn'ottauo di miglio secondo alcuni. & fabricate di mattoni impastato & murato col bitume. di maniera, ch'ella fu connumerata fra i sette spettacoli, o miracoli del mondo. Haueua oltre a questo, cento porte per ogni lato di mura, che sarebbono in tutto 400 porte. & tutte di rame, o bronzo che si fosse. & la fossa all'intorno era grossa d'acqua a semblanza di fiume. & vi passaua per entro il fiume Eufrate. Ma non minor cose si leggono della potenza di costei. conciosia che Suida scriue, ch'ella haueua cento mila fanti: cento miriadi di caualli, che a dieci mila caualli per miriade, secondo il Budeo, sarebbono vn milione di caualli. cento mila carri & portatori di falci. altretanti huomini da spada a cauallo su camelli. Numero grandissimo di camelli per portar le bagaglie. Tre mila naui, & molte altre cose ammirande.*

ARCHILOCO.

Si regnò in Troia sotto 6 Re. Sotto Dardano 31 anno. Sotto Erichtonio 75. Sotto Trosse 60. Sotto Ilo 55. Sotto Laomedonte 36. & a Sotto ªPriamo 48.

DICHIARATIONE.

a Priamo } *altri dicono 43. però dice il Lucido, che Archiloco in questo luogo è corrotto; douendosi dire 43, & non 40.*

ARCHILOCO.

a Seguirono 500 anni dalla presura di Troia fino alla 23.ª Olimpiade, ne quali fiorirono otto Homeri. Il primo di loro è ricordato ne gli
b Annali di ᵇ Theureo Re de gli Assirij, che fu il 27 dopo Nino. Que-
c sto Homero, sì come quiui si ragiona, fu di ᶜ Smirna, & Capitano del medesimo Re; poco auanti alla uenuta de gli Heraclidi nel Peloponneso

loponneso, l'anno 20 di Demofonte Re de gli Athenieſi, quando Pirro fu ammazzato da Oreſte nel Tempio d'Apollo.

DICHIARATIONE.

a Olimpiade } *Intorno all'Olimpiade s'è detto a baſtanza. però vedi nella tauola d'queſta voce Olimpiade. Ma quanto à queſta 23 Olimpiade: ella fu ne gli anni del mondo 3274. & auanti alla venuta di Chriſto 687.*

b Teutco } *che fu l'anno del mondo 2790. & auanti a Chriſto 1171.*

c Smirna } *Fu fra gli antichi gran controuerſia di Homero poeta, che nel vero è il piu famoſo & celebre de gli altri ſette che quì racconta Archiloco. Percioche Pindaro ſcriue ch'egli è di Smirna, & talhora non ſtando fermo nel ſuo propoſito dice che è di Scio. Antimaco & Nicandro vogliono che foſſe Coloſonio. Ariſtarco & Dioniſio Tracio lo fanno Atheniese. Ariſtotele vuole ch'egli foſſe di Salamina. & Simonide lo chiama Argiuo. Euſebio fauellando di Homero racconta quanto al tempo, che Socrate vuole, ch'egli viueſſe auanti alla venuta de gli Heraclidi. Heratoſtene lo mette cento anni dopo la preſa di Troia. Filocoro, 180 anni dopo la predetta preſura, in tempo d'Archippo Rettore de gli Athenieſi. & chi dice piu & chi meno. Archiloco adunque diſgroppando coſi fatto nodo, racconta à vno à vno quali foſſero gli Homeri fino al famoſo.*

ARCHILOCO.

a Dopo coſtui ſeguì Homero [a] Chio, il quale, come referiſcono le me-
b morie de Chienſi, fiorì nell'arte della Medicina, l'anno 19 di [b] Melanto Re de gli Athenieſi.

DICHIARATIONE.

a Chio } *Hoggi Scio: & Chienſi, Sciotti; poſſeduti al preſente dal Turco.*
b Melanto } *quartodecimo Re per numero, de gli Athenieſi, il quale viſſe 37 anni in Signoria.*

ARCHILOCO.

a Fu vn'altro Homero di Patria [a] Cumeo. il quale, come dicono eſsi Cumei, fu illuſtre piu per la magica che per lettere o dottrina ch'e-
b gli haueſſe, l'anno 24 di [b] Codro Re de gli Athenieſi.

ANTICHITA

DICHIARATIONE.

a Cumeo } *Della città di Cuma, onde questo fu Italiano.*
b Codro } *che fu il XV Re de gli Athenieſi, & regnò 21 anno.*

ARCHILOCO.

a Il quarto, dicono i Salamini di Cipro: che fu loro cittadino ricchiſ-
b ſimo, inclito nell'arte ᵃ inſtitoria, l'anno ottauo ᵇ d'Agaſto Atheniese.

DICHIARATIONE.

a Inſtitoria } *Inſtitoria è voce latina. & ſignifica colui, che è prepoſto dal mercatante a qualche negotio. come per eſſempio i Capponi di Fiorenza eſſercitano la mercatura a Venetia. queſti vi tengono per far le facende loro, vn gentilhuomo Fiorentino, il quale trafficando per eſſi, è il primo huomo di cerchio in Rialto; & queſto tale ſi chiama Inſtitore. Et ancora che ſi poteſſe dire che foſſe fattore: però è piu proprio ſignificato di queſta faccenda, la voce Inſtitore. Adunque era il detto Homero mercatante.*
b Agaſto } *Primo giudice d'Athene. percioche eſſendo mancato Codro, piacque a gli Athenieſi di mutar gouerno, & fecero giudici in cambio di Re.*

ARCHILOCO.

a Due anni da poi, uſcì fuori Homero.ᵃ Coloſonio, il quale, ſecondo che dicono i loro annali, fu chiariſſimo nel paſſaggio Ionico, per
b parte della ᵇ Scoltura & della pittura inſieme.

DICHIARATIONE.

a Coloſonio } *hoggi detto Altoboſco.*
b Scoltura & pittura } *laquale nel vero fiorì in quei tempi in molta eccellenza, molto piu ne Greci, che in qualunque altra natione del mondo, ſi come in Plinio ſi legge: & ſi come per le ſtatue antiche in diuerſi luoghi del mondo ſi può vedere, di maniera greca.*

ARCHILOCO.

a Il ſesto fu ᵃ Atheniese, il quale come eſsi ſcriuono, illuſtre per la rinouatione delle leggi pretermeſſe, & per introdurne delle nuoue, fiorì
b ſotto ᵇ Archippo.

Dichiara-

DICHIARATIONE.

a Atheniese } *& di tanto spirito, che rinouò molte leggi abolite, le quali erano vtilissime per lo gouerno di quella città, & molte altre ne introdusse, di nuouo vtili per la republica.*

b Archippo } *fu il secondo Principe, o giudice, o Magistrato, dopo il Re Codro: come s'è detto.*

ARCHILOCO.

a Il settimo è de gli ^a Argiui; ammirabile per precetti della Musica &
b della Geometria, l'anno 17 di ^b Diogeneto Atheniese.

DICHIARATIONE.

a Argiui } *Cittadino d'Argo: musico & geometra principalissimo del suo tempo.*

b Diogeneto } *che fu il 6 giudice, dopo Agasto, et visse 28 anni in magistrato.*

ARCHLIOCO.

a L'ultimo Homero è quello, che ^a l'età nostra vede. Il quale nell'Olimpiade 23, & l'anno 500 dalla rouina di Troia, per patria Meone, uincitore nel certame Olimpico è tenuto per giudicio di tutta la Grecia, sublime de Poeti, & à lui solo concessa auttorità di emendare, i caratteri, i nomi, & la lingua greca. La quale come dicono Cadmo Samotrace, portò quasi barbara & rozza, poco dopo la rouina di Troia, quando ritornò dalla fuga nella quale fu messo per la contesa ch'egli haueua con l'antica sua moglie, per le nozze fatte da lui, della nuoua sposa Armonia. Sono adunque i caratteri fatti da Homero con piu elegante forma. Perciochè haueuano prima vna certa barbarie antica & non Fenicia. perche non hanno punto del Fenicio come noi uediamo, ma ritengono le figure de Galati & de Meonij. Il medesimo Homero riformò i caratteri. Et fu primo che desse precetti della Grammatica: scriuendo & fauellando ogniuno perauanti, secondo il suo naturale. Il che accettò etiandio
b l'Italia, la quale è anco detta.^b Magna Grecia. Et tanto sia detto de tempi.

ANTICHITÀ

DICHIARATIONE.

a Età nostra) Homero fiorì, come scriue Eusebio, nella 23 Olimpiade: cioè
b ne gli anni del mondo 3274. & auanti à Christo 687. & Archiloco visse nel
la Olimpiade 29, che fu ne gli anni del mondo 3298. & auanti a Christo
663. onde Homero nacque per 25 anni auanti all'Olimpiade 29. di maniera,
ch'egli era huomo fatto, quando Archiloco che visse 110 anni, & era vecchio, lo vide & conobbe, & fu suo coetaneo. Dicono che'l suo vero nome era
Melesigene: ma che fu detto Homero perche era cieco: però Martiano
nel lib. 1. dice

    Cæcutientis Mæonij suauiloqua senectus.   & il Petrarca.
    Cæcumq; senen, sed multa videntem.

Et fu di tanta eccellenza, come qui dice Archiloco, che dopo morte molte
città vennero in contesa fra loro per volerlo, non se ne hauendo prima cura-
to nessuno, mentre egli fu viuo, pouero & vecchio; si come attesta anco Cicerone, nell'oratione fatta in difesa di Archia doue dice. Homerum Colopho
nij ciuem esse dicunt suum, Chij suum vendicant, Salaminij repetunt, Smyr-
nei vero suum esse confirmant: itaque etiam delubrum eius in oppido dedi-
cauerunt. Multi alij preterea pugnant inter se, atque contendunt &c.

b Magna Grecia) che l'Italia fosse detta Magna Grecia, non si afferma per
vero. che se bene molti Greci, come s'è veduto di sopra in Mirsilo: vennero
ad habitare in diuersi luoghi di essa Italia, però non fu mai detta Magna Gre
cia, se non quella vltima parte d'Italia posta intorno al golfo di Taranto, co
minciando da Taranto, o da Metaponte secondo altri, insino al fiume Ales-
so termine de i Reggiani, come ben dimostra l'Alberti nella sua Italia, & diuersi altri scrittori.

DI Q.

DI Q. FABIO PITTORE

Del Secolo d'oro, dell'origine della città di Roma, & della sua descrittione,

LIBRO PRIMO.

'Imperio di Italia fu presso à due popoli principali; nell'ultimo i Romani; & nel principio cominciarono i Toscani, sotto Iano, nel secolo d'oro. ᵇ L'età d'oro fu cosi detta nel primo nascimento del genere humano, perche paragonata à secoli che uennero da poi; fu quasi come l'oro fra gli altri metalli. Xenofonte, & altri maggiori dissero ch'el la cominciò sotto Ogige, intorno à 250 anni auanti a Nino. Questo Iano, quasi ne principij del secolo d'oro, tenne il lato sinistro del Tebro in Etruria, ma Camese & Saturno habitarono il destro, intorno al fine della predetta età.

DICHIARATIONE.

ᵃ Q. Fabio] Costui fu della illustre famiglia Fabia, nella città di Roma, famosa per molti huomini chiarissimi in quella Rep. cosi in tempo di pace, come di guerra. Et perciothe, oltre che fu dotto huomo, si dilettò anco della pittura, stimata allora nobile arte da Romani. & annouerata fra le liberali, si acquistò cognome di Pittore: o per lo diletto: ò per l'opere ch'egli vi facesse dentro. Scrisse questo trattato diuiso in due libri, con molta chiarezza, & con molto vtile per dichiaratione delle cose della città di Roma, & del suo principio, variamente trattato da diuersi scrittori.

ᵇ Età d'oro] Dicono gli scrittori, che furono 6 secoli, denominati per la qualità loro da 6 metalli a quali essi furono conformi. Il primo fu il secolo d'oro, che cominciò ne tempi di Iano dopo il diluuio: & è quello, del quale ragiona al presente Fabio Pittore, & contenne 250 anni, & durò fino a Nino primo corruttore del secolo d'oro. Il secondo fu il secolo d'argento; che cominciò da

Nino

ANTICHITA

Nino predetto, & durò fino a Atlante Italo, dal quale questa prouincia fu cognominata Italia. & contenne 430 anni. Il terzo fu il secolo di rame, che cominciò da Atlante Italo, & durò fino alla rouina di Troia. & contenne 452 anni. Il quarto fu il secolo di stagno, che cominciò dalla rouina di Troia, & durò fino a Romolo edificatore della città di Roma. & contenne 427 anni. Il quinto fu il secolo di ferro, che cominciò da Romolo, & durò fino alla cacciata de Re di Roma. & contenne 240 anni. Il sesto fu il secolo di piombo, che cominciò dalla cacciata de i Re di Roma, & durò fino al tempo, che nacque Christo. & contenne 464 anni fino a Cesare. & di piu tutti que gli anni che furono da Cesare, fino al nascimento di Christo, sotto Ottauiano Augusto. Nel qual tempo cominciò di nuouo per la venuta del figliuolo di Dio, l'età d'oro nel mondo: per la vera religione: & per la gratia conceduta da Dio à gli huomini credenti in Christo, di godere eternamente la gloria del cielo, dopo la nostra morte. la quale età per così fatta gratia, paragonata con l'altre antecedenti, è veramente piu che d'oro, & l'altre tutte di piombo, & di fango.

Q. FABIO.

a ᵃ In quel tempo non fu Monarchia alcuna. percioche non era ancora entrato ne petti humani, il desiderio di regnare, & i Principi & capi, perch'erano giusti & dediti alla religione; furono ragioneuol mente chiamati & tenuti Dij. Conciosia che nell'arbitrio loro, non si partiuano dal douere, nè il popolo dalla ragion naturale. Allora ogniuno riteneua, non per forza ò per paura: ma per sua uolontà la fede, & l'honesto. La uergogna & la modestia medesima reggeua i popoli; & la ragione i Principi. Le case loro non fabricate ò adornate, & splendide & illustri per lussuria, erano ò grotte, o capanne di vimini, o legni di alberi incauati. Le cose che nascono per se medesime dauano loro il cibo; ò che cercauano il vitto alla giornata con la caccia.

DICHIARATIONE.

a In quel tempo } Descriue la vita de gli huomini che furono nell'età d'oro, per la quale si vede, quanto fossero buoni, i Principi che gli gouernauano, & i sudditi ch'erano gouernati. Di cotal secolo molti, così poeti, come historici hanno largamente parlato: ma molto bene espresse quell'età Ouidio nelle sue trasformationi dicendo,

    Questo vn secolo fu purgato & netto
    D'ogni maluagio & perfido pensiero,
    Vn proceder leal, libero, & schietto,
    Seruando ognian la fe, dicendo il vero,

Seruando

Seruando ognum la fè, dicendo il vero,
Non vi era chi temeſſe il ſicro aſpetto
Del giudice implacabile & ſeuero,
Ma giuſti eſſendo allor ſemplici & puri,
Viuean ſenz'altro giudice ſicuri.
Sceſo dal monte ancor non era il pino
Per trouar noue genti a ſolcar l'onde,
Nè ſapeano i mortali altro coſino,
Ch'i proprij lidi lor, le loro ſponde,
Nè curauan cercar altro camino
Per riportarui ricche merci altronde.
Non ſi trouaua allor città che foſſe
D'argini cinta & di profonde foſſe.

Et Giuſtino nel primo. *Principio rerum, gentium & nationum Imperium penes Reges erat, quos ad faſtigium huius dignitatis, non ambitio popularis, ſed ſpectata inter bonos moderatio prouehebat. populus nullis legibus tenebatur, quia iuſtorum principum arbitria pro legibus erant. Fines imperij tueri magis quam proferri mos erat. Intra ſuam cuiq; patriam regna finiebantur. Primus omnium Ninus &c.*

b Dii } Per l'offitio che eſſi faceuano verſo gli inferiori, & per lo benefitio che apportauano al genere humano.

Q. FABIO.

a Iano fu il primo ch'inſegnò loro il vino & il [a] farro; [b] piu toſto per i ſacrificij & per la religione che per beuerlo ò per mangiarlo. Percioche fu il primo che moſtrò gli [c] Altari, i pomerij, & le coſe ſacre, d & però in ogni ſacrifitio ſe gli fa inanzi un [d] ſermoncino, & gli ſi offeriſce la prima coſa del farro & del uino.

DICHIARATIONE.

a Farro } Senza il quale non ſi faceuano i ſacrifici preſſo a gentili. & chiamauano farro ogni ſorte di biada: o dalla voce *ferre* poi che terra ea *fert*, cioè le porta, o produce, o dalla voce *frangere*, o *facere*: facendoſi, non con molini, percioche allora non era trouato l'uſo del molino: ma con peſtelli nel mortaio, & lo chiamauano *adoleo*, *ab adolendo*, cioè ſacrificando. Onde Virgilio nella Georg.

    Ingentem farris aceruum.   & altroue.
    Et farre litabo. cioè ſacrificabo.

b Piu toſto } Non per ciò vuol dire, che non ſi beeſſe del vino, o non ſi mangiaſ
ſe col

ANTICHITA

se col farro, se non ne sacrificij: ma si faceua sobriamente. conciosia che si offeriuano a Iano per significar la parsimonia, & il rozzo viuere di quell'età, come dice Acrone.

c Altari } come dice anco Xenofonte: & come afferma Macrobio nel 1. de Saturnali.

d Vn sermoncino } Vna prefatione, vna orationcella al nome suo auanti che si cominciasse il sacrificio: perche è Dio, & Ianua, cioè porta dell'entratura. onde non poteua entrarsi a sacrificij de gli altri Dij se non per esso. la ragione; perche era padre di tutti gli Dij & di tutti gli huomini; come scriue Beroso nel secondo. onde però fu detto Cielo, & si faceua da Toscani con quattro faccie, che significauano i quattro tempi dell'anno. Et Cicerone dice, Iano, quasi Eano, quod eat & vertatur cœlum, & annos.

Q. FABIO.

a La moglie fu ^a Vesta, la quale, prima Regina de sacrificij, diede in guardia alle vergini il fuoco de sacrifici. Le guerre allora non sola-
b mente non conosciute, ma ne anco pensate, non uennero nella men te loro. Fu primo che per la honestà, & per la santimonia delle case:
c ritrouò le porte, le serrature, & le chiaui, & furono da lui dette ^b Ia-
d nue. Et sacrato ^c l'Olimpo regio d'Etruria & il Tempio, sacrò a dodi-
e ci colonie altretanti pomerij, & altari. Et per mantenere i nuoui co-
f loni in ^d offitio aureo, diede a ciascuno di loro ^e verghe & fasci. On-
g de egli ha in mano la verga & la ^f chiaue. & sotto i piedi ^g 12 altari.

DICHIARATIONE.

a Vesta } Tidea per suo proprio nome, & Vesta, come s'è detto a suo luogo in Beroso. & però vedi nella tauola alla voce Vesta.

b Ianue } che significa porte per lo nome suo; percioche esso fu porta, per la quale passò il mondo vecchio & abolito nel nuouo. & però è il primo mese dell'anno detto Ianuario: perche è porta per la quale s'entra nell'anno, come ho detto in Beroso.

c Olimpo regio } cioè pomerio della città chiamata Etruria.

d In offitio aureo } cioè secondo l'età d'oro, nella bontà & semplicità naturale.

e Verghe, & fasci } In segno di potenza & d'auttorità nella vita di chi haues-
se fatto alcun male. le quali verghe erano frasche rimondate d'alberi & le gate in fasci, o fascine & con esse mescolauano le accette, o manare legate insieme co fasci, come stromenti per punire i malfattori. & questi fasci gli antichi Magistrati, Principi, & Resi portauano dauanti.

Chiaue

DEL MONDO. 48

f *Chiaue* } *due chiaui dice Beroso*. la qual chiaue significa, non solo ch'egli era inuentore d'essa chiaue, ma ch'esso era chiaue ch'apriua il mondo: nel quale ne introdusse, onde però fu detto Patulo, dalla uoce patente, & Clusio, per hauer chiuso il viuere del mondo uecchio. Et però oltre alla chiaue gli si daua la verga o bastone, perche hebbe uniuersal dominio per tutto. La qual chiaue teneua nella sinistra, & il bastone nella destra dicendo Ouidio,

   Et tenendo il baston la destra & l'altra
   La chiaue, à noi queste parole sciolse. *Et altroue.*
   Appo me sol, de l'universo è cura. Macrobio à questo proposito nel 1. de Saturnali a cap. 9. dice. Cur geminum innocemus, supra iam diximus, patrem quasi Deorum Deum. Iunonium quasi non solum mensis Ianuarij, sed mensium omnium ingressus tenentem, in ditione autem Iunonis sunt omnes Kalendæ. Vnde & Varro lib. 5 rerum humanarum scribit. Iano 12 aras, pro totidem mensibus dedicatas. Consiuium a conserendo, idest à propagine generis humani quæ Iano auctore conseritur. Quirinum quasi bellorum potentem, ab hasta quam Sabini Curum vocant. Patultium & Clausium, quia bello, ualue eius patent, pace clauduntur.

g *Dodici altari* } *per le dodici colonie alle quali egli diede gli altari*.

Q. FABIO.

Intorno alla fine di questo secolo d'oro, Nino Re de gli Asirij fu il primo che mutò questi aurei costumi, con nuoua cupidità di regnare. & primo a trapassare i confini mosse guerra à vicini, & soggiogò a tutti i popoli d'Asia, sotto il quale ªCamese fu capo de gli Aborigini. Et poco dopo, Saturno, leuandogli si per tutte le bande l'armi contra; hauendo esso prima pellegrinato per tutto il mondo, se ne andò à trouar Iano. Il quale riceuutolo amoreuolmente, lo fece capo del Latio, & de gli Aborigini.

DICHIARATIONE.

a *Camese* } *detto anco Camesenuo, come s'è detto di sopra in Beroso. Costui fu capo de gli Aborigini l'anno del mondo* 1906. *& auanti alla uenuta di Christo* 2055. *doue regnò* 19 *anni, a punto in quel tempo che Nino mosse l'armi.*

Q. FABIO.

Et quantunque allora finisse il secolo d'oro, ciascuno per l'uso che era fra loro, si cotenne fra i suoi confini, Iano nell'Etruria, & Saturno el Latio

Latio, ordinò, che il Tebro fosse il confino dell'Imperio. percioch'allora per vsanza non si distendeua il regno d'alcuno fuori della sua patria. Il confino adunque fra loro era il Tebro, & i confini dello ᵃAltare erano, il Ianicolo, & i Saturni Capitolini.

DICHIARATIONE.

a Altare } *fra Iano & Saturno adunque fu posto per confine l'altare che diuideua il Ianicolo, da una parte, & Saturnia dall'altra: oltre al fiume del Teucro. Et questo altare era detto Ianicula Etrusca; come attesta Ouidio,*

> *Aramea est colli, quem uulgus nomine nostro,*
> *Nuncupat hæc ætas, Ianiculumque uocat.*

Et fu posto sul Tebro come termine diuisorio, & fu fatto & sacrato a spese dell'uno & dell'altro, come Ouidio nel secondo de Fasti attesta.

> *Te duo diuersa domini de parte coronant.*
> *Binaque serta tibi, bina corona ferant.*
> *Ara fit, ignem fert rustica testa*
> *Spargitur & cæso, comunis terminus agno,*

Onde il Ianicolo è detto, terra & castello, perche Iano vi pose le colonie Ianicole, & è detto Altare, perche fu fatto l'altare per confino fra Iano, Camese, & Saturno: Del quale altare fauellando Macrobio. nel libr. 1. a cap. 5. scriue. Cum inter hæc subito Saturnus non comparuisset, excogitauit Ianus honorum eius augmentum. Ac primum terram omnem ditioni suæ parentem, Saturniam nominauit, Aram deinde cum sacris tamque Deo condidit, quæ Saturnalia nominauit &c. Ma Q dice che Iano ciò fece viuendo Saturno.

Q. FABIO.

a Iano ᵃ cognominò l'Etruria dal Ianicolo, & Saturno il Latio da se medesimo, conciosia che Saturno haueua fabricato alle radici del Capitolio, si come haueua fatto Iano nel Ianicolo. Questa adūque fu la prima origine di Roma alle radici del Capitolio, doue allora pasceuano i buoi.

DICHIARATIONE.

a Cognominò } *l'Etruria, dal monte Ianicolo. & Saturnò disse Saturnia al Latio. percioche l'vno & l'altro hauendo edificato nell'vno & nell'altro luogo, diede il cognome suo proprio a quello ch'essi haueuano fabricato, concordemente fra loro.*

Q. FABIO.

La faccia o forma del terreno era allora a sembianza di uno arco; la cui corda fosse l'aluco del Tebro. le sue corna dalla parte di Levan-
a te erano le ᵃ rupi ᵇ Auentine, & da Ponente le ᶜ Capitoline: & nel mez-
b zo le ᵈ Palatine. lequali riguardano il Tebro dalla fronte, & dalla si-
c nistra si congiungono col ᵉ Celio, & dalla destra con ᶠ l'Esquilino.
d
e ### DICHIARATIONE.
f

a Rupi} *dette monti da alcuni, & da alcuni altri colli.*

b Auentine} *colle Auentino. ilquale par ch'abbracci con la sua forma due monti: et discende da vna parte vicino alla porta per laquale si va ad Hostia di circuito di 18. Stadij.*

c Capitoline} *il colle Capitolio: principalissimo fra gli altri colli di Roma. Questo hebbe tre nomi. Capitolio per lo capo humano che vi fu ritrouato allora che Tarquino Superbo vi fece cauar le fondamenta per farui il Tempio di Gioue, Rupe Tarpea, per la Vergine Tarpea che vi fu occisa, & sepulta per la guerra di Romolo co Sabini. & Saturno per la città Saturnia, che era fabricata nella sua discesa giu a basso. Egli ha dalla fröte il Tebro, & la porta Carmentale, & hoggi si chiama Campidoglio, doue è il palagio de Conseruadori, & dicono ch'il tempio di Gioue Capitolino, era doue si vede hoggi la Chiesa d'Araceli.*

d Palatine} *monte Palatino, detto hoggi Palazzo maggiore, colle piu grande de gli altri, & piu lungo. Dalla destra ha il Teuere, & l'Auentino, dalla sinistra il Campidoglio, & il Celio. Guarda sopra il Circo Massimo. Et da quella parte vi fu il Tempio di Gioue Statore, vicino alquale era la casa di Cicerone. Così detto da gli Aborigini Palatini, o da gli Arcadi, o da Palante moglie di Latino, dalla voce belatu, ch'è proprio delle pecore, cioè belare.*

e Celio} *così detto da Celio che diede aiuto a Romolo nella guerra co Ceninensi, Antennati, & Crustomini, come si dirà piu oltre, distante dal Palatino quäto è la pianura. la sua base è vicina all'anfiteatro detto hoggi Coliseo. & lo hebbe da Romolo, doue habitò co suoi Toscani.*

f Esquilino} *così detto dall'esquilie, cioè guardie: lequali vi teneua Seruio Tullio, per rispetto de rubatori di strada da quella parte.*

Q. FABIO.

a L'Auentino parimente tiene a fronte il Tebro, & ᵃ Capena, si accosta
b alla destra del ᵇ Celiolo, & del ᶜ Viminale. Il Capitolio si vede innanzi
il Te-

ANTICHITA'

c il Tebro, & la porta Carmentale, & gli s'accosta il Quirinale. Gli anti-
d chi appellano queste rupi sette colli, & sette monti. d L'ara di questo
   arco è tutto quello che giace di piano, tra l'Auentino & il Capitolio,
e & dal palazzo al Tebro: fù detto prima e Libisso, & poi Argeo, & in vl
   timo Vico Toscano.

DICHIARATIONE.

a Capena } Morto Hespero si come piu a basso si dice dalquale la Spagna, & la
   Italia furono dette Hesperie, Atlante Italo suo fratello, venuto di Sicilia in
   Italia per leuarla di mano a suo fratello, si condusse nel Latio. doue gli Etruschi venutigli incontra: S'interposero di mezzo: & accomodarono la loro differenza, in questo modo, che egli tenesse il colle Auentino dirimpetto a Satur
   nia ch'era nel Capitolio: & edificata vna terricciuola detta Capena: & chia
   masse tutto il suo territorio all'intorno Italia dal suo nome. Questa regione è
   dopo il monte Celio & l'Auentino fino alla radici: & la distesa fino a San Gio
   uanni. Et perciohe di fà fatta vna porta della città, fù chiamata Capena,
   dal nome della terra della Capena. Laqual porta hoggi è detta porta di S. Sebastiano, & di fuori la strada ch'è via principale di tutte l'altre strade, & me
   na fino a Brandizzo è chiamata Appia.
b Celiolo } Tra la porta Celimontana, & la porta nella via Latina, è la porta
   chiamata di Methrodoro: ma al presente sta chiusa. & quel monte di picio-
   lo circuito dopo il monte Celio volto all'Oriente è chiamato Celiolo.
c Viminale } colle che è volto dalla parte del colle Quirinale. Fuori di questo
   luogo per la porta detta Viminale, comincia la via Nomentana, per laquale si
   va a Lamentana castello del Sig. Latino Orsino.
d Ara } cioè suolo, piano, terreno di tutto l'arco & circuito.
e Libisso } dice Festo che fù detto così da Cerere, laquale portò la prima volta
   il grano, & altre biade in questo luogo, dalla prouincia di Libia: onde quel cã
   po & quel terreno fù detto Libisso: & ella parimente Libissa.
f Argeo } Da Argo, ilquale poco auanti alla rouina di Troia, venuto nel Latio
   fù riceauto da Euandro. ma essendo stato ucciso da gli Arcadi in sospetti di lui
   che non aspirasse al regno, Euandro lo seppelli honoratamente, & quel luogo fù
   detto Argileto. cioè leto, che significa morte, & Argo, quasi dicat morte di Ar
   go. Et perche poco dopo venne Hercole con gli Argonauti a trouare Euãdro
   et alloggiarono in Saturnia, però quel luogo doue essi stettero, fù chiamato Ar
   gileto, per lo nome de gli Argonauti. & per questo gli Argileti sono due l'vno
   di sopra, l'altro di sotto, come piu oltre è dichiarato nel testo.
g Vico Toscano } Borgo Toscano quel luogo che si distende dalle radici del
   Capitolio sino al palazzo maggiore.

Q. FABIO.

a L'inondatione del Tebro faceua a ᵃ ogni paſſo diuerſe paludi, lequali rendeuano quello ſpatio di terreno non molto buono per habitarui, inanzi che (fatti i ſacrifici a Vertunno) il Tebro ſi riuoltaſſe nel ſuo letto. Adunque la prima origine di Roma fu il colle Capitolino, detto per auanti Saturnia. Dopo queſto fu l'Auentino habitato da Atlante Italo, venuto colà di Sicilia, contra Heſpero ſuo fratello, ſotto la cui tutela era la Etruria, eſſendo ancora Iano picciolo fanciulletto, & non bene atto a gouernar Regni. Ma Italo vietato & impedito di contender da Iano, & da gli Etruſchi, ſi fermò nell'Auentino, alle cui radici preſ-
c ſo al Tebro, aiutato con l'opera & col conſiglio da ᶜ Iano, fabricò Capenna picciola terricciola, & con ſua licenza, chiamò il paeſe all'intorno, Italia. Ma poco dopo, venuto a morte Heſpero ſuo fratello, Italo riceuuto ſotto la ſua tutela Iano, & l'Etruria, chiamò tutto quel paeſe ch'è intorno al Tebro (hauendo eſtinto per tutto gli altri cognomi) Italia. Queſta è l'antica Italia: il cui nome a poco a poco s'è fatto comune dalle radici dell'Alpi, fino al mare Siciliano, & fino ad eſſa Sicilia.

DICHIARATIONE.

a A ogni paſſo } Perche ſi nauigaua per quella palude dal palazzo all'Auentino, come ſcriue Varrone. Et lo dinota anco il luogo detto Germalia, doue furono poſti ſubito nati, Romolo & Remo nel principio dell'acqua, accioche ſi affogaſſero, eſſendoui per tutto l'acqua del Tebro. vi era anco il lago di Curtio, ch'era vna gran palude. Il qual luogo è hoggi in parte nel Foro Romano.
b Fatti i ſacrifici } perciache volendoſi bonificare il luogo, auanti che vi ſi metteſſe mano ſi fecero i ſacrifici, a Vertunno, che è Iano, come ſi è detto, chiamato coſì dalla voce vertendo, che vuol dire, riuolgere. onde douendoſi riuolgere il fiume altroue per bonificare il paeſe, fu conueniente ſacrificare a Vertunno.
c Iano } Non quell'antico, dopo il quale furono diuerſi altri Iani, & di queſti, il preſente fu l'vno, cognominato Campoblaſcone & Corito, ſuocero d'Atlante Italo, come dice Beroſo nel §.

Q. FABIO.

Percioche il denominare, & l'imporre nuoui nomi alle genti & a luo-
a ghi, è ſolamente giuriſdittione de i ᵃ Duchi, & de i Re. Riceuuto per
b tanto l'Imperio d'Italia da Italo, prepoſe nel Latio, al gouerno de
c ᵇ Siculi, & de gli Aborigini, vna ſua figliuola chiamata ᶜ Roma. La quale

ANTICHITÀ

quale abbandonata la terra Capena, tenne il mezo del Palatino: & ne la cima doue si accosta all'Esquilio: fabricò Roma picciola terricciuola, che suona ^{d} Valentia. Dopo la morte sua la terra fu poco prezzata per rispetto delle paludi, sino alla venuta di Euandro, il quale restaurò la terra, & insieme il nome. Il campo sotto i sette colli fu detto Argeo da Argo hospite di Euandro, & da i compagni di Hercole Argiuo, i quali erano venuti a trouare Euandro; & si fermarono in Saturnia. Quinci è che i luoghi vltimi si chiamano Argileti. L'Argileto di sopra è detto quello che è nel principio del Vico Toscano sotto il Celiolo, fra il Circo Masimo, & l'Auentino doue è la morte, & anco il sepolcro di Argo. Ma l'Argileto di sotto è quello doue è Iano quadrifronte, detto anco Vertunno, nel fine del Vico Toscano, alle radici del Capitolio, nel Foro Boario doue sono le vestigie di Saturnia. Nel principio adunque habitarono tre colli auanti Romolo. Quel di mezzo Roma figliuola d'Italo, & gli ultimi Saturno, & Italo.

DICHIARATIONE.

a Duchi } *In questo luogo, capi, guide, condottieri, o Capitani. dalla voce ducendo, dallaquale poi, si formò la voce Duca, significatiua di degnità, & di principato insieme.*

b Siculi } *de quali haueua condotto con esso lui buon numero di Sicilia per collocarli in colonie.*

c Roma } *Laquale fu madre di Romanesso. & questa fu la conditrice di Roma, onde Romolo, per questa auttorità di Fabio, nõ fu fabricatore della città di Roma, ma restauratore et rinouatore del già fatto.*

d Valentia } *Cioè forza, valore nella lingua Greca & sublimità nella Hebrea. Però fu detta ragioneuolmente Roma, poiche fu valorosa, & così forte, & sublime che soggiogò il mondo in gran parte. S. Hieronimo contra Iouiniano dice. Roma autem fortitudinis nomen est apud Græcos, aut sublimitatis iuxta Hebreos.*

DI Q. FABIO PITTORE

*Del Secolo d'oro, dell'origine della città di Roma,
& della sua descrittione,*

LIBRO SECONDO.

Alla fine Romolo impadronitosi delle cose degli Albani, per la stretta familiarità ch'egli haueua co i Re d'Etruria, & creato nel Latio, primo Re, [a] fra i Reguli d'Italia, conuertì la terricciuola di Roma in città Regia & Metropoli dell'altre, & fondò nel colle Palatino. percioche fattosi venir d'Etruria vn sacerdote & [b] indouino; fece [c] l'Olimpo & sacrò il pomerio, & girando con l'aratro dall'Olimpo fino al Vico Toscano per lo palazzo: disegnò dal fondo del colle fino alla cima, vna città [q] quadrata.

DICHIARATIONE.

a Fra i Reguli } Era allora differenza fra il Re, & il Regulo, come è hoggi fra il Duca, & il Re quanto a degnità. perche in sostanza il Duca è detto a ducendo, & il Re a regendo: & condurre & reggere vn popolo per buona via, è tutto vno. Ma sì come il Duca non può esser Re, se non viene eletto aa chi può con le solite ceremonie, così allora non poteuano esser Reguli in Italia, se non erano nati serui de Toscani, o vero nutriti in Volturna col Larthe & con i Lucumoni, sì come non poteua essere a nostri tempi eletto il soldato del Cairo se non era Mamalucco, & nutrito co Mamalucchi. I quai Lucumoni non poteuano essere eletti Lucumoni se non erano Toscani per sangue: & fra questi erano computati i serui. Onde però non era ammessi a gouerni, essendo allora Signori d'Italia i Toscani, o Duce, o Regoli, se non Toscani, ouero serui & sudditi di Toscani. onde però auenne, che Mitridate così gran nemico de Romani, rinfacciò loro che fossero vsciti di serui. Romolo per tanto fu il primo Re, che vscisse de i serui de Toscani, essendo prima Regolo: sì come più oltre

ANTICHITÀ

oltre ſi narra nel teſto.

b Indouino } *Vates* dice il teſto. colui che prenede le coſe future col mezzo de ſacrifici: o per cognitione delle ſtelle, o per inſpiratione diuina.

c Olimpo } Cerchio della città fuori delle mura, come s'è detto altroue.

d Quadrata } cioè in forma tetrapoli, come s'è detto di ſopra. ancora che queſta voce tetrapoli, s'intenpe per città di quattro caſtella ridotte inſieme, che faccino vna città: o di 4 luoghi in eſſa città.

Q. FABIO.

Su la cima del colle che s'accoſta all'Equilino ampliò la picciola terricciuola di Roma, & dirimpetto al luogo vicino al Celio fabricò
a ªVelia. & nella china a baſſo verſo il Circo Maſſimo fondò ᵇGerma-
b lia, doue per ordine d'Amulio furono ᶜespoſti. Il Tebro inanzi ſcorreua per queſto luogo. Et da queſto andando verſo l'Eſquilie, fondò il Foro Romano; & coſì Romolo di Regulo fu dichiarato & creato primo Re da i Toſcani. La qual coſa Mitridate Re di Aſia, rinfacciò in certa occaſione à Romani, che foſſero ſerui de Toſcani.

DICHIARATIONE.

a Velia } Parte del monte Palatino, detto palazzo maggiore, la quale riguarda ſopra il Foro Romano. detta Velia. perche anticamente i paſtori: vi ſpogliauano la lana delle pecore con le mani, trahendo fuori il pelo per forza, perche non haueuano il modo di toſarle come s'uſa al preſente, che in Latino ſi dice, vellere lanam. onde dalla voce vellere fu detto, vello, & velia. & in queſto luogo ſi dice, che fu la caſa di Catilina, & di Catulo.

b Germalia } Coſì detta dalla voce Germano che ſignifica fratello. perciohe Romolo & Remo, amendue fratelli: furono portati dall'acqua del Teuere in queſto luogo: poiche vi furono eſpoſti. & però fu chiamato Germalia, cioè luogo di germani & fratelli.

c Eſpoſti } Derelitti, abbandonati, gittati via, accioche capitaſſero male. Scriue Dioniſio Alicarnaſſeo, che portando alcuni i piccioli fanciulletti nati pure allora per gettarli nel fiume: trouarono la pianura tutta allagata dall'acqua: perche il Tebro era vſcito del ſuo letto. onde diſceſi dalla cima del palatino alle radici gli laſciorono in quel luogo, doue era il principio dell'acqua. ma vna lupa quiui preſſo in vna ſpelonca, andando a bere, trouati queſti nel fango, che già l'acqua era ſcemata: & credendo che foſſe il ſuo parto gli leccaua, & ...le loro il latte fin che ſopragiunto Fauſtulo, & tolti i fanciulli, li portò ad Acca L...urentia ſua moglie che poi gli alleuò.

Q. FABIO.

Ma il quarto mese dopo la fondatione della città, fu commesso vno ardito fatto, nel rapimento delle donne Latine & ªSabine. Primi fra i Latini che mouessero l'armi contra Romolo, furono i Ceninensi, gli Antennati, & i Crustumini. Ma Romolo chiesto aiuto à Toscani, hebbe insieme con Celio Re d'Etruria, il primo trionfo di costoro. Et per questo fu cominciato ad habitarsi il ᵇquarto colle da Toscani, & chiamarsi Celio.

DICHIARATIONE.

a Sabine} *Percioche non vi era altro rimedio a poter propagare il seme Romano, la quale attione tratta ampiamente Liuio nel 2.*
b Quarto colle} *Percioche si disse di sopra, che il primo fu habitato da Roma che fu il Palatino, il secondo & il terzo da Saturno & da Italo: il quarto, che fu questo, fu dato a Celio, & a suoi Etruschi, dal cui nome fu detto Celio.*

Q. FABIO.

Dopo questi, i Sabini, dato principio ad vna gran guerra, costrinsero di nuouo Romolo à domandar soldati a i ªLucumoni. Fu dato il carico à Galerito Lucumone d'Arbea, onde venne gran numero di Toscani, & anco dalla città de ᵇSalpinati. Il quale hauendo trouato, che il Capitolio era stato preso da Sabini: fortificò, per difesa di Romolo, il Quirinale vicino al Capitolio. Ma hauendo Romolo arditamente assalito i Sabini sotto il Capitolio; & fuggendosi ferito da loro; & seguendolo i Sabini fino alla porta Palatina con tanta prestezza, che pareua che essi douessero tosto entrare vincitori in Roma, Galerito, correndo subito giù del Quirinale, & tolta loro la via d'andare in Capitolio, doue hora è Iano quadrifronte: & assaliti i Sabini alle spalle, onde per ciò nacque la ᶜfauola dell'acque sulfuree gettate loro addosso, gli mise in fuga: La qual cosa vedendo Romolo: rifatta testa, gli assali dalla fronte sì fattamente, che Metio fu costretto à gettarsi nella palude col cauallo armato. Si faceua grandissima occisione: & non vi sarebbe rimasta pur testa, se non vi fossero corse le femine, che fecero la confederatione.

ANTICHITÀ

DICHIARATIONE.

a Lucumoni } Re, gouernatori, Rettori, come s'è detto in Beroso alla voce, Lu cumone. vedi la tauola.

b Salpinati } Popoli della città d, Salpia, chiamata da Plinio Salapia, posta nella Puglia, discosto 20 miglia da Lofanto presso al lido del mare: fabricata da Diomede secondo Varrone: ma secondo altri da Elsia Rhodiano, & molto spesso ricordata da Tito Liuio. & già famosa per Annibale che vi hebbe vna sua inamorata. Disfatta poi per l'aria cattiua: fu rifatta fra terra: & hoggi è detta Salpe.

c La fauola } Macrobio nel 1. de Saturnali scriue intorno a questa fauola, che essendo i Sabini venuti alle mani co Romani per lo rapimento fatto delle donne loro: & affrettandosi i Romani di chiudere la porta della città che era alle radici del colle Vimpiate chiamata poi Ianicula: accioche i Sabini non entrassero per essa nella città, alla quale erano tutti corsi: poi che ella fu chiusa da loro: s'aprì incontanente per se medesima: & hauendola i Romani serrata di nuouo, & di nuouo apertasi da se piu di tre volte: vi si posero armati su la soglia poi che non si poteua serrare. Et mentre che da altra parte si combatteua valorosamente, venne vna fama che Tatio haueua rotto i Romani, onde i Romani che erano alla guardia della porta, diedero a gambe. Et i Sabini trouatala aperta & sola, mentre che vogliono entrarui, vscì del vicino Tempio di Iano, così fatta furia d'acqua bollente, che per la maggior parte furono arsi & consumati. La medesima fauola tocca anco Ouidio nel 1. de Fasti dicendo in persona di Iano.

 Temendo contrapormi a sì gran Dea,
 A l'astutia ricorsi, & riserando
 I fonti in vn momento saltar feci
 L'acque bollenti sopra li Sabini. &c.

Q. FABIO.

Romolo diuise il territorio di Roma in tre parti. Et de i colli, diede
a ªTatio & à Sabini il Capitolio & il Quirinale, gli ᵇ altri à Romolo.
b & l'Esquilino & il Palatino nel quale era Roma, à ᶜGalerito; & à Lu
c ceri Toschi, toccarono il Celio & il Celiolo. Ma l'Auentino, Romolo non sopportò che fosse habitato da nessuno altro: ma volle che fos
d se sacrato à Remo suo fratello fino a ᵈHelerna. Ma venuto à morte Celio; & essendoli socceduto Galerito nel Regno d'Etruria: fu có có senso delle tribu dato il Celiolo, con tutto l'arco del terreno ch'è sotto a sette colli vicino à lui, a Toscani, & fatto il sacrifitio à Iano Vertunno,

DEL MONDO.

tunno, & bonificate le paludi; fu fatto habitabile & chiamato Vico Toscano. La città adunque di Roma, da principio fu fatta & habitata da tre forti di genti, & i nomi gli pose il Principe de Toscani; percioche questi allora haueuano l'Imperio di Italia. Et chiamò i

e Taciensi da Tacio, & i ^cRumnensi da Rumolo. Conciosia che Larentia nata in Etruuia, & maritata prima a Faustulo Toscano, & poi

f à Carutio Etrusco, ^flo chiamò la prima uolta con questo nome in lingua Etrusca dal successo del fatto. Ma la tribu di lui, la chiama da

g se Lucera, percioche l'altra è detta ^gTrometina dal luogo del Celio.

DICHIARATIONE.

a **A Tatio }** Accomunata la Rep. insieme d'accordo per la confederatione fatta co Sabini, cagionata dal rapimento delle donne, Romolo diede il Capitolio & il Quirinale à Tatio Re de Sabini. il qual Tatio prise il Capitolio per lo tradimento di Tarpeia, & tenne il Regno di Roma insieme con Romolo cinque anni.

b **Gli altri à Romolo }** cioè Romolo che diuise Roma in tre parti tenne gli altri colli per se.

c **Galerito }** Lucumone, & à Luceri, cioè Lucumonij, sottoposti à Lucumoni, Toscani per natione.

d **A Helerna }** Helerna, come si disse in Beroso: significa Regina esaltata con suffragij, o ballottationi che si dica. & questa fu Crana sorella di Crano Razenno, la quale fu posta fra il numero delle dee da suo fratello: & le fu consacrato un bosco appresso il Tebro, come attesta Ouidio nel 6 de Fasti.

  Adiacet antiquus Thyberino Lucus Helernæ
  Pontifices illuc, nunc quoque sacra ferunt.
  Inde sata est Nympha, Cranam dixere priores,

sina à Helerna adunque sara, dall'Auentino sino à questo luogo sacrato a Helerna, ouero chiamato Helerna, per la predetta cagione: ouero doue Crana fu fatta Helerna, cioè fatta Regina.

e **Rumnensi }** Da Romanesso, come s'è detto in Beroso. o se da Romolo: fu detto Rumnense, dalla voce Rumo. percioche Romolo fu esposto à pie del fico ruminale. onde dal caso, fu chiamato da Larentia Rumulo, cioè trouato al fico ruminale: come dice Ouidio,

  Arbor erat, remanent vestigia quæq̃ vocatur
  Romula nunc ficus, rumula ficus erat.

f **Lo chiamò }** Acca Larentia riceuuto il bambino da Faustulo & inteso come egli & doue lo hauesse ritrouato, gli pose nome incontanente, Rumulo nella sua fauella, perche era Etrusca, che vuol dire, trouato sotto un fico. & nutrito dalle poppe della lupa, che le poppe si chiamauano da gli antichi ruma.

Il mede-

ANTICHITA

Il medesimo afferma Sempronio dicendo. Pose nome a gemelli, non Remo & Romolo, ma gli appellò Rumulo & Rumeno dall'euento &c. Et quanto a matrimonij di questa Acca, Macrobio nel I. lib. a cap. 5. dice, che regnando Anco Martio in Roma, auenne che vn Sagrestano del Tempio di Hercole vn dì festiuo, nel quale staua in otio, inuitò lo Dio Hercole à giocare a dadi con esso, con patto, che chi perdesse, pagasse vna cena, & prouedesse al vincitore di vna cortigiana. Et così gittando il Sacerdote i dadi, hora per se, & hora per Hercole, alla fine Hercole vinse il giuoco. onde il Sacerdote apparecchiata vna cena, & chiusa nel tempio Acca Laurentia nobilissima cortigiana in quel tēpn: il dì seguente si leuò vna voce, che costei dopo hauer dormito con Hercole, hebbe in dono da lui, che nō si facesse punto beffe dell'occasione che le fosse incontrata per via andando ella à casa. Onde ella vscita del tempio si incontrò in Carutio, il quale preso dalla sua bellezza, la tolse per moglie. Dopo la cui morte, trouandosi ella ricchissima: venuta anco essa à morte lasciò herede il popolo Romano. onde Anco fece porre la statua di costei nel Velabro luogo celeberrimo della città. & volle, che se le facesse vn solenne sacrifitio. Della medesima Acca, dice Macrob. nel I. delle sue historie, per auttorità del predetto Macro, ch'ella fu moglie di Faustolo, & nutrice di Romolo & di Remo. & ch'ella regnando Romolo, si maritò à vn certo Carutio Toscano ricchissima persona. onde fatta ricca, & venuta à morte, lasciò la heredità a Romolo, il quale ella haueua nutrito. Et ch'egli però volle, che le fosse consacrato vn giorno solenne & vn sacrifitio.

g Trometina } Cognome di Celio, dal quale fu cognominato il monte Celio.

Q. FABIO.

a Questa è l'origine della antica città di Roma, habitara solamente
b ne sette colli con l'arco del terreno. Ma hora si è distesa in immenso
c da questi colli in altri colli & in altre ualli. Ora i nomi della mede-
d sima Roma uecchia sono questi. I nomi de Colli, Capitolio, a Qui-
e rinale, Esquilino, Palatino, Celio, Celiolo, b Ramutio detto an-
f co Auentino. Ma nella pianura sono questi nomi. Libisso, c Circo
g Massimo, Foro Transitorio, Argileto di sopra, Argileto di sotto, Via
h d Sacra, e Senacolo, f Concordia, g Grecostasi, h Tempio di Satur-
i no, Vertunno, detto anco Iano Quadrifonte, il i Foro Boario, k Vi-
k co lungo, l Vico m Stellatino, Sabatino, Laterniano detto anco Veien-
l te, & Falisco. & questi cognomi gli hebbero da i Toscani che ue-
m niuano a stare a Roma.

DICHIARATIONE.

a Quirinale } Così detto dal Tempio di Iunone Sabina, laquale essi chiamauano Curim, che i Romani dicono Quirin, cioè hastata.

b Ramurio } Da Remo, al quale fu consacrato, come s'è detto di sopra.

c Circo Massimo } S'è detto nella regione II. di P. Vittore cioche è Circo Massimo. Ma cioche vi fosse di statue, di Templi, & d'altri ornamenti, si tratta amplamente nel 4 lib. a cap. 12. del Marliano.

d Via Sacra } Cominciaua dalla Corte vecchia nell'angolo del monte Palatino, presso all'arco di Costantino. Fu detta sacra; perche gli auguri uscendo della Rocca: caminauano per essa augurando & ogni mese portauano per essa alla Rocca, le cose sacre. ouero perche in essa fu fatta la confederatione fra Romolo & Tatio. & si dice che Anco Martio habitaua in questo luogo.

e Senacolo } Luogo doue i Senatori s'adunauano per consultar le cose di stato. Scriue Valerio Massimo, che il Senato costumò di habitare presso al Senacolo: per esser presso quando era chiamato a Corte. Et vi furono tre Senacoli. L'vno doue è il Tempio della Concordia fra il Campidoglio & la piazza doue sedeuano i Magistrati col Senato, hora dirimpetto alla Chiesa di S. Cosmo. L'altro era alla porta Capena. & l'vltimo presso al Tempio di Bellona.

f Concordia } Questo Tempio fu fatto nel piano del Tempio di Volcano, da Fuluio, 303 anni dopo l'edificatione del Campidoglio: hauendo fatto voto alla Dea della Concordia di fabricarlo, se l'ordine Equestre & de Caualieri si fosse rapacificato col Senato. Fu poi fabricato delle condannagioni de gli vsurari, alle radici del monte Palatino: & restaurato da Opimio Console. Plinio scrisse che nel suo Cimiterio, vi pioue sangue due volte. Vi era anco vn'altro Tempio tale, dedicato da Camillo.

g Grecostasi } Era luogo doue vsauano di stare gli ambasciadori delle nationi forestiere, fino che fossero chiamati in Senato alla audientia. Vedi in Pub. Vittore, alla voce Grecostasi nell'annotationi.

h Tempio di Saturno } Erano due. l'vno era al sasso di Carmenta auanti al Campidoglio, l'altro, doue hora è la chiesa di san Saluadore; doue era l'Erario publico de Romani. Nel qual Tempio era la Statua di Iano Quadrifronte dedicata da Catulo Luttatio.

i Foro Boario } Vicino al Velabro & Iano, fra il monte Palatino & la Scola Greca presso alla Chiesa di S. Gregorio. Vi fu anticamente vn toro di bronzo; dal quale vogliono alcuno che il luogo fosse detto Foro Boario. Altri dicono: perche vi si faceua il mercato de Buoi: o perche gli antichi vsauano di sacrificarui i buoi, o perche Euandro in sacrificò vn bue, poi che Hercole bebbe ammazzato Cacco, & ricuperati i buoi che gli erano stati rubati.

k Vico lungo } Così detto dalla voce lunga, che significa hasta: percioche

Hercole

ANTICHITA

Hercole Egittio vi bastò, cioè coronò Tusso suo figliuolo.
- l Vico d'Arno } Et qui stauano gli Arniesi, cioè i Fluentini, detti poi Fiorentini, però secondo l'opinione di Plinio, co quali s'intendono essere anco i Fiesolani.
- m Vico Stellatino } Doue stauano i Pratesi, & Pistolesi, detti Stellatini dal nome del fiume Stella vicino a quelle terre. & cosi de gli altri vecchi.

Q. FABIO.

- a Oltre à ciò [a] l'ara di Hercole, doue è l'Olimpo. & il principio del sacro Erario congiuntamente da Germali alla via sacra onde uenne anco l'origine del nome. Il [b] Foro Piscatorio, la porta Carmentale, il
- b
- c Tempio della [c] Pudicitia, la [d] rotonda di Hercole, il Foro [e] Venale, il
- d [f] Lago Curtio, la [g] Suburra, il Suburbano, la Saturnia doue al presen
- e te è il suo Tempio & l'Erario. Queste cose sono doue è Roma vecchia
- f [h] In parte di Roma sono i luoghi di Etruria [i] Antipoli, Ianicolo, Vati-
- g cano & il Tebro, termine & confino dell'Imperio Voltureno, fra i
- h vecchi Iano & Saturno, il quale da Volturena città capo del detto
- i Imperio, fu per accorciamento detto Volturno, & perciò Toscano & non latino. Ma che Volturno senza accorciamento sia nome primitiuo lo dinota il fiume in Samnio, & una terra Romana su le maremme, dal quale Volturno è Dio Tiberino nel Latio, si come anco Volturno è capo dell'Imperio nell'Etruria. Onde perciò Roma, & l'Etruria dice ch'è suo Dio Tiberino. & il medesimo, Latio Vertunno, detto anco da questi Vadimona.

DICHIARATIONE.

- a Ara di Hercole } Altare consacrato a Hercole da Euandro.
- b Foro piscatorio } doue si vende il pesce, posto al presente tra S. Maria in Tortico, & l'Egittiaca : fra la porta Carmentale, non molto discosto dal Foro Boario.
- c Della Pudicitia } Furono in Roma diuersi Templi consacrati alla Pudicitia, fra quali ve ne era vno vicino al Tempio di Hercole, dedicato alla Pudicitia Patritia da Emilio : & non era lecito alle plebee d'andarni. Onde vna certa donzella plebea, ne fece vn'altro, dal quale erano scacciate le donzelle patritie che hauessero voluto andarni.
- d Rotonda di Hercole } Era nel Foro Boario in forma rotōda presso alla Scola greca, & dedicato à Hercole Vincitore. Dicono ch'era di tanta veneratione, che non vi entrauano, nè mosche nè cani. perche sacrificando Hercole co

le co suoi sacerdoti impetrò questa gratia da Miagro Dio dell'adunanza delle mosche. Et hauendo lasciata la sua mazza ferrata su l'uscio: i cani vedendola si fuggirono.

e Foro uenale } cioè doue si vendeuano o merci, o cose da mangiare.

f Lago Curtio } Questo fu nel mezzo del Foro, presso al cauallo di Domitiano. Prese il nome da Curtio che si gettò volontariamente armato à cauallo per la Rep. essendoui nato nel mezzo vn foro profondo nella terra. Vedi Liuio che ne tratta amplamente.

g Suburra } Vedi nella 3. regione di P. Vittore alla voce Suburra, nell'annotationi.

h In parte di Roma } Percioche il Teuero che diuide l'Etruria dal Latio; ha parte di la di Etruria, & di qua del territorio Romano.

i Antipoli } Parte del Ianicolo.

a C. SEMPRONIO
DELLA DIVISIONE D'ITALIA,
& dell'origine della città di Roma.

Vtta la Italia [b] comincia da i gioghi dell'alpi, & finisce in Leucopettra, & nel mare Siciliano. E cinta di sopra & di sotto dal mare: & è diuisa dall'Apenino: ilquale nascendo da i gioghi dell'alpi, & discorrendo per mezzo Italia da i Liguri fino in Ancona, & di quindi riuolgendosi a
c poco a poco fino a [c] Venusia, diuide quiui l'Italia per trauerso, toccá
d do dall'una pare Brŏdusio, & dall'altra Velia, intorno al [d] seno Taren
f tino, ilquale tennero prima gli [f] Ausonii, & poi gli Aborigini Greci
g dopo Enotrio Arcade, da quali è chiamata [g] Magna Grecia. nella
h qual sono gli Enotrii, i Calabri, i Salentini, la Magna Grecia, & i [h] Bru
i tii. Ma anticamente l'Italia si diuideua nel mezzo, in [i] Cisalpina sul
k mar di sotto, & in [k] Transapenina su quel di sopra; & in alpi da i [l] Rhe
l ti sino a Liguri.

DICHIARATIONE.

a C. Sempronio } *Fu illustre fra i gentilhuomini Romani. & ne fa mentione Dionisio Alicarnasseo nel primo lib. Scriue intorno alla diuisione d'Italia, & all'origine di Roma. Ma si ha da notare, che chi vuole intendere apertamente questa sua diuisione, si metta inanzi a gli occhi la figura d'Italia di Tolomeo: percioche Sempronio fa la sua diuisione su quella figura: & gli sarà facile l'intelligenza del presente trattato.*
b Leucopetra } *Promontorio nel Contado di Reggio, o Reghino, dirimpetto all'isola di Sicilia, chiamato Pietrabianca da Latini.*
c Venusia } *Città nel confino della Lucania, & della Puglia, detta hoggi Venosa. illustre per lo nome di Horatio Poeta celeberrimo.*
d Brundusio } *hoggi chiamato volgarmente Brandizzo.*

DEL MONDO.

e Seno Tarentino } Colfo di Taranto.
f Ausonii } Da qual'altre volte l'Italia fu chiamata Ausonia.
g Magna Grecia } Calabria, come s'è detto di sopra in Fabio Pittore.
h Bruzij } Abruzesi popoli.
i Cisalpenina } Cioè di qua dall'Apenino nel mare di sotto.
k Transapenina } di là dall'Apenino sul mar di sopra.
l Rhetii } Hoggi detti Grisoni.

Divisione dell'Alpi.

L'alpi si dividono in tre parti, la prima de Liguri, perche nascono da
a loro. L'altra da ^{a} Nicea fino a ^{b} Penino, & da questo fino al ^{c} monte
b Ocra detto Penino dal transito d'Annibale. La terza Taurisana fino
c in Istria. Di tutte l'alpi, fuori che de ^{d} Liguri, è notissimo, che l'origi-
d ne è Etrusca, & spetialmente de Rhetii.

DICHIARATIONE.

a Nicea } Hoggi detta Nizza.
b Penino } chiamato così per lo passaggio de Peni, cioè Cartaginesi in Italia, sot
  to la condotta d'Annibale, onde è molta differenza da Penino ad Apennino,
  derivando l'vno da Peni, & l'altro da Apenio fu Re d'Italia.
c Monte Ocra } Questo soprastà alla provincia di Venetia, dalla città di Tre-
  to fino al Tagliamento. & dal fiume Tagliamento fino all'Istria, tutto quel
  corso d'alpi è detto Taurisane.
d Liguri } & Liguria, cioè il Genouesato con le sue montagne, così detto da Ligure figliuolo di Fetonte.
e Rhetij } Che hoggi sono detti Grisoni.

Dello Apennino.

a L'apennino si divide in Liguri ^{a} Montani, ^{b} Apuani, Vmbri, Sabini,
b Sabelli, & Etruschi. Sono detti Liguri da Ligure figliuolo di Fetonte
Ilquale primo di tutti gli altri per molti secoli inanzi a Greci, condusse colonie in Italia, dall'Attica: & le aggiunse, & mescolò con gli antichissimi popoli d'Italia, dalle bocche Tiberine fino a Nicea, per questo gli antichi chiamarono tutta la parte marittima Liguria. Et però
parte dell'Apennino nutrisce i Liguri montani da Nicea fino a forti
della Magra, l'origine de quali venne da Genio & da Ligure. Ma da

fonte

ANTICHITA'

fonte della Magra fino alle fonti del Tebro, habitanò l'Apennino i Liguri Apuani, nati da gli Etruschi, & cognominati cosi da gli antichi
c Galli, come scriue Augusto. Ma i monti che sono dal fiume ᶜNar fino a fonti del Silare, sono tenuti da Sabini, de quali fu origine Saga, perche Sangni fu cittadino di Sabo. Questi poco inazi alla touina di Troia, impararono le discipline Etrusche: & hebbero le ragioni diuine, & humane da Megare Tirrheno. Et di nuouo dal fonte del Silare fino al
d le fonti del Volturreno & di Sarno, habitano i ᵈ Sabelli prole de Sabini, i quali da Romani sono chiamati Sanniti, & da Greci Sauniti. Et la portione dell'Apennino da fonti di Sarno fino alla Magna Grecia, la tennero i Toschi, & il rimanente i Greci. & tanto basti della diuisione dell'Apennino, & dell'Alpi, & dell'origine de gli habitatori di esso.

DICHIARATIONE.

a Montani } *Perche sono accosto alla montagna: & habitano fino a fonti del fiume detto Macra da Latini, & volgarmente Magra.*

b Apuani } *dalla città Apua: hoggi chiamata Pontremoli, & questi Apuani sono hoggi i Carraresi, detti cosi dalla città chiamata Cariara che vuol dir Luna: onde il paese tutto è detto Lunigiana. La qual Carrara con Massa insieme è posseduta al presente da Alberico Cybò Principe di molto valore. Oltre a ciò i Casfroniani cosi detti dal bosco di Feronia hora chiamati Pietrasantesi: & corrottamente la Garfignana fino a Pescia. Et gli Stellatini detti dal fiume Stella per le montagne di Pistoia fino a Fiesole, poco discosto da Fiorenza, & di quindi fino alle fonti del Teuero, doue sono anco quelle d'Arno, onde però è detto fratello del Teuero, sono i Montani Clusentini, che hoggi si chiamano corrottamente Casentini.*

c Nar } *Dalquale fu detta la città di Narni; il qual fiume nasce all'intorno di Orti, terra Toscana.*

d Sabelli } *detti anco Sanniti.*

Della diuisione d'Italia piana.

L'Italia di qua dall'Apenino è diuisa da fiumi: & il medesimo di là
a dall'Apennino. Il ᵃ Po fiume, diuise prima la Gallia ᵇ Cisalpina: & i
b Toscani tennero tutta la ᶜ Cispadana hauendoui mandato colonie.
c La prima famiglia Doria de Toscani: habitò nel principio, dalla colonia Asca fino a Parma: dalla quale il fiume fu cognominato Doria: & il paese parimente Doria, che hora è detto Emilia. Da Parma fino a Bologna, è detta ᶠ Bianora, al presente Aurelia, per lo nome d'vn Capitano.

DEL MONDO.

g pitano. La ^g Flaminia parimente da Bologna fino al fiume Rubicone
h per auanti detta ^h Felsina, da un principe d'Etruria, mandate colo-
i nie de Lamoni, dal Rubicone fino ad Ancona, è detta ⁱ Gallia Toga-
k ta de ^k Senoni; iquali sotto la condotta d'Arunte: furono i primi a discender dall'alpi in Italia: da quali furono scacciati a poco a poco gli
Etruschi dalla regione Cispadana, & Traspadana, che hora ha nome
di Gallie. Ma che la regione Traspadana fosse prole de Toschi, si ac-
cordano tutti gli auttori:& restano le vestigie, la città di Mantoua, &
l il lago detto Lario,^l per origine Etrusca, perche tutti quei luoghi furono fino dal principio posseduti da i Patritii Voltureni fino a Verona. Quinci la Valle intorno al lago Lario, fu detta Volturrena da Prin
m cipi, & Verona, da ^m Vera famiglia Toscana; & anco il fiume di Verona
fa argomento che fosse detto da Atria loro colonia. Percioche gli Etru
schi tennero fino al fiume Atriano, ch'è il confino fra i Volturreni, & le
n ⁿ Venetie. Et nel principio le Venetie furono habitate da Fetontei, &
poi da i Troiani che si mescolarono con loro. In tutto questo che si dice dell'Italia Transapennina, & del monte Apennino, gli auttori si con
cordano insieme.

DICHIARATIONE.

a Pò } *Padus, Eridanus. Nasce questo fiume dal monte Vesulo che è vicino al mar di sotto, & va scorrendo fino al mar di sopra. Fu detto Pado, dall'albero che produce la pece. ouero l'albero chiamato pecio, ch'i Galli dicono Pado. percioche all'intorno del suo fonte dicono che vi si troua della pece: & di cose fatte alberi. Plinio nel 3. lib. a cap. 16. fauellando di questo fiume dice. Padus in gremio Vetuli montis, celsissimum in cacumine elati, finibus Ligurum Vagiennorum nisendo fonte profluens, condensáq; sese cuniculo, & in Foroniebiensum agro iterum exoriens, nulli amnium claritate inferior, Græcis dictus Eridanus ac pœna Phaetontis illustratus, augetur a canis ortus &c.*

b Cesalpina } *di qua dall'alpi.*

c Cispadana } *Di qua da Pò.*

d Doria } *Che secondo Tolomeo, nasce nell'alpi vicine ad Asti: & sbocca nel Pò sopra a Dertona.*

e Parma } *voce Etrusca, & significa capo di colonie & di popoli, solamente nella prouincia Bianora. chiamata poi Emilia: & hora detta Lombardia.*

f Bianora } *Da Ocno Etrusco Larthe.*

g Flaminia } *hoggi Romagna, da Flaminio Romano.*

h Felsina } *Bologna, per lo nome di Felsino Etrusco.*

i Gallia Togata } *detta hoggi Romagna.*

k Senoni } *Galli che vennero a Roma: rotti da Furio Camillo.*

H   Lario

ANTICHITÁ

l Lario ⟩ Lago maggiore, posto sopra Coma: detto lago di Como.

m Vera ⟩ Famiglia nobile. Dicono che di questa famiglia furono Imperadori Antonino & Commodo, come scriue Elio Spartiano.

n Venetie ⟩ Venetiarum, percioch'era nome di prouincia con molte città, i cui habitatori furono Fetontei, venuti in Italia con Fetonte padre di Ligure. Ma rouinata Troia, vennero gli Heneti: & si mescolarono co Fetontei, & chiamarono la prouincia Enetia & poi Venetia: Ma edificata nelle lagune, Venetia città principalissima fra tutte l'altre del mondo per infinite sue doti & qualità, fra lequali è principalissima la libertà, & la giustitia, la prouincia perdè il nome, & rimase solamente alla città, regina del mare.

Dell'Italia Transalpina.

Gli antichi partirono la Trasapenina sul mar di sotto per fiumi. percioche da Nicea alla Macra: tengono i Liguri montani, per origine Fetontei. Dalla Macra fino ad ^a Arno, & al porto di ^b Ligurno, habitano gli Etruschi, cognominati Liguri Apuani. A questi seguitano i Liguri Etruschi Populonij, dal porto di Ligurno, fino al capo d'Etruria; dal quale fino al Tebro sono gli Etruschi Liguri Tirrheni; nequali sono campi pieni di sassi piouuti dal cielo, illustri per la pugna di Hercole, detti ancora ^d Lamoni da Lamone figliuolo di Hercole. Con pari forma trascorrendo dall'vltima Italia fino al Tebro & a Roma; i ^e Lucani tengono da ^f Velia fino al fiume Silari, nati da Lucio capo de Sanniti. Dal detto, fino al fiume Sarno habitano i ^g Picentini. Et dal Sarno al fiume Volturno, furono i Cumani, iquali gli Etruschi, quantunque comandassero a tutta Italia; non poterono con forza alcuna rimuouere dal paese loro o soggiogarli. Dal fiume Volturno fino al Silari, fu l'antiquissimo terreno de gli Etruschi, nelquale fabricarono ^h Osca, detta poi ⁱ Capua. Ma dal ^k fiume Liri fino al Tebro, fu Saturno con gli antichi Aborigini, originati da gli Vmbri, & Cameseni, doue è il monte Capitolino, habitato nel secolo d'oro da Saturno; doue hora è l'aurea Roma ^l capo delle terre.

a
b
c
d
e
f
g
h
i
k

DICHIARATIONE.

a Arno ⟩ Fiume o torrente che passa per Fiorenza, cosi detto da Hercole, percioche hauendo esso fatto vn taglio nelle paludi ch'erano in quel paese, è a punto colà che si chiama hora il taglio della Golfolina: & ridotte le paludi a fiume: gli messe nome Arno, che significa lione famoso: ilquale era vno de cognomi del predetto Hercole.

Ligurno

b Ligurno } *detto cosi da Ligure figliuolo di Fetonte, hoggi chiamato Liuorno, porto fortissimo in Toscana & posseduto dal gran Duca di Toscana.*
c Populonii } *che hora sono i popoli di Piombino, altri dicono di Poppi.*
d Lamoni } *che hoggi si dice Val di Lamona.*
e Lucani } *popoli di Basilicata.*
f Velia } *finitima alla Calabria venendo verso Roma.*
g Picentini } *hoggi i popoli Anconitani.*
h Osca } *Osco fu Larthe d'Etruria, la cui insegna, come s'è detto altroue, era vn serpente. & da lui la città di Capua fu detta Osca. & i popoli di Terracina auanti che fosse Capua erano detti Volosci, & per accorciamento Volsci, quasi antichi Osci.*
i Capua } *detta dall'augurio Capis, che in lingua Osca significa falcone. & detta anco Volturnaio dal fiume Volturno ch'è le vicino, o dalla voce Volturna, ch'in lingua Osca & Etrusca, significa Campestre.*
k Fiume Liri } *detto hoggi il Gariogliano.*
l Capo delle terre } *cioè capo del mondo.*

C. SEMPRONIO.

Onde poco consideratamente scriuono alcuni, che Roma fu cominciata, fabricata, & appellata Roma da Romolo ne gli vltimi secoli, nó
a si trouando nessuna è delle predette tre cose, rammemorata presso a nostri maggiori: anzi essendo stato scritto da loro il contrario. Percio che Roma non ha il nome da Romolo, conciosia che Faustulo Etrusco & regio pastore, pose nome a Gemelli non Remo & Romolo, ma gli appellò Rumulo & Rumeno dall'euento, con nomi che sono Etruschi.
b Altramente il nome di Roma, & l'origine del nome b sarebbe diuolgata & manifesta, laquale la religione comandò che fosse saluberrima cosa, che fosse occulta. accioche, se l'origine del nome di Roma fosse palese, & il suo Dio, nella cui guardia, & tutela è Roma, & dalquale ha
c la sua deriuatione, fosse noto alle genti, non fosse scongiurato o euocato come gli altri. La onde per questo si celebra il giorno di Angerona Dea del Silentio, fuori de Templi, inanzi a dì festiui di Iano, accio che non sia lecito a nessuno di chiamarlo o nominarlo publicamente il che gli antichi della Repub. vollono che si tenesse secreto: & il primo che per ciò fosse punito, per hauer violata la religione, fu Sorano.

DICHIARATIONE.

a Delle predette tre cose } *cioè che fosse cominciata ad habitarsi da Romolo, perche fu habitata da Saturno piu di 1100 anni auanti a Romolo. che fosse* fabricata da Romolo: hauendo prima auanti a lui, Saturno fabricata Saturnia alle radici del Campidoglio. & Italo la città di Capena nell'Auentino, & Roma sua figliuola la città di Roma sul monte Palatino. & che questo nome di Roma si deriui da Romolo, percioche egli per l'accidente della Lupa: fu chiamato Rumulo, & Rumo, dalla voce Ruma, ch'in lingua Etrusca, come s'è detto, significa poppa o mammella: Onde Faustolo pose nome loro Rumulo & Rumo: perchi furono la prima volta lattati dalle poppe della lupa. onde fu poi detto il fico ruminale, doue furono esposti i bambini.

b Diuolgata } percioche era comandato che il nome proprio del Dio della città non si sapeße. ilquale si crede che fosse Romaneßo: si come di sopra habbiamo detto: sotto questa voce Romaneßo, in Beroso. però vedi la tauola, a Romaneßo.

c Euocato } cioè trattò fuori, tirato a se. & è voce Latina de gli antichi, i quali diceuano Euocare Deos, cioè chiamar a loro con preghiere, quelle deità ch'essi pensauano che fossero in difesa di alcuna città ch'essi assediauano. accioche abbandonato & lasciando quella tal città: passassero a quell'altra dellaquale erano cittadini quelli che assediauano. Percioche gli antichi haueuano per cosa scelerata l'oppugnare alcuna città, se prima non euocauano i suoi Dei Tutelari, & auocati d'essa: accioche non pareße ch'essi combatteßero contra gli Dei, o prendendo quella tal città, prendessero & facessero prigioni, insieme con gli huomini, anco gli Dij, & di cotal euocationi o preghiere, questa era la forma de Romani. Si Deus, si Dea est, cui populus ciuitasq́, Cartagimensis est in tutela. teq́ maxime ille, qui Vrbis huius populiq́, tutelam recepisti, precor, veneror q́, veniamq́ a vobis peto, vt vos populum, ciuitateq́, Cartaginensium deseratis, loca, templa, sacra: vrbemq́ eorum relinquatis, absque his abeatis, eique populo ciuitatiq́, metum formidinem, obliuionem inijciatis, proditiq́ Romam ad me meosq́, veniatis: nostraq́, vobis loca, templa, sacra, vrbs acceptior, probatiorq́, sit, mihi quoque populoq́, Romano, militibusq́, meis præpositi sitis, vt sciamus, intelligamusq́. Si ita feceritis, voueo vobis templa, ludosq́, facturum.

d Sorano } Valerio Sorano, ilquale lo palesò, onde perciò fu punito, come scriue anco Solino nel primo.

C. SEMPRONIO.

Non è adunque Roma detta da Romolo: ma per lo contrario piu tosto Romolo, hebbe nome da essa Roma, dellaquale è cosi occulta la deriuatione. laqual si legge che si cominciò ad habitare poco piu di 800 anni auāti a Romolo da Italo, nell'Auētina Capena: & la sua figliola Roma nel colle Palatino. Et piu di 300 anni innāzi a costoro nel secolo d'oro da Saturno: doue è hora il tempio di Saturno, alle radici del colle

DEL MONDO.

a colle Capitolino. Ma Romolo solamente rese & fece [a] quadrata & regia, la picciola terricciuola di Roma nel colle Palatino: dellaquale erano quattro portioni, Roma, Vellia, Germallia doue era il fico ruminale, & le case di Rumulo, detto poi dall'occulta deriuatione dello Dio, Romolo. Egli la fabricò, hauendo chiamati a se indouini suoi amici Etruschi. ilquale comandò che fosse cinto col sacro aratro intorno al colle Palatino, la fossa doue è il capo erto del Tauro, & il pomerio,
b [b]Sacrati all'auspicio del prudente indouino: a 21 di Aprile, nella hora fra la seconda: & la terza, essendo il Sole in Tauro, la Luna in Libra, Saturno; Venere, Marte, & Mercurio in Scorpione, & Gioue ne pesci, come scriue Lucio Carrutio peritissimo oltre a tutti gli altri Mathematici.

DICHIARATIONE.

a Quadrata } *perciochè haueua quattro portioni come si è detto. & Regia, cioè Metropoli, capo, & città per la habitatione del Re.*
b Sacrati } *cioè la fossa, & il pomerio, al punto che diede il Vate & indouino, nel giorno, & nella hora ch'egli haueua calculato che fosse buona & felice per la consacratione d'essa città.*

C. SEMPRONIO.

Sono alcuni che dicono che fu fabricata nella 12 Olimpiade, & altri nell'ottaua; altri nella settima, & molti nella sesta non finita. Ma a tutti
a questi preuale, la [a]inuitta regola, come dicono, di Eratostene. Ma conferendo Pomponio Attico alla presenza del Senato, & di huomini dottissimi, i certissimi tempi de Greci, fu trouato, che da Enea, & dalla rouina di Troia per i tempi de i Re Latini, fino a Romolo già creato Re, corsero intorno a 430 anni, onde non è dubbio che Roma fu fatta
c nella [c] settima Olimpiade, ò uero nel suo secondo anno. & fu fatta la prima uolta sul monte Palatino. Conchiusa poi la confederatione fra
d i Sabini, & i Toscani, i [d] Sabini habitarono il Capitolio, & il Quirinale, nelquale da poi stette Numa. Romolo, & i Rumnesi, i Rumanesi lo Esquilino, il palatino, & il Celio. I Toscani Luceri, il Viminale con la ualle iui giacente: fino al Tempio di Saturno, & alle radici del Capitolio al fratello Rumo rimase l'Auentino nel tempo di Romolo.

DICHIARATIONE.

a inuitta regola } *Era chiamata quella d'Eratostene, da i Metamici, per la quale trouaua il tempo vero, cioè inuincibile, & che non si poteua confutare.*

ANTICHITÀ

b Pomponio Attico } huomo dottissimo: & amantissimo della patria: presso alquale s'accostauano i virtuosi del tempo suo. Celebre molto per le lettere di Cicerone indirizzate a lui. & per alcune cose che si trouano da lui scritte, & famoso presso a gli altri scrittori latini. Delquale fu scritta la vita, & aggiunta a quelle di Plutarco da Cornelio Nepote.

c Settima Olimpiade } che fu l'anno del mondo 3209 o vero 3210, & auanti alla venuta di Christo 753 .o vero 752, che sarebbono dall'edificatione di Roma fino al presente anno 1582 a 5 di Marzo 2335, o vero 2334 anni.

d Sabini habitarono } Vedi pienamente questa materia di sopra in Fabio Pittore.

C. SEMPRONIO.

Queste sono le vere antichità & origini, tanto della prisca Italia, quan-
a to della città di Roma. co quali essendosi mescolati ᵃ piu Greci ne tẽ di vltimi passati in Italia, la Grecia stimò per questo falsamente, con vana leggerezza, & con fauole, ch'Italia nel principio hauesse origine da loro. Et chi è de gli antichissimi, che non scriua, ch'il Ianicolo, & i Galli Etruschi vecchi, furono fondati da Iano? & nondimeno molti de Greci scriuono che furono posti da Turrheno Lido, ilquale si può dire che fu hieri. Anzi di piu, non si vergognarono d'affermare, che Turrhena Regia de Toscani, fosse Roma, tanta è la imprudenza loro con la iattantia, ch'essi spesso dicono con aperte bugie, d'esser i conditori di tutte le genti, de gli Imperij, & di tutte le preclarissime città.

DICHIARATIONE.

a Piu Greci } Adunque Sempronio conchiude, & questa è la sua finale intentione, ch'Italia, non fu originata da Greci, come essi si vantano, ma per molte centinaia d'anni auanti a essi Greci, da Iano, da Saturno da Camese, & da gli altri de quali si è veduto di sopra. Onde manifestamente restano in bugia: si come dice anco Portio Catone, nel principio del suo libro, riprendendo agramente la loro iattantia, & prosuntione.

FRAGMENTI DI M. PORTIO CATONE,

DE I LIBRI DELLE ORIGINI,

I Greci [b] s'allargauo di già con tanta sfacciata arroganza, che non hauendo alcuno, vn pezzo fa, risposto loro, sauo leggiano liberamente, non per ragione, o per auttorità di alcun certo scrittore, ma per sola pazzia, ch'Italia è [c] nata da loro, & che la medesima è spuria, & insieme sporca, & nouella. La onde, io delibero al presente di scriuere, per fare anco strada à tutti gli altri Latini, di tutte quelle memorie che sono state fatte dalle genti, delle cose d'Italia, & che hora sono (così volendo gli Iddij) sottoposte all'Imperio Romano.

DICHIARATIONE.

a Fragmenti } *Auanzi, & ragionamenti rotti & non continouati di Marco Portio Catone, del quale fa mentione Dionisio Alicarnasseo nel primo libro: & di Sempronio parimente, che scrissero amendue dell'origini delle genti, & delle città d'Italia.*

b S'allargano } *Doue finisce Sempronio: comincia Catone à riprendere i Greci, i quali vantandosi d'hauer dato origine all' Italia, si rideuano de Romani, & di essa Italia.*

c Spuria } *Chiamando Italia Spuria, cioè non legittima & bastarda, & sporca, & nouissima, come quella che era piena di barbare nationi, cioè del sangue de Troiani, & d'altri così fatti. percioche i Greci chiamano barbare tutte l'altre nationi dalla loro in fuori: la quale essi reputano nobile & gentile: come si vede in Tucidide nel lib. 1. della Morea, doue dice. Potiamo in questo mezzo mettere in ordine le cose nostre, con radunare i nostri confederati, tanto i Greci quanto i Barbari, se da lato veruno potremo hauere qualche aiuto, ò d'armata, o di danari.*

d Sottoposti } *Quasi volendo inferire. Quelli che ne chiamano barbari, spurij, sporchi, & nouelli, & che si ridono del fatto nostro: con tutto che si facciano gentili, saui, & legittimi, sono venuti sotto à quello Imperio, del quale*

ANTICHITA

si rideuano. perche è permissione di Dio, che chi si ride d'altri & schernisce altri, sia anco esso schernito & beffato : con tanto piu dolore, con quanto è maggiore il dispiacere per essere stati gli schernitori i primi a prouocarsi & tirarsi addosso la vergogna.

CATONE.

a L'origine d'Italia [a] fu splendidissima, cosi per tempo come per origine della gente. percioch'ella cominciò nel secolo d'oro, sotto Principi Dij, Iano, Camese, Saturno, gente Fenice & Saga. La qual prima, mandò le colonie per il mondo, dopo la inondatione delle terre. Ma dell'origine del mondo, gli auttori non hanno tutti vna medesima o-
b pinione; conciosia che i Caldei si persuadono la [b] sempiternità, ma
c à [c] Fenici, & a Saghi piace piu l'origine sua. Ben queste due genti si conuengono insieme, che le terre furono inondate intorno à 250 anni auanti Nino, ne quali durò il secolo d'oro, & che il genere de mortali rinacque nella Scithia Saga. Ma in qualunque modo si sia, o che tu stimi il mondo ab eterno, & ch'il fuoco nel principio tenesse il tut-
d to. & che gli elementi congiungendosi insieme ne suoi luoghi [d] producessero gli huomini, o che come si dice, l'acque inondassero le ter-
e re inanzi al secolo d'oro, & che [e] seccato il terreno gli huomini apparissero, il principato veramente dell'origine è sempre stato attribuito à gli Sciti, da quali accresciuti, furono mandate colonie per lo mon-
f do. Et che di questi venisse Iano, con [f] Dirim, & co [g] Galli, progenito-
g ri de gli [h] Vmbri, & che menato con naue per lo Tebro con coloni, te-
h nesse l'Etruria alla sinistra del Tebro, doue pose la prima volta in ter-
i ra, colonie; & ch'egli insieme fosse reputato & detto Dio [i] Vaticano. & che la contrada fosse chiamata Vaticana, cioè vagicana; perche Iano vi riceuesse Italia in braccio quasi come in cuna, nata la prima volta, & piangente. Et che quindi partitosi di Vaticano co coloni, fondasse la Regia nel tratto dell'Vmbria, & consacrasse l'Olimpo del Tempio & la fossa, & dedicasse la Tirrhena Augustale, non molto discosto dalla Regia; doue s'adunassero le dodici colonie, à salutare il Re
k ogni mese nel far della Luna. & indi asegnassero i fasci à dodici co-
l lonie, per contenere i rozzi in offitio, distribuendo a ogni Littore Pre-
m toriano 24 huomini liberi, & armati. Et pose [k] le colonie alle ripe Ti-
n berine il Ianicolo, & Arin Iano: [l] Altrettante alle ripe d'Arno Fiesole
o & Arin Iano. Al lido Etrusco quattro; [m] Feregene, [n] Volce, [o] Volater-
p ra, [p] Cariara, la quale in Latino si chiama anco Luna. Fra terra quat-
q tro, [q] Ogigiano, [r] Aretio, [s] Rosella, [t] Volsinio. Poco dopo permesse il
r destro lato del Tebro à suoi [u] Reguli, Camese; dal quale sono due Ca-

mesenue

f mesenue, & Saturno, dal quale venne già Saturnia che hora è il Capitolio & da lei per largo Saturnia. Questa fu la prima origine d'Italia, & certo angustissima in quell'età d'oro.

DICHIARATIONE.

a *Fu splendidissima* } *cioè chiarissima, & nobilissima per due cose, per il tempo. perche cominciò ad essere habitata poco dopo il diluuio. & per gli huomini, perche vi vennero Dij, cioè principalissimi fra tutti gli altri, cioè Iano, detto Cielo, Ogigi, Vertunno &c. il quale partitosi dell'Armenia Saga, & fatto qualche altro viaggio, venne per acqua nel paese, che fu detto poi Italia: & doue fu fatta Roma, & questo fu l'anno del mondo 1765. & auanti alla venuta di Christo 2196, che sono fino à questa hora 3778 anni, secondo Gian Lucido; il quale io seguito nel computo de gli anni del mondo, come diligentissimo fra tutti gli altri. La quale historia i Greci non hanno saputa se non da barbari. percioche i Greci danno il principio de tempi da Nino: & nondimeno per 250 anni auanti Nino: fu signoreggiata la Italia, & vi furono diuersi capi, si come di sopra in Sempronio, in Fabio Pittore, in Beroso, & in altri si è potuto vedere.*

b *Sempiternità* } *Chiarisce i Caldei, & chiarisce tutti i Filosofi che furono giamai occupati intorno à questo pensiero, se il mondo sia eterno, il sapientissimo Moise, tanto amico di Dio, dalquale seppe ogni cosa, dicendo. In principio creauit Deus coelum & terram. Terra autem erat inanis & vacua. & tenebre erant super faciem abissi, & spiritus Domini ferebatur super aquas, &c.*

c *A Fenici* } *Percioche furono instrutti da Iano, del principio del mondo, della immortalità dell'anima, & della potenza, & grandezza di Dio.*

d *Producessero gli huomini* } *Et anco questo chiarisce il predetto Moise. dicendo. Faciamus hominem ad imaginem & similitudinem nostram. & più sotto. Et creauit Deus hominem ad imaginem & similitudinem suam, ad imaginem Dei creauit illum, masculum & feminam creauit eos, &c.*

e *Seccato il terreno* } *opinione insulsissima, referita da Diodoro Siculo, & tenuta da gli Egittij, quasi che lo huomo nobilissimo fra tutti gli altri animali: per esser uaso dell'anima, ch'è creata da Dio, immortale & sempiterna, sia simile alle ranocchie nate del fango. opinione ueramente d'esser non pensata non che detta da huomini d'intelletto.*

f *Dirim* } *è quello presso à Mauri che i Greci chiamano Atlante, come attesta Plinio nel 5. a cap. 1 dicendo. Mox amnem quem uocant Fut ab eo ad Dyrim Choc enim Atlanti nomen esse eorum lingua conuenit) 21000 passuum interueniente flumine &c.*

g *Galli* } *S'interpreta questa voce galli, cioè mondati, come si disse in Beroso, per-*

ANTICHITA'

fo . percioche Iano fu faluato con la moglie & co i figliuoli dall'inondatione nella Scithia Saga come fcriue Berofo.

b Vmbri } loro progenitori furono, gli antichi Ianigeni inondati, detti Vmbri da Greci, cioè foprauanzati alla rouina delle pioggie, non perche effi Vmbri fi faluaffero dal diluuio. perche nacquero di coloro che furono falui dall'acque.

i Vaticano } Vedi piu oltre nella 14 Regione di P. Vittore, alla uoce Vaticano nell'annotationi.

k Le colonie } percioche Iano oltre alle 12 predette, mandò diuerfe altre colonie in altri luoghi, delle quali furono due ful Teuere, l'una il Ianicolo, & l'altra Arin Iano.

l Altretante } Cioè due intorno ad Arno, cioè la colonia Fiefolana, & l'altra Arin Iano; forfe colà doue fi chiama non molto difcofto da Fiorenza il ponte arignano. Et fu detta Fiefole, non come dice il Villani, , & Ricordano, cioè fia fola, ma da quefte due voci compofte infieme, cioè Fufe che vuol dire paffaggio, & vlai palude, nella lingua hebrea, cioè tranfito & paffaggio dalle paludi a luogo afciutto. percioche ne tempi di Iano quella palude era tutta acquofa, ma venuto Hercole Egittio; le riduffe tutte in un alueo, & le cognominò Arno : ch'era vno de fuoi cognomi.

m Feregene } cioè Fortuna Genij : cioè principio di Fato, fecondo la lingua Aramea, cioè Fato di Iano Genio.

n Volce } fatta colonia de Romani : detta uolgarmente Voce & è rouinata al prefente. Dice Annio, che Vol fignifica antichiffimo, & con o uero ce, rame & argento. Volcem adunque fignifica rame o argento antichiffimo. Quinci è detta Volcena, cioè città eraria, doue Iano prima fegnò il rame: mettendo dall'una banda una naue, & il monte vicino fu detto Monte Volcetario, che hoggi è uolgarmente chiamato Monte Argentario.

o Volaterra } Voce formata da Vol, che fignifica antichiffimo come fi è detto, & Ater, che vuol dire, campo o piazza larga dinanzi alla cafa, in lingua Scitica, che i Latini dicono Atrium, cioè loggia. Onde Volater, cioè antica piazza a Tofcani. ouero da Olan, o Alan, che fignifica perpetuo & nafcofto, & da Ater, che preffo à Caldei uuol dir fumo. Onde Olate, cioè perpetuo, o nafcofto fumo, per le tante miniere di quel paefe, o per la uicinità de lagoni, che dalla banda della marina, quafi fempre fi ueggono fumare : cofi dice il Gianbullari. La qual Volaterra, hoggi fi chiama Volterra.

p Cariara } hoggi Carrara. percioche dice S. Hieronimo, che Car fignifica città, & iar Luna, cioè città della Luna. il cui paefe fi chiama Lunigiana, come fi è detto di fopra.

q Ogigiano } Dal cognome di Iano, che era Ogigi, & ciòche fignifica, uedi alla tauola. nella voce Ogigi.

r Areti } Cognome di Vefta, moglie di Iano: & fignifica terra come fi è fcritto in to in Beroso: & non altari, o aratura, o aridità come ſcriuono alcuni, non deriuando queſta uoce che è aramea, dalla lingua Latina, la quale fu poſteriore per tante centinaia d'anni all' Aramea.

s Roſella } Significa torre, o rocca, o luogo rouinato; & ſi chiama ancora.

t Volſinio } cioè antichiſſima Sina, cioè ſede. percioche i primi preſſo a Iano, ui ſaceuano forſe reſidenza : o forſe i 12 Lucumoni; hoggi è detto Bolſena.

u Reguli } In queſto luogo ſignifica ſoſtituti, ouero Vicarij di Iano, che erano i ſuoi figliuoli in ſuo luogo nel gouernare.

x Queſta fu } Adunque ſplendidiſſima : & nata da primi huomini che furono dopo il diluuio, & non ſporca, vitiata, & ferrea, ma pura, & originata nella età d'oro : onde illuſtre per tempo, & per huomini, contra quello che dicono i Greci. Ma anguſtiſſima & ſtrettiſſima : poi che non ſi cominciò ad habitarſi la prima uolta ſe non in quel paeſe, il quale fu ſolamente chiamato Italia, come di ſopra ha detto Sempronio : & qui dice più ſotto.

CATONE.

a L'Italia acquiſtò diuerſi nomi da [a] Dei & da i [b] Duci. Da Iano fu
b detta Ianicola, il quale alcuni giudicano che ſia chiamato Enotrio; perche fu inuentore del uino & del farro; Cameſena da Cameſe, & Saturnia da Saturno, & anco Salombrona da gli habitatori. Il nome di Saturnia le durò quaſi altrettanti anni, quanti furono quelli
c dell'età d'oro fino ad [c] Api [d] ultimo de i Dei d'Italia, come ſcriue
d Antioco Siracuſano : dal quale fu detta Apenina; la quale il medeſimo interpreta Taurina, ancora che alcuni de Greci, ſecondo l'uſanza loro, ſtimino ch'ella ſia coſi detta da buoi di Hercole, ò uero per ch'Italia generi buoi graſſi, come dice Hellanico, o uero dal uitello uſcito, come ſcriue Herodoto, o uero perche certi Greci chiamano, buoi gli Italiani : ſecondo che fauoleggia Timeo. Indi ritenne il nome da due fratelli, dall'uno fu detta Heſperia, & dall'altro Italia. Con queſti nomi fu dal principio appellata Italia intorno al Tebro, come quello che fra tutti i fiumi d'Italia foſſe in tutela di tutti i Dei & de i principi, & per queſte coſe, ſede comune di tutto l'Imperio.
e dal quale nel principio & nella ſteſſa origine d'Italia, [e] Albula hebbe nome da i Ianigeni. Ella ſi diuide in monti Apennini; in ciſapennina, & in Tranſapenina Italia.

DICHIARATIONE.

a Dei } cioè Iano & altri. & perche foſſero detti Iani: lo habbiamo eſpoſto di ſopra in Beroſo.

Duci

ANTICHITÀ

b **Duci** } Capi, guidatori, conduttori, & capitani. non Duchi, come s'intende hoggi. onde si uede, che quattro furono gli Iddij che uennero in Italia in un tempo medesimo, maggiori di tutti gli altri che furono detti Dei minori. cioè Iano, padre di tutti i Dei, come scriue Beroso, Camese, Saturno, & Crana che fu fatta Helerna & consacrata Dea. Da questi adunque Dei nobilissimi hebbe origine Italia in quegli antichissimi tempi.

a **Api** } Il quale fu dopo Enachio Luchio, & auanti a Lestrigone, l'anno del mondo 2206, & auanti alla uenuta di Christo 1755. anni. dal quale furono dette le montagne d'Italia Apennine, differenti dalle Penine così dette da Peni che vi passarono per forza d'aceto, & di ferro, sotto la guida d'Annibale Cartaginese.

d **Vltimo de Dei** } d'Italia. perche seguirono a lui i Lestrigoni.

e **Albula** } Alcuni vogliono che Albula sia detta dalla voce alba, che significa bianca: ma Seruio nel commento dell'Eneide di Virgilio, nel 7 dice, che il colore del Tebro, che si chiamaua prima Albula, è giallo. & Horatio,
  uidimus flauum Thiberim retortis
  Litore Thusco violente undis ire deiectum. & Ouidio
  In mare cum fulua prorumpit Thebris arena.
adunque non è detto Albula, perche sia bianco. Oltre a ciò si dice, che questo nome Albula fu molto tempo auanti alla lingua latina. percioche hebbe origine ne tempi di Iano, onde non può deriuarsi dalla lingua Latina. Adunque fu composta dalla lingua antica Aramea, nella quale Albula consiste di tre voci, cioè Alba, ula; & vlai. Alba è nome composto da al, che significa commistione come dice S. Hieronimo. Et la voce Eban è differente in significato da Ebal: perche Ebal vuol dire mucchio di pietre: & eban mucchio di verghe & di ferro. onde se alcuno mescolasse un mucchio di pietre, & ne facesse un fascio: si direbbe à quel mucchio Alebal, ouero per Accorciamento Albal. Ma se facesse un mucchio di fasci di frasche mescolate con ferro, à quel mucchio si direbbe Aleban, & per accorciamento Alban, dalla qual voce, la città Regia dell'antica Scithia presso al fiume Arasse fu detta Albina, & la prouincia vicina Albania. & il paese regio di Iano diuiso in due regioni tiene i nomi antichi, cioè Ri, Iano, & Albi Iano, dal quale il Tebro fu detto Albula.

CATONE.

a [a] Affermano i paesani, che tutte l'alpi d'Italia furono colonie de Toscani: & che da essi o Duci o Capi dell'origini, furono posti i nomi alle genti & à luoghi, come i Rethij da Rheto Re de i Lidij, & i Veronesi da Vera colonia Toscana. Comensi da Coma, i Reghij da Rhegio, i Volturreni, da quali è detta la ualle Volturena, & gli Osci da quali è detta Oscela. La Histria parimente, da un Duce o capo
               m andato

mandato da Iano. Ma alcuni de Greci scriuono ch'è chiamata così dal fiume Histro, cognominato Danubio: al quale le genti di Dania habitatrici del luogo imposero il nome, & fauoleggiano ch'un suo ramo scorre in Histria, & che sbocca nell'Adriatico. Altri fingono che la naue d'Argo fu la prima uolta condotta in spalla dallo Histro su per i monti, & fu messa nell'Adriatico. Onde si può dire, tanta è la uanità & la leggerezza insieme de Greci nel mentire, che uolassero dalle bocche dello Histro à suoi fonti, per immenso spatio di genti. & ualicassero i fiumi ch'ostauano loro, & condotta la naue nauigassero con le spalle, intanto ch'anco in Italia ritrouassero luogo di mentire. Non so se i Greci nauigassero per l'acque nella naue d'Argo, o se la naue d'Argo nauigasse per i monti con le altrui spalle.

DICHIARATIONE.

a Affermano } *Mostra chiaramente che i nomi in Italia, sono stati messi da capi & conduttori delle colonie, mandate da Iano. onde però sono antiche per nome, & per habitatione, & non deriuate da i Greci quelle ch'esso nomina. mostrando la falsità ch'essi dicono del fiume Histro. Beroso nel 5. fa mentione dello Histro. & Plinio nel 4 lib.*

CATONE.

a ª Venetia è tutto il paese intorno al seno del mare, dopo la Histria
b fino alle bocche del Pò. Piace ad alcuni ch'essi comincino dal ᵇ Tic lauento, & affermano, ch'i ᶜ Taurisani gente Persiana, furono fondad ti da ᵈ Api Duce. La prima origine di tutti i Veneti fu ᵉ Fetontea;
e la quale diede occasione a Greci di mentire, di Fetonte & di Eridano. All'ultimo si mischiò con questi la nobile stirpe Troiana, da qua
f li nacque ᶠ Patauio inclita per il suo conditore.

DICHIARATIONE.

a Venetia } *Prouincia, della quale ha poi preso il nome la preclarissima & felicissima città di Venetia: contiene tutto quello che è intorno al mare, fino al Pò.*
b Tilauento } *Che hoggi è detto Taiamento nella Patria del Frioli.*
c Taurisani } *Le montagne di Treuiso, come si è detto di sopra.*
d Api } *Dal quale sono denominati i Taurisani. Dice Diodoro nel 1. che Osiri, Gioue Giusto fu chiamato in Italia contra i Giganti, i quali egli haueua perseguitato per tutte le parti del mondo, & trionfò di loro, & chiamò l'Italia Appennina,*

pennina, come dicemmo di sopra.

e **Fetontea** } Beroso dice, che Fetonte padre di Ligure non fu greco, ma partito d'Egitto, passò nell'Attica, & di quindi portò le prime colonie in Italia auantia Enotrio, & à gli altri Greci. Et le condusse nella Liguria fino al Tilauento auanti che fosse fondata Troia, quantunque fossero poche colonie. Ma rouinata Troia, Antenore con alquanti Troiani venne in Italia: & si mescolò co Fetontei nella prouincia detta Venetia. Però sono alcuni che dicono, che questi furono detti Eneti per alcuni popoli d'Asia: Ma Beroso gli fa Fetontei, come anco Catone, dicendo che poi gli altri Veneti, furono così detti, da Eneto, Tila, & Vento discendenti & posteri di Fetonte. conciosia che furono detti Veneti da Vento. & dal medesimo Vento, & da Tila: fu chiamato Tilauento il fiume del Taiamento.

f **Patauio** } Percioche venuto Antenore Troiano, & mescolatosi co Fetontei si fermò doue erano già gli Euganei: & vi edificò Patauio, detto hoggi Padoua. Altri vogliono, fra quali vno è Nicolò Zeno già illustre Senatore, che Antenore edificasse Altino, & il Re Patauio facesse Padoua.

CATONE

a I Toscani antichi [a] paesani, mandate colonie, tennero tutti i luoghi di la da Po sotto l'alpi, & molti luoghi ancora ritengono il nome lo-
b ro. Molti ne cancellarono i [b] Galli, i quali furono primi a trapassar l'alpi, sotto la guida d'Arunte Clusino; & à poco à poco scacciaro-
c no l'Etruria da tutta la Gallia Cisalpina; nella quale [c] Mantoua è illustre per lo suo conditore Ocno Bianoro Re de Toscani. Penetrarono
d di là dalle alpi i [d] Boij, i [e] Senoni, gli [f] Insubri, & altre genti della Gallia
e di là dalle alpi. La Gallia di quà da Pò fu già detta Bianora da Oc-
f no vincitore, & poi Felsina fino à Rauenna, hora ha nome Aurelia, & Emilia per lo nome de Duci Romani. La principal Metropoli fu prima detta Felsina dal Re Toscano suo conditore, & poi Bononia da Bono Toscano suo successore. Spireto bocca del Pò, fu chiamato da i Pelasgi suoi fondatori, & fu restaurato da Diomede. Nouara per auanti fu chiamata Libia per lo cognome di Hercole Egittio, & dal
g cognome [g] Aria uocabolo Egittio, Leonina, ma restaurata da Liguri fu detta Nouara. Olano, chiamato così da vn Duce de Toscani, il quale fu primo à fermaruisi, co coloni Oropij, de quali la origine è incer-
h ta, si come anco è incerta di [h] Como, di Bergamo, di Licinoforo, & di alquanti altri popoli all'intorno: Et accresciuto poi da un Principe de gli Insubri chiamato Medo, conserua il nome di Medio Iano. Ma il Po fu perauanti chiamato Eridano da un capo delle colonie,
i & da gli Errusci [i] Botingon per la profondità sua, & Botigo da Liguri

k guri, ma da Galli fu detto Pado per gli alberi k Picei che gli sono attorno.

DICHIARATIONE.

a **Paesani** } Conuenne dice il Testo, quello che habbiamo tradotto paesani. Ma cioche significhi conuenne; vedi nella Tauola alla voce conuene, & di sopra in Beroso alla parola, paesani, nell'annotationi. Racconta adunque che i Toscani tennero tutti i luoghi di là da Pò fino alle alpi, detti hoggi Lombardia.

b **Galli** } primi che passarono l'alpi con Arunte Clusino loro Capitano. Scriue Liuio nel 5. che hauendo Lucumone giouane potente, violata la donna di Arunte da Chiusi suo tutore, non hauendo egli forze da farne vendetta, passò l'alpi, et portò del vino nella Gallia per allettar quella gente à discender in Italia. I quali venuti scacciarono i Toscani prima dal paese di là da Pò, & poi da quello di quà da Pò, fino che Rheto scacciato da loro, fu costretto a condur le colonie Toscane su monti detti Rhetij da lui. i quai Rhetij dice Liuio nel luogo medesimo, che poi diuentarono esferati & saluatichi per la qualità de luoghi, di modo che non ritengono cosa alcuna delle antichità se non il suono della lingua, & quello anco corrotto.

c **Mantoua** } illustre per Ocno Bianoro: ma illustre parimente per la famiglia Gonzaga: laquale diuenuta Signora di quella parte, l'ha per lunghissimo tempo mantenuta pacifica & florida molto: & tuttauia la mantiene Guglielmo Terzo, del quale è successore Vincenzo Principe di molta speranza.

d **Boij** } Popoli, & di Bauiera, & Romagnuoli, come scriue Natale de Conti nella sua historia.

e **Senoni** } detti hoggi Sins nella Francia.

f **Insubri** } Lombardi.

g **Aria** } cioè Leonina; percioche in lingua Aramea Ar, significa Leone, onde Arno, Libarno, & Musarno, sono cognomi di Hercole. Aria adunque Leonina, cioè Herculea.

h **Como** } Plinio nel 3 a cap. 17. scriue, Orobiorum stirpis esse Comum atque Bergomum & Licini forum, & aliquot circa populos autor est Cato, sed originem gentis ignorare se fatetur: quam docet Cornelius Alexander ortam a Græcia interpretatione etiam nominis, vitam in montibus de gentibus.

i **Botrigo** } cioè fondo: profondo del fiume in lingua Etrusca.

k **Picei** } come si è detto in Sempronio.

CATONE.

a "Dopo le bocche del Po è Rauenna stirpe Sabina. Mancò Saga terra de gli Etruschi, si come anco Attria, dal quale il mare fu detto Attriatico,

ANTICHITA'

b tico, hora Adriatico. La Gallia ^b Flaminia da Rauenna ad ^c Arimi
c no, fabricato da compagni di Hercole, dal quale è nominato. Da
d questo ad Ancona, ^d Senegallia, ditta da Senoni: scacciati gli Etruschi; hora Gallia Togata . . . . Ancona fu prima detta con uocabolo de gli Etruschi & insieme de gli Aborigini, Picena. I primi che habitassero la Gallia Togata furono i Liburni & i Siculi, che poi furono scacciati da gli Vmbri. Gli Etruschi espugnarono à costoro, a usanza di giusta guerra, piu di 300 fortissime terre, nondimeno i Galli gli vinsero. Piceni in lingua Etrusca; significa generation sacra, natà da Sabini. Da Piceni fino al monte Gargano ui habitarono ^e diuerse genti in diuersi tempi. ^f Marsia Duca de Lidij, fra quae
g li Ascoli. I ^g Precutij, fra quali Adria, o uero Atria. I Vestini, fra
i quali gli ⁱ Amiterni. I ^k Marucini & ^l Peligni, fra quali Cursello, Ortoma na, & Sulmona. I ^m Frentani, nati prima da Liburni & da i Dalmatini, & poi, essendo scacciati questi da Toscani; nella lingua de quali chiamarono Metropoli Larino, cioè principe nobile: percio che gli Etruschi chiamano il Principe nobile, Larone, Larune, & Arune: Quindi è nella Transpadana, il lago Lario, & nella Toscana i fiumi Laroni, & le colonie Arune, & gli huomini Aruni, i quali i Toscani,
n nella ⁿ seconda declinatione del nome, si come i Romani & i Greci, declinano Atlas, proferiscono nella terza Arunti.

DICHIARATIONE.

a Dopo } *Descriue vn'altra parte d'Italia: & comincia da Rauenna: laqual dice, che fu stirpe de Sabini.*

b Flaminia } *Romagna, cioè continoua da Rauenna a Arimino.*

c Arimino } *Fabricato dall'vno de compagni di Hercole, percioche Ar, come si è detto, significa Leoue, & iminim, vuol dire, annouera in fretta: onde Ariminim rilieua, Hercole che annouera in fretta, cioè l'espeditioni contra i Tiranni.*

d Senegallia } *cioè da questo Arimino, fino ad Ancona, quel tratto di paese è detto Senegallia, che hoggi è nome di città, così detto da Galli Senoni, i quali scacciarono gli Etruschi, & occuparono essi il paese. & hoggi è detto Marca d'Ancona.*

e Diuerse genti } *Fra le quali annouera i Marsi con gli altri seguenti.*

f Marsia } *Capitano, dal quale i popoli sono detti Marsi, hoggi detti Abruzzesi.*

g Precuty } *I medesimi Abruzzesi.*

h Vestini } *Abruzzesi.*

i Amiterni } *Aquilani in Abruzzo.*

Marucini

DEL MONDO.

k Marucini } Abruzzesi.
l Peligni } Abruzzesi. i quali tutti popoli, sono nell' Abruzzo.
m Frentani } Parimente Abruzzesi: la cui principal città è Aufida. vsciti de Liburni & Dalmatini, che furono scacciati da Toscani, i quali Toscani fermatiuisi, originarono i Frentani.
n Seconda declinatione } Percioche dicendosi nella prima Nominatiuo hic Aruns, si trà nella seconda, Genitiuo huius Aruntis, & nella terza, Datiuo huic Arunti. Sì come hic Atlas, Genitiuo huius Atlantis &c.

CATONE.

a Da Gargano à ᵃBrondusio habitarono i Celij, onde ᵇApuli Dauni,
b Apuli Boi: fra quali è ᶜArpe, ᵈCanusio Barario. Sotto questi l'apen-
c nino diuide in due per trauerso, i fini d'Italia, fra quali giace il ᵉSeno
d Tarentino; intorno al quale & per tutto è la Magna Grecia. Ma al-
e l'oriente della Magna Grecia, da una parte è la Enotria de gli Arca
  di, & i Calabri prima Ausonij, à quali referisce la verbosa Grecia
  che uenne la prima uolta l'armata de Greci, quasi 400 anni auanti
  alla rouina di Troia, & nondimeno Antioco Siracusano scriue, che
  Enotrio Duce de gli Arcadi, uenne in Calabria dopo la fondatione
  di Troia, & pose le colonie intorno alle maremme. & accioch'essi
  mentino piu parcamente, scriuono, che altre volte Italia fu chiama
  ta Enotria da lui, hauendo ella fino da principio sortito questo nome, da uno antichissimo Re de Sabini & de gli Etruschi che la signoreggiaua . . . . Da Laucopetra fino al fiume Sarno uicino à
  Napoli tennero diuersi popoli. ᶠVmbri, Itali, Sanniti, Siculi, Peucini, Picentini, & Etruschi, le città de quali sono Chiusi, Pesto, Elea
  hora Velia. Fra il fiume Volturno & i monti gli Apennini. I Sabelli
  sono prole de Sabini, come argomenta il nome, appellati da Latini Sanniti, da Greci Sauniti . . . . . Dal Tebro fino al Sarno primi
g che ui habitarono furono gli ᵍAborigini prole de gli Vmbri. princi
  pal città fra questi, l'antichissima Camerena fabricata da Camese, nó
  troppo lontana, doue poi fu Alba. I Toscani sono mischiati con que
  sti. Gli Osci, che poi furono detti Capuani. I Volosci che noi chiamiamo Volsci; la cui Metropoli fu Ansur: hora Terracina, Stabia,
h Anitini, Ortani, Longani, Oscori, Macrani, ʰNuetini detti latinamen
i te Grauisci. Picentini, ⁱSorani, Ferentinati. Fregenati, Sangnini, Tu-
  sculani, Certinensi: Vrsentini, & Volcentani.

I   Brundusio

DICHIARATIONE.

a Brundusio } Brandizzo.
b Apuli } Pugliesi.
c Arpe } Ascoli.
d Canulio } Canossa.
e Seno Tarentino } Golfo di Taranto.
f Vmbri } popoli del Ducato di Spoleti.
g Aborigini } Altroue s'è detta ciò che significhi questa voce:allaquale si rimette il lettore nella tauola. Ma aggiungo in questo luogo di piu, che gli Aborigini, sono di tre sorti, l'vna fu ne' tempi del secolo d'oro, detti in lingua Aramea & Etrusca Aborigini, da queste tre voci Ab, ori, geni, dellequali, ab, significa padre, ori, significa foro et caua, geni, significa posterità & prole, onde Aborigini, vuol dire paterna caua nata prole, cioè prole nata per padre in cosa caua. conciosia che gli antichi habitauano: per le grotte, per le capanne, et per le caue de gli alberi nel secolo d'oro. & questa fu la prima prole de gli Vmbri sopravanzati dalle pioggie & dall'innondationi dell'acque. L'altra fu intorno all'auenimento d'Enea. percioche gli Italiani conuenuti insieme di diuersi luoghi, & mescolati co forestieri, andauano vagando qua & colà, & viueuano di ladronezzi. La terza fu questa della Magna Grecia, detti Aborigini perche vennero da monti d'Arcadia con Enotrio Arcade: onde questi furono generatione di Greci. Gli Vmbri adunque furono i primi aborigini, come quelli che furono la piu antica gente d'Italia: perche furono i primi ad habitarui dopo il diluuio. L'Annio fu parimente vna tripartita generatione d'Aborigini alquanto diuersa dalla predetta. percioch'egli mette i primi natij d'Italia, & particolarmente di Salumbrone che si rimasero pure nell'Vmbria. I secondi vuole che siano Vmbri, ma nati in diuersi luoghi dell'Vmbria, & condottisi poi insieme ad habitare in Toscana, in Sabina, & in Latio in diuersi luoghi: & i terzi pone forestieri, venuti con Camesenuo di varij luoghi d'Egitto, & di Libia, & condotti da quello ad habitare nelle montagne dell'Vmbria.
h Nuetini } da Nueto città, hoggi Corneto, & Cornetani.
i Sorani } Non lungi da Petigliano, de quali tutti nomi di popoli, tratta Plinio nel 3. lib. a cap. 5.

CATONE.

a Roma nel suo principio era ^{a} pascolo di buoi. Erano intorno al Teb bro serte rupi continouate l'vna all'altra fino in ^{b} Hernico, distinte da picciole caue, sotto lequali il Tebro vscito qualche uolta dell'alueo, inducena paludi nella pianurra sottoposta alle rupi. Saturno primo
habitò

habitò il Capitollo, Italo l'Auentino, Roma il palatio, Celio co Toscani, il Celio, & il Viminale. Romolo tenne anco insieme col palatio,
c nelquale ᶜ fabricò Roma quadrata, l'Esquilino detto cosi dall'escubie
cioè dalle guardie, lequali Lucumone gli diede all'vsanza Toscana di
dodici Lettori, cioè di 300 armati alla custodia del corpo, & insieme
della sua degnità. percioche Tatio non era senza sospetto di infedel
compagnia . . . . . L'Etruria già capo d'Italia, cognominata cosi,
d dalla ᵈ Regia loro Metropoli, si distende dal Tebro fino alla Macra. La
prima gente di loro maritima, detta de Liguri, da Ligure figliuolo di
Fetonte, ilquale i Liguri montani appellano Feritone. Dopo le bocche del Tebro, Feregene prima terra d'Etruria nel lido uicino, cosi det
ta da Genio Iano che fu primo a metterui colonie, & da Feritone, cioè
Fetonte che ui aggiunse colonie, si come nella Liguria montana, do-
e ue dalle colonie di Genio è la terra ᵉ Genoua, & dalle aggiunte colonie Feretiane nel luogo medesimo, lasciò il nome al vicino fiume, & al
paese Feretiano.

DICHIARATIONE.

a Pascolo } *pastura doue i circonuicini conduceuano i buoi a pascere.*
b Hernico } *altri testi dicono Erniddo.*
c Fabricò } *vedi anco di sopra Q. Fabio Pittore.*
d Regia } *Metropoli & principale, laquale era detta Etruria.*
e Genoua } *detta da Genio Iano.*

CATONE.

Primo di tutti i Greci Fetonte, partitosi dell'Attica con Ligure suo figliuolo, per molte età & secoli inanzi a Enotrio Arcade, aggiunse colo
a nie al lido Italico, dalle bocche del Tebro fino a ᵃ Nicea de ᵇ Massiliesi;
b & nel mezzo, chiamando il porto Ligorno, dal nome del figliuolo, appellò per tutto ogni lido di qua & di là Liguria. Ma gli Etruschi & i
Romani che seguitono gli Etruschi, chiamarono, dalle bocche del Te-
c bro fino al capo di Etruria, Etrusco. Indi populonico da ᶜ Popio città
Metropoli detta alla Romana Popio. Finalmente dal porto di Ligorno fino alla Macra, alle cui fonti è la terra Apia, chiamano Liguri A-
puani: & montani, poi tutti i Liguri che si distendono dalla Macra fino a Nicea. Ne Liguri montani è porto di Hercole Egittio: percioche
f sta questi è ᶠ Libarno, cosi detto dal nome & cognome suo. I Greci o-
uunque odono il nome di Hercole: pensano che sia il suo: prendendo
argomento dal nome: & nondimeno non è detto Libio per nome dal

ANTICHITÀ

quale furono vinti i Libii, ma è chiamato Alceo, nè il vocabolo d'Hercole è Greco, ma Egittio, percioche quello fu cognominato Heraclio, cioè gloria di Giunone.

DICHIARATIONE.

a Nicea } Mostra che tutto il tratto fino al Tebro, fu detto da gli antichi Liguria, ma diuiso con piu cognomi, come sono Liguri Etruschi, populonij montani, Apuani, &c. come si disse in Q. Fabio. Nicea, hoggi Nizza.

b Massiliesi } hoggi la città detta Marsilia, & Marsiliesi.

c Popio } hoggi Poppi.

d Torto di Hercole } hoggi porto Hercole.

e Libarno } argomenta Catone, dalla voce Libarno, che questi luoghi furono colonie di Hercole Egittio: & non del Greco, come dicono i Greci. Conciosia che l'Egittio era detto Libio, & Arno era suo cognome, onde Libarno deriua da Hercole Egittio, percioch'erano cognomi d'Hercole, Her, Hercol, Ar, Arno, Musarno, conciosia che Her, significa peloso: attento ch'esso si vestiua della pelle del lione. col significa tutto, presso a gli Hebrei, onde Hercol vuol dire peloso tutto, o tutto peloso. perche in cambio d'armi ch'ancora non erano state introdotte nel mondo, si copriua con la pelle del leone: Ar, & Ari, significa leone: & fu così detto per l'insegna del leone: vsandosi allora di cognominare i Duci, & capi dalle insegne loro, come era Macedone detto lupo, & Anubi cane: perche l'vno portaua il lupo, & l'altro il cane. No, significa fama celebre, onde Arno, vuol dire, leone celebre per fama, per la virtù con laquale egli scacciaua i vitij & l'ingiurie fatte a gli huomini da Tiranni. Musa significa disciplina, onde Musarno, vuol dire, disciplina di leone celebre. & Libarno, Libico leone celebre. tutti titoli di Hercole Egittio, & non Greco laqual terra Libarna, si chiama hoggi Incisa nella Liguria.

CATONE.

a La prima gente d'Etruria è marittima. le terre fra quest sono, Ferigene, b Alsio, c Agilla, detta anco Ceri fabricata da Pelasgi, d Pirgo, e Grauisca detta da Aria, f Cose, Volce, Telamone dal Principe degli Argonauti, quando Hercole Alceo, andato in Etruria a Lucumoni, fece il h lago Ciminio, & rubata del Tempio la fanciulla Faula, passò ad Euandro. Il fiume Vmbro confino del tratto degli Vmbri. Il capo d'Etruria, confino de Toscani, già capo delle naui de Populonij, & dell'armata de Toscani. Volaterra co suoi i Vadi, Pisa edificata da i Pisi Alfei Pelasgi. k Luca illustre, da Luchio Lucumone Re de Toscani. Il bosco, & i monti Feroniani, Luna detta Cariara da gli Etruschi, da
Greci

Greci Silene. Apua nel transito dell'apennino, a i fonti della Macra; onde Liguri Apuani, da Arno fino alla Macra.

DICHIARATIONE.

a La prima gente } Racconta le terre & le città della prima gente Toscana posta alle marine.

b Alsio } Ceri. Vedi più oltre nell'Itinerario d'Antonino.

c Agilla } Cerueteri. terra del Signor Paolo Giordano Orsino Duca di Bracciano.

d Pirgo } Hoggi Santa Marinella.

e Grauisca } hoggi Montalto, castello.

f Cose } o Cossa, città già rouinata da Topi.

g Telamone } Castello & porto. il promontorio si chiama Argentario, poco di scosto da porto Hercole.

h Lago Cimino } Seruio nel 7 dell'Eneide, sopra quei versi che dicono,
Hi Soractis habent arces Flauiniaq; arua,
Et Cymini cum monte lacum lucosq; Capenos,
scriue, che essendo Hercole andato in questo paese di Viterbo (percioche il detto lago è vicino 6 miglia a Viterbo, posto a piè del monte Cimino) volendo egli prouocato, mostrar la sua forza, ficcò in terra vna stanga di ferro, laquale non potendo nessuno altro muouere pure vn poco, pregato a cauarla fuori, la spiantò ageuolmente, & dal buco fatto dalla stanga nacque il detto lago.

i Vadi } Sono passi ne fiumi, ne laghi, o ne mari, per iquali si può passare co proprij piedi: cioè luoghi scoperti dall'acqua, o con poca acqua.

k Luca } Hoggi Lucca, con doppia c, città nobile in Toscana, & libera, & piena di huomini ricchi & prudenti.

CATONE.

Dal Tebro a gioghi Cimini: è la seconda gente di Toscana cognomi-
a nata da Toschi, ᵃ Laterniana: cioè Metropoli Eniana: perche chiamano Larthe, il capo & principale de i Re: & in essa la città Eniana fabricata da gli Enetani Pelasgi: laquale i Vei Etruschi, scacciati i Pelas-
b gi, & ampliatala, chiamarono Laterniana, dal principale della pro-
c uincia, & insieme da suoi conditori antichi; & i Romani la chiamaro-
d no dalla generatione del popolo, Veiente. Le terre fra questi sono, ᵇSa-
e bó nella Sabatia, fabricato da Sabo, Laterniano cognominato Veien-
f te; ᶜ Nepe di Fallari, ᵈ Soratte, il ᵉmonte de Falisci consacrato ad A-
g polline, ᶠ Faliscano, ᵍ Fiscennio, Vmbrico, detto così per gli antichi
Vmbri,

ANTICHITA'

h Vmbri, Flauiano, h Arcenno, Messio, dalquale è detta la ¹ Selua Mesia,
i   ᵏ Rosolo, ¹ Are Mutie, ᵐ Sutro, fondato da Pelasgi cosi detto per lo
k   grano notabile: illustre per la compagnia co Romani. Capina, dalla
l   quale sono i Capinati: il lago Ciminio, & Troito de Falischi, finitimo
     a gli Etruschi.

DICHIARATIONE.

a Laterniana } Eniana, città già posta lontana da Roma 13 miglia, detta hoggi Marteniano.
b Sabatia } prouincia nellaquale era la città di Sabo: detta hoggi Sansauo: ma distrutta. Dicono altri che Sabatia è Sauona.
c Nepi } ritiene hoggi il nome stesso.
d Soratte } O Sora città, o vero, monte de Falisci, chiamato hoggi Montefiascone.
e Faliscano } detto hoggi Filamano.
d Fiscennio } Ciuità Castellana.
f Vmbrico } città disfatta: vicina a ciuità Castellana.
g Arcenno } detto Bercenno: & anco Brigiano, & hora Bracciano, Ducato del Sig. Paolo Orsino Giordano: poco discosto dal lago Sabatio, chiamato Lago dell'Anguillara.
h Selua Messia } hoggi il bosco di Baccano.
i Rosolo } Monte Rosi.
k Are Mutie } Hoggi Aremuzo, non discosto da Ciuità Castellana.
l Sutro } cosi detto, perche suto, significa grano, & tro, significa tre, essendo notabile per tre spighe ch'egli produce. hoggi Sutri.
m Troito Terra disfatta da Gothi, sul contado Viterbese.

CATONE.

a La terza gente de Toscani, ª Transciminia, si distende da i Ciminij fi-
b no a ᵇ Pistorio. Fra questi Velturena posta alle radici de Ciminii, cognominata Etruria: dalla quale tre genti d'Etruria sono appellate Etrusche, come da comune Metropoli, & il paese, Etrusco, detto per auanti Vmbrono doue nacquero gli Vmbri. In quel terreno sono, Ferentia, Trossolo, Meonia, Meone, Turrena, Volturna. sotto Volturena, gli Arunti antichi cognominati Camillarii. Piu lontani Blere Olena, Tussa Nana, terra de Larthi. Sul'Vmbrona, Cort Nossa, Cort Enebra, Monte Corito ne gioghi de Cimini. Et dirimpetto Monfiscone detto anco Rocca d'Iti, Volsina, Pelii, Oropite, Sentinati, Clusio antico dalla pugna, ma dal Duce Comersol, i monti Tunniati, Sora, Soana. non

molto

DEL MONDO.

molto discosto Saturnia. le pietre piouute dal Cielo in aiuto di Hercole contra i Liguri Etruschi gigāti, detti Lamoni dal nome del figliuolo. Il fiume Pelia, Monte Pelio, monte Tunniate di Roselle, Vmbra nel monte, Sena colonia. I Focensi, Pistorio, Vmbrone fiume. Gli Stellati, i Fluentini detti Arniensi. Clusio nuouo, onde il passo Clusentino di Annibale, Aretio, Crotana fatta da Crotone compagno di Hercole.

DICHIARATIONE.

a Pistorio } *detto Pistoia: lontano da Fiorenza 20 miglia, così detto dalla voce pi in lingua Aramea, che significa bocca & apritura, & Turim che significa monti: come se volesse dire interpostaci la s, pisturim, cioè bocca, & apertura delle montagne: perche l'apennino vi è piu basso ch'in alcuno altro luogo della sua schiera: & oltre a ciò vi è tagliato & diuiso dal fiume Reno, ilqual nascendo vicino a Pistoia tre miglia & mezzo di là dal giogo: sbocca nel Po di là da Bologna: dando comodo transito a chi vuol passare di Toscana in Lōbardia. Desiderio lo cinse di mura.*

b Ferentia } *hoggi distrutto & chiamato Fentio.*

c Volturrena } *parte di Viterbo, detta Etruria, dallaquale prese poi il cognome l'Etruria secondo l'Annio.*

d Cammillarii } *ministri in lingua Etrusca. Vedi nell'Itinerario alla voce Arunti.*

e Tussa Nana } *cioè Tusca picciola; su laquale fu rifatta Toscanella.*

f Monfiscone } *hoggi Montefiascone.*

g Volsena } *Bolsena, doue è il lago.*

h Pelii } *popoli attorno al fiume Pelio, detto hoggi della Paglia.*

i Oropite } *Oruieto città.*

k Sentinati } *Terra disfatta.*

l Clusio } *Detto dalla voce Cluere, che presso a gli antichi significaua combattere: ma il suo nome era Comersol, cioè giogo di Comero.*

m Monti Tunniati } *hoggi detto Radicofani.*

n Sora & Soana } *Terre su quel di Siena, poco lontane da Pitigliano.*

o Roselle } *Distrutto.*

p Vmbrone } *Sul monte detto S. Quirico, sotto ilquale nasce il fiume Ombrone.*

q Sena } *Siena fatta colonia a tempi di Pompeo Magno.*

r Focensi } *popoli, traquali il lago, hoggi è detto lago di Fucecchio, fra questi il Re Desiderio edificò S. Giminiano & S. Miniato; come si legge nel suo editto.*

s Fluentini } *Detti Arniensi dal fiume Arno: hoggi Fiorentini, secondo Plinio.*

t Clusio nuouo } *& Clusentino, doue passò Annibale; & perdè vn'occhio:*

hoggi detto Casentino: come s'è detto altroue.
u Crotona } Hoggi Cortona.

CATONE.

a Il monte Apennino sega l'Italia in due parti. Le radici sotto il ᵃpeni-
no, transito d'Annibale nell'alpi, si distendono per lunghezza da Nicea fin quasi a esso penino:& i Liguri montani habitano fin quasi al-
b la Macra. Dalla Macra a fonti del Tebro, i Toscani sono al ᵇmar di sot-
c to,& i ᶜGalli Aureliani & Emiliani a ᵈquello di sopra. Et di nuouo
d da fonti del Tebro fino al Naro, habitano gli Vmbri. Sono nel princi
e pio ᵉTiferno, & nel fine ᶠAmeria, ᵍTuder. I Galli scacciati gli Etru
f schi, occuparono tutta l'Vmbria eccetto Tiferno, Esisio, Hispello, Ful
g gineo, & l'antica prole de Vei, laquale chiamano Veilumbra, cioè Ve
ia prole antica Vmbra: ne quali sono principali capi, Spoleto, Tuder
h ʰBeuania,& Ameria, quasi 900 anni & piu rifatta innanzi alla guerra Persiana:& per innanzi fondata da i Vei Etruschi:sotto la guida di
Ameroe figliuola di Atlante Italo,& di Pleiona sua moglie. Ma dal fiu
i me Nar fino a gli ⁱEquicoli, tengono i Sabini fondati da Sabo, congiunto a Sabatio Sangno. Indi da i fonti del fiume Sarno, habitano i
Sabelli prole de Sabini.

DICHIARATIONE.

a Penino } da i Peni, cioè Cartaginesi che vi passarono in Italia, & Apennino
da Api, come s'è detto di sopra.
b Mar di sotto } cognominato Tirrheno.
c Aureliani & Emiliani } hoggi Lombardi.
d Quello di sopra } cognominato Atriatico, da Atri città, ouero Adriatico
da Adri.
e Tiferno } città di castello, già dominata da Nicolò Vitelli.
f Ameria } hoggi Amelia.
g Tuder } Terni.
h Meuania } Beuagna.
i Equicoli } popoli piu orientali de Sabini.

CATONE.

a
b
c I ᵃLucani, ᵇ sono così detti da Sanniti per Lucio capo loro: ma auan
d ti a lui erano colonie di sangue Etrusco, che sono ᶜBussento, da i Vus-
e setini, ᵈSentini, Tergilani. ᵉVrsentini detti da Trasimeni, Volcentini,
da Volce

DEL MONDO. 69

f da Volce terra marittima, & f Thebani mandati da Oeno.

DICHIARATIONE.

a Lucani } *popoli di Basilicata.*
b Sono } *cioè discendono da Sanniti.*
c Bussento } *hoggi Policastro.*
d Sentino } *ha il medesimo nome nel Ducato d'Vrbino.*
e Vrsentini } *doue hoggi si chiama l'Orsaia.*
f Thebani } *che mandati da Oeno, & venuto con Manto Thebana sua madre si mescolarono con gli Etruschi.*

CATONE.

I Sabini dicono Sangni al congiunto di Sabo, i Romani Santo, & i Barbari Saga: dalquale furono detto Saghi i primi Toscani: cioè Pontefici, & sacri espiatori. Onde si vede apertamente la leggerezza, & loquacità Greca, poiche scriuono, ch'i Sabini nacquero de i Lacedemonii, & fingono che sono detti cosi per origine Greca da Seuome. Ma
a Roma allora era ᵃrozza, quando lasciate le lettere, & le discipline Etrusche, marauigliandosi nelle fauole Greche, si lasciò legare da gli errori & dalle discipline loro, lequali gli Etruschi hebbero sépre in horrore, nè vollono anco riceuere per questo le latine, fino a Cecinna Vol-
b turrheno ᵇ maestro delle quadrighe; principe, & capo de gli ᶜAugu-
c ri, padre di Menippo. & auo di Metrodoro, lequali auanti a lui, suo padre Volturreno, & Tito suo auo, & Turreno bisauo, carissimi a principi Romani: sempre rifiutarono, quando furono sforzati a riceuerle. Percioche esso Turreno, essendo stato ammazzato Elbio Volturreno vl-
d timo Re degli Etruschi, sul ᵈlago di Vadimone, potè essere inueschia-
e to & tratto l'anno ᵉsecondo della 124 Olimpiade, a rendere Etruria città, ma a riceuer le lettere latine, non potè eser giamai persuaso.

DICHIARATIONE.

a Rozza } *hebbero gli Etruschi le lettere & le discipline da Iano, onde non poteuano per ciò sentir le lettere Greche, piene di bugie. Ma Roma rozza; marauigliandosi dell'inuentioni Greche, le abbracciaua: onde per ciò gli Etruschi non voleuano accettare le lettere latine, sapendo ch'erano imbrattate*

ANTICHITÀ

tate di falsità. Et per non farlo, racconta Catone l'essempio, & la historia di Tito, & di Elbio che fecero ogni cosa per non mutare i riti, & le scienze loro antiche & Etrusche.

b Maestro } preposto alle carrette da quattro ruote.

c Auguri } capo del collegio de gli Auguri, percioche non faceuano gli Etruschi, & poi i Romani cosa alcuna, se prima non prendeuano gli augurij, onde perciò instituirono collegij di huomini periti, & atti in questa materia.

d Lago di Vadimone } hoggi di monte Ruosi : ancora che alcuni dichino che non è quello.

e L'anno secondo } della 124 Olimpiade, che fu l'anno del mondo 3679. & auanti alla venuta di Christo 282 che non puo stare, percioche i Romani erano in quel tempo padroni di quasi tutta Italia, ond'io credo che voglia dire, della 24 Olimpiade, rimettendomi però a giuditio migliore.

CATONE.

Roma figliuola d'Italo (ma prima gli Aborigini Palatini) tennero il
a colle Palatino. iquali Aborigini partiti dal territorio ᵃ Rheatino per cercar pasture per i bestiami loro, vennero in questo luogo. E di ciò
b argomento Vellia, ch'è l'altra parte del Palatino, cosi detto da ᵇ uel lere la lana, auanti a costoro chiamata, Tonsura Etrusca mostrata.

DICHIARATIONE.

a Rheatino } Contado di Rieti, dalquale andarono al detto monte Palatino.

b Vellere } Tosare, cauar la lana alle pecore, onde è detto il vello.

c Tonsura Etrusca } Tosatura de Toscani. iquali furono primi in Italia, che mostrassero & insegnassero l'arte della lana, la maestria del tosar le pecore, & il signere i panni.

CATONE.

a Il ᵃ Capitolio fu detto da vn capo ritrouato che gettaua sangue: mentre che il Principe Tarquino cauaua le fondamenta del Tempio di Gioue. percioch'auanti era chiamato Tarpeo per Tarpea sepolta da gli scudi de Sabini: ma prima era detto Saturno. Sotto questo, Iano quadrifronte, Quirino dalla vittoria di Lacumone che si mosse

dal

DEL MONDO. 70

dal colle Quirino. Quirinale da Giunone Dea de Sabini, laquale essi chiamano Curiti, cioè hastata Giunone. conciosia che essi dicono alla hasta Curim & Corina: perche questi, & anco gli Etruschi non hanno la lettera Q, come i Romani, onde sono detti Quiriti.

DICHIARATIONE.

a Capitolio } *hebbe diuersi nomi, cioè Saturno, Tarpeo per Tarpea che promesse a Sabini di darlo loro, quando hauesse da loro le collane & gli altri ori ch'essi portauano addosso. onde fu poi morta con le targhe, & con gli scudi loro, come narra Liuio nel primo: & vltimamente Capitolio, che hoggi si dice Campidoglio.*

ᵃITINERARIO
D'ANTONINO PIO.

Vantunque il Diuo Augusto diuidesse tutto il mondo rettamente doue dice. Tutto il mondo si diuide in tre parti, in Europa, in Africa, & in Asia, la quale è il doppio di ogni vna delle predette due, nondimeno nella sua discrittione tacque molti luoghi degni di memoria, & molte castella & città, che ne viaggi particolari occorrono; & pospose quello che gioua non poco, & massimamente cosi a soldati, come à viandanti, & a gli historici. onde habbiamo perciò deliberato di trascorrerli per l'ordine loro.

DICHIARATIONE.

a Itinerario } *viaggio descritto, cominciandosi dalla città di Roma: scritto da Antonino Pio Imperadore: imitando, o per dir meglio ampliando, & aggiugnendo molte cose vtili a quello che haueua scritto Augusto Imp. intorno alla particolar descrittione del mondo. & anco questi sono fragmenti: ma si crede corrotti, guasti, & alterati in piu parti da diuersi che vi hanno leuato, & aggiunto.*

ANTONINO.

a Da Roma si uà alle ᵃ Gallie per 6 strade. per mare, ᵇ per i lidi, per
b la uia Aureliana, per la Cassiana, per la Tiberina, & per la Flaminia.

DICHIARATIONE.

a Alle Gallie } *Togate, Cesalpine, cioè nella Romagna, nella Lombardia, & in qualunque altra parte d'Italia, che habbia nome di Gallie.*
b Per i lidi } *cioè lungo la marina. & per 4 strade che si partono da Roma, cosi dette per i nomi di Capitani, o Senatori che le fecero fare, o restaurare: o spianare & lastricare.*

ANTONINO.

ᵃ Il uiaggio per mare, ha ᵇFeregene, Castel nuouo, ᶜCelle, ᵈHercole, Telamone, ᵉcapo d'Etruria, ᶠFalisci, ᵍTraiano, ʰPopulonio, ⁱVada, Ligorno, ᵏErice, ˡEntellia, ᵐDelfino. ⁿGenoua fra Porsena & Feritone, ᵒMonaco, & Nicea.

DICHIARATIONE.

ᵃ Il viaggio ⟩ *Per mare, partendosi da Ostia, ha l'infrascritte terre.*

ᵇ Feregene ⟩ *Così detto da Fetonte & Genio Iano. Era castello doue hora è palude: & si chiamaua Castel nuouo: ma disfatto è detto vecchio. & si chiama al presente, Porto di Ciuità Vecchia.*

ᶜ Celle ⟩ *hora Centocelle: per i giudici che messe Cesare in Centocelle. & perche nella lingua Etrusca, tutto quel tratto del lido, che è da Cerueteri in là, si chiamaua Celle.*

ᵈ Hercole ⟩ *Porto Hercole, & Talamone: da nomi de gli Argonauti, co quali era Hercole, allora che andarono a trouare Euandro nel Latio.*

ᵉ Capo d'Etruria ⟩ *detto hoggi Capetruia.*

ᶠ Falisci ⟩ *Porto sopra Capetruia, detto hora Falesce.*

ᵍ Traiano ⟩ *Doue è Piombino.*

ʰ Populonia ⟩ *Piombino, dal nome di vn nocchiero.*

ⁱ Vada ⟩ *Ritiene il nome antico fra Volterra, & Pisa, così detto, perche da questa si ripiega & volge il lido di sopra, verso Liuorno. Vado in lingua Aramea: significa quello che i Latini dicono Verto: cioè volto, riuolto.*

ᵏ Erice ⟩ *Ritiene il nome dalla parte di Toscana, dou'è il castello, ma dalla parte della Liguria è detto porto Venere. altri dicono porto della Spetie, & golfo della Spetie.*

ˡ Entellia ⟩ *Sestri.*

ᵐ Delfino ⟩ *Porto Delfino.*

ⁿ Genoua ⟩ *Da Iano, onde è anco detta Ianua, quasi porta in Italia. Argomento di questo è il Promontorio Carim Iano, parte di Genoua vecchia. & nella lingua Etrusca, Hebrea, & Aramea, Carim vuol dir vigna: onde Carim Iano, vigna di Iano. Et parte della nuoua Genoua è ancora chiamata, della vigna, doue è S. Maria in vigna.*

ᵒ Monaco & Nicia ⟩ *Ritengono il medesimo nome, dicendosi Nizza.*

ANTONINO.

ᵃ Il viaggio lungo la ᵃ marina, contiene ᵇAlsio, ᶜCere, Pirgano, Foroce-

ANTICHITÀ

b ᵈForocelle, ᵉGrauiſca, Coſa, Volaterra, Piſa, Luna : & il tranſito nel
c le Gallie, Cariara.

DICHIARATIONE.

a La marina } Littorale dice il teſto Latino : cioè quella parte, per la quale ſi
camina, non in barca, ma per terrà ſù la marina : quantunque alcune di que
ſte città ſiano parte ſul mare, & parte poco fra terra.

b Alſi } diſfatto, & rifatto da Ceretani : hora detto Ceri, & illuſtre per Ren-
zo da Ceri Capitano chiariſſimo ne tempi de noſtri padri & noſtri.

c Cere } detto già Agilla, hora Cerueteri.

d Forocelle } hora Forcelle.

e Grauiſca } hoggi Corneto. altri dicono Monte alto.

ANTONINO.

La ſtrada ᵃAureliana detta anco Claudiana : ᵇ porta per eſſa uia Au
reliana, le ᶜTherme Stigiane, il ᵈforo de noue uillaggi di Claudio,
Tarquinia, Saturnia, Volcem, il monte ᶠTunniate Roſella, Roſeto,
ᵍ Turſena, & il tranſito ʰ d'Apua.

DICHIARATIONE.

a Aureliana } queſta ſi partiua dalla porta Aurelia, coſì detta da Aurelio, la
qual poi fu anco chiamata Claudiana da Claudio, & entraua nella via
Flaminia.

b Porta } cioè conduce eſſa ſtrada a gli infraſcritti luoghi.

c Terme Stigiane } Detto anco Barcenne : & già bagni Sabatini, vicini à
Cerueteri : & lodaſi per la qualità loro.

d Foro de noue uillaggi } hoggi Tolfa noua : lontana da Roma ventiquat-
tro miglia.

e Tarquinia } coſì detta da Tarquinij : hoggi diſtrutta.

f Tunniate } S'è detto di ſopra, cioè Radicoſani, & S. Fiore.

g Turſena } dopo monte Catino, detto Curſena.

h Apua } Da quella parte che ſono detti i Liguri Apuani. hora Pontremoli.

ANTONINO.

Per lo uiaggio ᵃCaſſiano ſi camina per Poſitore Arceno, ᵇ Minio-
ne, Foro ᶜdi Caſſio, ᵈ Arunti Camillarij, Tuderno, ᵉVarentano,
Monte Vmbrone, ᶠ Sena colonia ; Focenſi, ᵍ Luca, & il tranſito
Caſeroniano nelle Gallie.

Dichiara-

DEL MONDO

DICHIARATIONE.

Cassiano } *Per lo nome di Cassio.*

Minore } *Dicono che Enea fece questo viaggio, quando andò a trouare Enea.*

Foro di Cassio } *detto Forcassio, & alcuni dicono Vetralla.*

Arunti Camillarij } *cioè ministri, o sotto ministri. Macrobio nel 3 de Saturnali dice. Nam Statius Tullianus de vocabulis rerum lib. 1. ait dixisse Callimachum Tuscos Camillum appellare Mercurium, quo vocabulo significant præministrum Deorum. Vnde Virgilius ait, Metabum Camillum appellasse filiam Dianæ, scilicet præministram, nam & Pacuuius cum de Medea loqueretur, Cælitum Camilla expectata aduenis salue hospita. Romani quoque pueros puellasue nobiles & inuestes, Camillos & Camillas appellant flaminicarum & flaminum præministros. Arunti adunque Camillarij, cioè ministri, o secretari & Cancellieri de Larthi, o de Lucumoni, come afferma Annio.*

Varentano } *Luogo intorno al lago di Bolsena: posseduto dalla famiglia Farnese.*

Sena } *con gli altri luoghi appresso: Vedi di sopra in Catone doue habbiamo dichiarato il tutto.*

Luca } *Lucca. ha due transiti, l'vno per Apua detto Pontremoli, l'altro per la Caferoniana: hoggi detta Grasignana, o uero Garsignana, chiamata così dal Luco di Feronia, nominata poi da Desiderio Re de Longobardi, Pietra santa. Et così tutto quel tratto de monti che è tra Pietra santa & Lucca, si chiama la Garsignana.*

Nelle Gallie } *cioè, o nella Marca Anconitana, o nella Lombardia.*

ANTONINO.

Il[a] uiaggio Tiberino detto anco Ciminio, porta a Galera[b] Laterniano, o uero Veiente, Rosulo, Sutrio, Lago Elbio, & à gioghi Ciminij, il[c] Fano di Volturna, a[d] cui chiari gesti Liuio hebbe inuidia. Salumbrona di Volturna, il fiume Larthe, Volsino, [f] Clusio uecchio già Comersolo, Clusio nuouo, dalquale hora è detto Clusentino, transito d'Annibale, & transito di Fiesole.

DICHIARATIONE.

[a] Viaggio Tiberino } *Non perche si vada in barca per lo Teuere, ma perche sono luoghi fra terra non molto lontani dal Teuere, andando verso Viterbo.*

Later-

b Laterniano } Rosulo, Sutrio, si è detto di sopra come si chiamino hoggi.
c Fano di Volturna } Hoggi Viterbo.
d A cui chiari gesti } Riprende Antonino in questo luogo Tito Liuio come inuidioso, & come historico appassionato, & in conseguenza non degno di fede: poi che ne l'amore, ne l'odio, non dee diuiar punto lo historico dalla verità. Però scriue Suetonio che Caio Calligula, stette per poco, che non bandisse & non leuasse tutte l'opere, & tutte le statue di Virgilio, da tutte le publiche librarie: tassandolo come troppo verboso, & cianciatore; & come negligente nella historia. percioche colui è negligente, che tace quello che douerebbe narrare, & contradice senza alcuna pruoua alle ragioni & à gli auttori. & in queste due cose diceua Caio, che Liuio haueua peccato in diuersi luoghi dall'opera sua, ma spetialmente doue si trattaua della gloria de Toscani. Conciosia che come s'è veduto di sopra, Celio Toscano Larthe di Viterbo, diede aiuto à Romolo che lo ricercò, contra i Cenineñsi & altri suoi nemici, & ne hebbe vittoria. Il medesimo fece Galerito Lucumone contra i Sabini. & per questo egli fu il primo che ordinò in Roma, le diuisioni, & i nomi alle Tribu, dando la terza parte d'essa à Toscani: come chiaramente si legge in diuersi scrittori. Et nondimeno Liuio come inuidioso, volendo oscurar la gloria de Toscani & i trionfi ottenuti da loro & non da Romolo, tacque di quello ch'egli doueua scriuere. & questa è la cagione per la quale Antonino dice quelle parole.
e Fiume Larthe } Il quale esce del lago di Bolsema, & si chiama Marte; & parte d'esso è volgarmente chiamato Caduta di Salombrona.

ANTONINO.

Il ᵃ uiaggio Flaminio ha ᵇ Castel nuouo, ᶜ Ocrea, & ᵈ Ocricolo, ᵉ Narni già Nequina, ᶠ Tuder, Hispello. o ᵍ uero da Castel nuouo Spoleto, Camerino, Vrbino, Pisauro, Arimino.

DICHIARATIONE.

a Viaggio Flaminio } così nominato da Flaminio.
b Castelnuouo } Del qual nome sono diuerse terre in diuersi luoghi: così fra terra come alla marina.
c Ocrea } Città grande altre volte de Sabini. ma hoggi disfatta.
d Ocricolo } detto hoggi Otricoli.
e Narni } Era già chiamato Nequino, hora detto Narni dal fiume Nar. Città illustre per Gattamelata famoso Capitano di militia: & per lo possesso lungamente tenuto di quel Vescouado, dalla nobile & chiara famiglia Romana de Cesi.

f Tuder } Terni, come s'è detto altroue.
g Ouero } perche da Castelnuouo si và anco, a Spoleto, a Camerino, & alle altre città qui nominate.
h Spoleto } Detto dalla voce Aramea & dall'Etrusca, Spoler, o dallo vccello Spolo, per lo augurio delquale fu edificato, come fu anco fatto Capua da Capi vccello che vuol dire, Falcone, ouero da Polo Duce & Capitano di colonia, & non dalla voce, Espoliare, o spogliare. Et sotto i Longobardi fu capo del Ducato, detto Ducato di Spoleti.
i Camerino } chiamato così da Camese suo conditore.

K   EDITTO

EDITTO DI DESIDERIO
RE DE' LONGOBARDI.

a   Iuochiamo gli Statuti fatti dal Re Aistolfo contra i Vetutoni : cioè ch'il lago sia non de Tirensi, ma de i Vetuloni, perch'il Lago ^b grande d'Italia, è detto d'Italia, perch'il territorio loro è il primo che fu chiamato Italia, per la sede che ui fu posta da Italo. & che chiamino la sua
c   ^c Longhola, non Longobardula, ma Terebo per lo cognome di Tirreno suo restauratore. & che sotto un muro solo, cinghino le sue tre terre, Longhola, Vetulonia, & Turrena Volturna detta Etruria ; & che per uostra aggiunta la chiamino tutta, Viterbo, si come
d   comandammo che Rhoda & Ciuità fosse detta ^d Balnoregio. Permettiamo, che si zecchino monete con ^e Faul, ma che sia leuato uia Hercole, & posto in suo luogo San Lorenzo loro Auocato, si come fa
f   Roma & Bologna. Comandiamo parimente che sia restaurato Cort
g   Nienta, ^f Dardanio, Assio, Forannio, ^g Corniete, & Toscanello.

DICHIARATIONE.

a   Ritrochiamo } *Quando i Longobardi s'impadronirono di gran parte d'Italia, messero tre Ducati nell'Etruria, de quali furono Metropoli, Etruria, Spoleti, et Beneuento. Il Duca di Beneuento gouernaua il Latio, & la Campagna sino à Napoli: Et il Duca di Spoleto possedeua l'Vmbria Tiberina: & il Duca d'Etruria parte della Toscana Tiberina. Aistolfo Bencuentano, era contrario a gli Etruschi, & Desiderio Duca d'Etruria era loro amico. Ma venuto à morte il Re de Longobardi, fu fatto in suo luogo Aistolfo, il quale comandò, che Longhola fosse chiamata Longobardula, & smembrò da quella giurisditione il Lago di Bolsena: & vietò loro il batter moneta, & cotali altre cose, come fanno i Signori, quando sono poco amici a qualche luogo. Ma mancato Aistolfo, entrò Re in suo cambio Desiderio ch'era Duca d'Etruria ; onde egli fece di molti benefici alla città del suo Ducato. Et percioche Papa Adriano ha-*

no haueua chiamato in Italia Carlo Magno, in aiuto di Santa Chiesa, però Desiderio dubitando di quello, che poi gli auenne, s'ingegnò di acquistarsi la gratia, più che poteua, delle città principali d'Etruria. onde scrisse a Grimoaldo Gouernatore di Volturna, ouero d'Etruria molte cose, fra le quali gli mandò questo editto, bando, legge, o constitutione: acciòche lo facesse intendere a tutti i Toscani. Et si dee notare, ch'il Ducato d'Etruria, che noi habbiamo detto di sopra, era quello a punto che noi chiamiamo al presente, Patrimonio. ma il Gouerno conteneua la Toscana dal fiume del Teuero sino alla Magra. Hoggi l'Etruria contiene, la città di Fiorenza con molte altre, sotto titolo di Gran Ducato.

b Lago grande } Detto per degnità grande: ouero grande in Italia hauendo rispetto, che quel paese all'intorno & non altro, era ne primi tempi chiamato Italia. hoggi è detto, lago di Bolsena.

c Longhola } Erano le terricciuole di Longhola dette anco Para Tuffa, & di tre altre insieme poco discosto l'vna dall'altra: le quali volendo Desiderio ridurre insieme, fece fare il cerchio delle mura all'intorno, onde ridotte in un corpo quelle tre castella: fra le quali era anco Vetulonio; diede loro forma d'vna città grossa; & volle che si chiamasse Viterbo.

e Balnoregio } Hoggi detto Bagnoreggio. dalla voce Balneo Regis, cioè bagno del Re.

d Faul } Che si interpreta Fano di Volturna. reputate da gli antichi per lettere sacre, percioche le distingueuano in questa maniera F. A. V. L. Et fu nome d'vna fanciulla che hebbe Hercole in premio di hauer fatto il lago Ciminio: o secondo altri che egli rubò, andando a trouare Euandro. Et si coniauano in quella forma nelle monete, che si coniano queste altre nelle monete del Duca di Sauoia F. E. R. T. che rileuano, Fortitudo Eius, Rhodum Tenuit. fatte in honore d'vn di quei Duchi, che acquistò Rhodi per l'impresa di terra Santa.

f Dardanio } Hoggi Tardano.

g Cornieto } Forse Corneto.

DESIDERIO.

Percioche noi non siamo destruttori della Toscana; si come ne accusa Papa Adriano presso a Francesi. Conciosia che habbiamo edificato in Toscana, dalle fondamenta, à uoi Volturreni, [a] Caluello, [b] Vico Horchiano, Balnoregio, Barbarano, & Gariofilo. A [c] Sentinati, [d] Ausdonia, Roda Cofano, A Volterrani Roda Comalo. A [e] Luna, Sergiano, & Pietra Santa, già Fano di Feronia. A [f] Focensi i Santi Geminiano & [g] Miniato. A Fiesolani, il Castello [h] Mugnone; nel

ANTICHITA

f ne; nel quale raccogliemmo gli ⁱ Arim Iani, & i ^k Palanti Fluentini,
g ch'andauano uagando & sparsi. Et di piu ampliammo diuerse no-
h bili antiche città, & le cingemmo di muraglie. & hora facciamo il
i medesimo intorno à Lucca, Pistoia, Arezzo, ^l Orbeto, & Etruria, ho-
k ra Viterbo. al ^m cui nome, o uero decreti da noi ordinati, s'alcuno
l contrafarà, sia decapitato ò strangolato. Questo adunque non è un
m distrugger l'Etruria, come ne riprende Adriano, il quale rifiuta
la pace che noi uolontariamente gli habbiamo offerta.

DICHIARATIONE.

a Caluello } *Hora Moncaluelio.*
b Vico Horchiano } *hoggi Vitorchiano : da Horchia, Dea d'Etruria, come s'è detto di sopra.*
c Sentinati } *Popoli che si contengono da Radicofani fino a Orbetello su la marina.*
d A usdonia } *hoggi Lasidonia spianata da Saracini.*
e A luna } *cioè a Lunesi, popoli di Lunigiana.*
f Focensi } *Popoli di Fucecchio.*
g Miniato } *S. Miniato al Tedesco.*
h Mugnone } *hoggi è fiume che scorre poco discosto da Fiorenza fuori della porta à San Gallo.*
i Arim Iani } *cioè esaltati da Iano.*
k Palanti Fluentini } *cioè sbandati & senza ridotto, detti Fluentini dal corso d'Arno, detti anco Arniensi da Fabio Pittore.*
l Orbito } *Orbetello.*
m Al cui nome } *cioè Viterbo. Città chiamata per l'antichità sua con diuersi nomi. percioche fu detta Turrena, dalle mura, & da gli edifici che gli antichi faceuano con diuerse torri, si come s'è detto in Beroso. Et non solamente quella città, ma anco tutta quella prouincia che tra la Magra & il Teuere, chiude l'Apennino & il mare, fu chiamata dalle Torri, Etursia che poi si dis-se Etruria, & Etruria come attesta Dionisio Alicarnasseo. Fu anco detta Volturna : perche facendosi anco l'altre città con le torri, essi aggiunsero al nome di Turena, la voce Vol, che significa, antichissima fra tutte l'altre. Et parimente fu chiamata Veinza, & Vetulonia. Fano di Volturna : percioche haueuano la Corte in cambio del Tempio. Et Para Tussa, cioè bastata & co ronata Tusca. & Arbano cognominato colombo. Et sotto Costantino fu per degnità detta Paleologa, & finalmente Viterbo.*

DESIDERIO.

Onde comandiamo à te Grimoaldo Gouernatore di Viterbo, che fino à che dura & perseuerà la pace dubbiosa, debba commettere à tutti i soldati della Toscana, che stiano apparecchiati nell'armi. Et fa che habbiano le uettouaglie & lo stipendio in pronto, senza auaritia. Accioche tu possa non solamente resistere a nemici, ma assaltarli. . . . Non grauerai i cittadini con nuoua gabella. . . . Verranno di Pauia. . Viterbesi . . .

Manca tutto il resto, consumato dall'antichia̧.

DI PUB. VITTORE
DELLE REGIONI,
& de' luoghi di Roma.

REGIONE PRIMA.

Porta Capena.

^dVico & Tempio de le Camene.
Vico Drusiano.
Vico di Sulpitio di la.
Vico di Sulpitio di qua.
Vico della ^eFortuna Obsequente.
Vico Poluerario.
Vico ^fdell'Honore & della Virtù.
Vico de tre Altari.
Vico di Fabritio.
Tempio di ^gMarte.
Tempio di ^hMinerua.
Tempio della ⁱTempesta.
Altare ^kd'Apolline.
Altare della Speranza.
Piazza di Gallo, o Tallo, o Gallia.
Piazza Pinaria.
Piazza Carsura.
Lago ^ldi Prometheo
Lago di Vipsano, o Vespasiano.
^mBagni di Torquato.
Bagni di Vettio Bolano.
Bagni di Mamertino.
Bagni d'Abascantiano.
Bagno d'Antiochiano.
Therme ⁿSeueriane.
Therme di Comodo.
Arco del Diuo Vero Partico.
Arco del D. Traiano.
Arco di Druso.
Mutatorio di Cesare.
^oAlmone fiume.
Vichi IX.
Tempietti o Cappelle X.
Vico ^pMaestri XXXVI.
^qCuratori II.
^rDenuntiatori II.
^sIsole 4250.
^tCase CXX.
Granari XIII
Bagni priuati LXXXII.
Laghi XXXIII.
^uPistrini XX.
La regione circonda intorno 12222 ^xpiedi.

DICHIA-

DICHIARATIONE.

a Publio Vittore } Cittadino Romano discrisse particolarmente i luoghi della città di Roma in sommario: che altri poi hanno descritto piu largamente. La qual discrittione noi parimente habbiamo voluto imitare nella nostra Venetia. mettendo nel fine d'ogni libro d'essa, che sono 14, tutte le cose in sommario, che sono notabili & degne di memoria.

b Regioni } Contrade, Rioni dicono i Romani, de quali i preposti & capi loro si chiamano Caporioni.

c Porta Capena } Comincia la sua discrittione dal Rione chiamato Porta Capena: o perche fosse il primo in quel tempo, o pur perch'era necessario, che cominciasse da qualch'vno. Questa porta hebbe il nome dalla città Capena ch'era presso Alba. Alcuni la chiamano Camena, da vn Tempio delle Camene, che era fuori della porta, con vn bel boschetto. Nel qual Tempio era la statua di Aetio Poeta. Hora si chiama Porto di S. Sebastiano: dalla Chiesa quindi lontana per lo spatio di due miglia, a man dritta su la strada Appia, Regina dell'altre strade. & vi si troua il Cimiterio di Calisto, chiamato hoggi la Catacomba.

d Vico } contrada, vicinia, o strada che habbia le case dall'vna banda & dall'altra. Si chiama anco borgo, quantunque non sia sotto le mura della città. Da questo Vico s'andaua al Tempio delle Camene o Muse, ch'era poco fuori della detta porta.

e Fortuna obsequente } cioè seconda: fauoreuole, & fu dedicato da Tullio Re de Romani.

f Dello Honore, & della Virtù } Era questo tempio, secondo alcuni sul colle Quirinale. & fu edificato da Marcello.

g Tempio di Marte } Furono in questa parte due Tempij, l'vno dentro alla porta chiamato col titolo di Marte Quirino, & l'altro fuori della porta, col nome di Gradiuo, cioè guerriero.

h Minerua } Dice di questo il Marliano. Iuxta Capenam portam ara Apollinis, Spei, Mineruæ, Honoris Templa fuisse aiunt.

i Tempesta } Questo dicono, che fu fatto da Marcello.

k D'Apolline } Iuxta Capenam portam Aram Apollinis, Spei, Mineruæ &c. scriue il Marliano.

l Lago } Pozze, fosse, o busi da purgar l'acqua. percioche non si bee se non acqua del Teucre. conciosia, che il suolo di Roma non patisce pozzi viui come nell'altre città. & se lago s'intendesse per laguna: troppi sarebbono stati i laghi in quella città.

m Bagni } Vi furono bagni, & Therme in quantità. percioche i Romani vsarono grandemente di lauarsi, si per esser mondi dal sudore, & dalla poluere, &

ANTICHITA

ſi per ſanità & per piacere. onde ſi fecero ſpeſe grandiſſime, coſi da priuati, come da Principi in coſi fatti edifici. & quelli de priuati furono detti bagni, doue andauano anco a publichi bagni, i plebei, & gli artigiani. Ma quelli de Principi furono chiamati Therme, dalla voce Termon, che in Greco ſignifica caldo. Nelle quali quanto foſſe la ſpeſa & la pompa, ſi comprende per molte rouine d'eſſe Therme, che ſi veggono in diuerſi luoghi di Roma.

n Seueriane } di Seuero Imp. delle quali ſe ne veggono i veſtigi nel campo de Giudei.

o Almone fiume } ſcorrendo queſto fiumicello per la via Appia alle radici dell'Auentito sbocca nel Teuero. Naſce nel territorio di Marino, lontano da Roma 10 miglia. Soleuano i Sacerdoti Galli lauare ogni anno in quel fiume la Dea Cibele madre de Dei.

p Vico Maeſtri } Capi de Vichi, & delle contrade. de quali era offitio, di hauer cura che le ſtrade ſteſſero nel loro rione, in concio, & in colmo: & haueuano parimente la cura de fuochi che non faceſſero danno. percioche allora non ſi vſauano i camini.

q Curatori } Procuratori, fattori, o ſollecitatori.

r Denuntiatori } I quali faceuano intendere, a Caporioni, o vero à Magiſtrati, quanto occorreua di biſogno, per quella contrada. percioche, dice Pomponio Leto, che ardendo ſpeſſo nella città qualche caſa, o per lo gran numero delle perſone: o perche non foſſero tutte le caſe di muro, Auguſto ordinò per Roma alcune ſquadre che foſſero pronte per queſto biſogno. onde io voglio credere, che i Curatori & Denuntiatori foſſero parimente ordinati per queſto effetto.

s Iſole } Edifici ſeparati da gli altri: con quattro faccie all'intorno: onde diciamo, caſa in iſola, cioè ſola & diſtaccata dalle altre. o vero mucchi di caſe, a tante per mucchio.

t Caſe } Annouerando ſolamente quelle de grandi, & le piu nobili, che delle picciole & plebee non ſi tien conto.

u Piſtrini } Botteghe di pane.

x Piedi } Ogni paſſo fa 5 piedi. mille paſſi fanno vn miglio, di modo ch'è ageuol coſa l'intendere il circuito d'ogni regione.

REGIONE SECONDA.

Monte ᵃCelio.

empio ᵇdi Claudio.
Macello ᶜGrande.
Campo ᵈMartiale.
ᵉLuparia.
Antro del Ciclopo.
ᶠAlloggiamenti pellegrini.
Capo d'Africa.
Albero Santo.
Casa di Filippo.
Casa Vettiliana.
Regia di Tullo Hestillio, col Tempio.
ᵍMansioni Albane.
Mica ʰAurea
ⁱArmamentario
Spolio Samario.
ᵏLudo Matutino.
Ludo Gallico.
ˡSquadre cinque di Guardie.
Vichi VII.
Cappellette VIII.
Vico. Maestri XXVIII.
Curatori II.
Denuntiatori II.
Isole tre mila.
Case CXXXIII.
Granari XXIII.
Bagni priuati XX.
Pistrini XII.
La regione gira intorno 12200. piedi.

DICHIARATIONE.

a Celio } *Vedi di sopra in Fabio Pittore, alla voce Celio, nella dichiaratione del testo.*

b Tempio di Claudio } *& gli fu dedicato da Vespasiano.*

c Macello grande } *Era piazza doue si uendeuano le cose da mangiare: & ui era la beccheria principale della città.*

d Campo Martiale } *differente da Campo Martio. nel quale si faceuano giuochi à cauallo.*

e Luparia } *dalla Lupa che diede il latte a Romolo & à Remo. o uero Luponaria: cioè luoghi publici delle meretrici.*

f Alloggiamenti } *doue Augusto teneua le genti dell'armata di mare, la quale egli teneua & Miseno.*

g Mansioni Albane } *luoghi assegnati agli Albani per habitarui, sopra le quali è hoggi fabricata la chiesa di Santa Maria in Dominica, rifatta già da Papa Leone X.*

b Mica } *o forse Meta.*

Arma-

ANTICHITA

i Armamentario } era preſſo al Tempio di Tellure, & ne fa mentione Cicerone.

k Ludo } Significa Scuola, o uero eſſercitatorio ò di lettere o d'arme, o di eſſercitio di corpo, che ſi faceua da giouani all'alba, ò auanti dì, ſecondo l'ordine di quel tempo.

l Squadre } doue ſtauano alquante ſquadre per la guardia, o della città, o del palazzo dell'Imperadore. o per riſpetto del fuoco, come s'è detto altroue.

REGIONE TERZA.

a Iſis, & Serapis.

b Nfiteatro di Moneta, capace di 87 mila perſone.
c Ludo Magno.
Ludo Dacico.
Caſa Britiana.
Samio Coragio.
Pretura preſentiſsima.
d Therme di Tito Ceſ. Auguſto.
Therme e di Filippo Ceſ. Aug.
Lago del Paſtore.
Scola de Queſtori.
Alloggiamenti de Miſeni.
f Suburra.
Vichi VIII.
Cappellette VIII.
Vico Maeſtri XXIIII.
Curatori II.
Denuntiatori II.
Iſole MMCCLVI.
Caſe CLX.
Granari XVIII.
Bagni priuati LXX.

DICHIARATIONE.

a Iſis } La contrada preſente fu chiamata dal Tempio di Iſide ch'era notabile fra gli altri della città. Era Dea de gli Egittij, ma fu anco riuerita in Roma con Oſiride ch'era cognominato Serapis: & da queſti Dei furono cognominati i luoghi nella Regione Flaminia. Iſei & Serapei. Ma hauendo Mondo nobiliſſ. giouane Romano corrotta Paolina in queſto Tempio, ſotto ſpecie di ſantità col mezzo de ſacerdoti, Tiberio fece diſtruggere il Tempio.

b Anfiteatro } Queſto era nel mezzo della città, cominciato da Veſpaſiano & finito da Domitiano, di marmo coſi dentro come fuori. & ogni volta haueua di ſopra ſtatue di marmo: di circuito capace di 87 mila perſone. Si chiamaua anco Arena, perche era per tutto in terra ſparſo d'arena, acciochè chi cadeua ne giuochi che vi ſi faceuano, non ſi faceſſe male. Fu poi detto Coliſeo, da vn coloſſo

coloſſo che Nerone fece fare per la ſua caſa d'oro : d'altezza di 120 piedi.
In queſto luogo ſi faceuano i giuochi gladiatorij: le caccie: & le battaglie nauali: facendoui venir dentro dell'acqua. Fu arſo & rouinato da Barbari. & ſi
dice che di parte d'eſſo Paolo II Papa edificò il palazzo di S. Marco. Si cognominò Moneta, per lo cognome di Giunone Moneta, allaquale o era conſa-
crato, o era vicino per lo ſuo tempio.

Ludo Magno } eſſercitatorio, o Scuola principale fra l'altre.
Therme di Tito } Queſte ſono non molto diſcoſto dalla Chieſa di S. Martino
tra monti : ma del tutto rouinate.
Di Filippo } Dopo quelle di Tito, ſi veggono le rouine di tre Terme di Filip
po Imp. lequali furono conoſciute per alcune figure col nome di Filippo : &
furono aſſai grandi.
Suburra } Era queſta vna contrada famoſa, che cominciaua dal Foro di Ner
ua, & ſi ſtendeua ſotto le Carine fino al principio della ſtrada Tiburtina: che
diuideua l'Eſquilie per mezzo: la cui ſalita era detta Cliuo di Suburra. Vi era
la caſa di Ceſare doue ſtette vn tempo. Fu detta Suburra, quaſi ſub vrbe, perche foſſe ſotto la città antica: o veramente Suburra dal nome di vn villaggio
detto Sucuſſano, come ſcriue Varrone.

RECIONE QVARTA.

ªTempio della Pace.

Empio di Remo.
Tempio di ᵇ Venere.
Tempio di ᶜ Fauſti-
na.
Tempio di ᵈ Tellure.
Via ᵉ Sacra.
ᶠ Baſilica di Coſtantino.
Baſilica di Paolo Emilio.
Porto Sacro.
Foro Tranſitorio.
Bagni di Dafne.
Portico Aſſidata.
Piazza di Volcano col ᵍ Volcana-
le doue Romolo ſeminò il ʰ loto,
nellaqual piazza piouue ſangue
per due giorni.
Buccina Aurea, ouero Bucino au-
reo.
Apollo ⁱ Sandalario.
Granari Cartaeri, o Taſtaria, o
Teſtaria.
ᵏ Sororio Tigillo.
Coloſſo alto 102 piedi & mezo
con 7 raggi in capo, alti 22
piedi & mezzo l'vno.
Meta ˡ ſudante.
ᵐ Carine.
Caſa di ⁿ Pompeo.
Caſa di ᵒ Cicerone.
Vichi VIII.
Cappellette VIII.
Vico Maeſtri XXXII.
Curatori II.
Denuntiatori II.

Iſole

ANTICHITA

Isole 2700
Case CXXXVIII.
Granari VIII.
Bagni priuati LXXI.
Laghi LXXVIII.
Pistrini XII.
La regione circonda 13 mila piedi.

DICHIARATIONE.

a Tempio della Pace } Da questo Tēpio fatto da Vespasiano, si chiamò questa quarta contrada *Templum Pacis*. ilquale fu notabilissima fra tutti gli altri di Roma, & hoggi se ne veggono le vestigie presso al Coliseo.

b Di Venere } Furono diuersi Tempi dedicati a Venere. ma con diuersi titoli. ma quello di Venere assolutamente, dicono che fu fatto fare da Q. Fabio Gurgio, di condannagioni tolte a diuerse matrone per stupri & adulterij commessi da loro.

c Di Faustina } si veggono le vestigie. Dicono ch' Adriano suo marito lo fondò sotto le radici del Tauro, accioche le fossero fatte i diuini honori. Ma Elio Gabalo poi suo figliuolo: volle che fosse consacrato a lui, o a Gioue Sirio, o al Sole. Hoggi si chiama S. Lorenzo in Miranda.

d Tellure } della terra. Dicono alcuni ch'era presso alla salita per laquale si va a S. Piero in Vincola, doue hora è la Chiesa di S. Pantaleone. Sempronio cōbattendo co nemici presso Ascoli, tremò la terra. perch' egli dubitando che la Dea Terra fosse adirata, le dedicò questo Tēpio, & lo fabricò sul terreno, doue era per auanti stata la casa di Sp. Cassio, laquale gli fu spianata perche volle farsi Tiranno di Roma.

f Basilica } Loggia, ridotto, o regia: nellaquale s'adunauano le persone a negotiare, a giudicare: & a contrattare, & a far cose tali.

g Volcanali } cioè botteghe di fabri. o vero luogo doue si faceuano i giuochi, o i sacrifici di Volcano.

h Loto } Albero aquoso, onde Ouidio.

Amnicolæq́, simul salices, & aquatica lotos,

fa le pomelle simili a quelle del mirto. & il suo legno è negro: Dicono alcun ch'è quell' albero ch'i Romani chiamano visciolo. altri vogliono che sia la herba del trifoglio. & altri il miglio.

i Sandalario } Sandalo presso a Greci, è sorte di calzamento cosi detto dalla suola: perche sandalo vuol dir suola: alcuni dicono ch'è lo stiualetto. Fauella di questo Apollo Sandalario, Gellio nel lib. 17.

k Sororio Tigillo } era questo luogo presso alle Carine. fatto in honore di Giunone, & sacrato per causa della purgatione che fece Oratio, per hauere egli ammazzata la sorella che gli andò in contro piangendo, quando egli tornò a Roma vittorioso de nemici.

Meta-

DEL MONDO. 79

Meta Sudante} preſſo all'arco di Coſtātin: oerano alcuni termini antichi di mattoni fatti quaſi in mezza forma rotonda, da quali dicono, ch'eſſendo il popolo pieno di ſete mentre era a vedere nel teatro qui vicino, i giuochi che vi ſi faceuano: ſudò fuori acqua; con laquale eſtinſe la ſete di tutti loro.

Caine} Coſi dette per eſſer fatte a ſomiglianza del ventre d'una barca. & era nome di ſtrada a pie della Salita del Campidoglio. Dice Varrone che fu detta Carina. perche di queſto luogo naſceua il capo della Via Sacra: percioche in Greco, Cara, ſignifica capo in latino.

Di Pompeo} era ſu le Carine, preſſo al capo della via Tiburtina. Dicono che Leneo ſuo liberto vi inſegnaua grammatica.

Di Cicerone} Hebbe due caſe, l'una fu queſta ſu le Carine, l'altra ſul Palatino. queſta la diede a ſuo fratello: & quell'altra la comprò da Craſſo per 50 mila ducati, & vi andò ad habitare.

REGIONE QVINTA.

Eſquilina con la Torre, & col Colle Viminale.

Ago di Prometheo.
Macello Liuiano.
Ninfeo del Diuo Aleſſandro.
Squadre 7 di guardie.
Tempio di Venere Ericina alla porta Collina.
Horti di Plautiano.
Horti di Mecenate.
Regia di Seruio Tullo.
Hercole Sullano.
Anfiteatro Caſtrenſe.
Campo Eſquilino & lago.
Campo Viminaſe fra gli argeri.
Boſco Petelino.
Tempio di Iunone Lacinia.
Giogo Fugatale.
Caſa d'Aquilio Giuriſconſulto.
di Q. Catulo, & di M. Craſſo.

Altare di Gioue Vimineo.
Minerua Medica.
Iſis Patritia.
Lauacro d'Agrippina.
Therme d'Olimpiade.
Vichi XV.
Capellette altrettante.
Vico Maeſtri IX.
Curatori II.
Denuntiatori II.
Iſole 3850
Caſe CLXXX.
Laghi LXXXIX.
Granari XXIII.
Bagni priuati LXXV.
Piſtriui XII.
La regione circonda 15800 piedi.

Dichia-

ANTICHITA

DICHIARATIONE.

a Eſquilina } contrada coſi detta dal colle Eſquilino: chiamato a queſto modo dalla voce excubando, quaſi excubie cioè guardie. percioche Seruio Tullo vi teneua le guardie.

b Viminale } coſi detto, o dalle vimini che vi naſceuano, o vero da Gioue Vimineo che vi hebbe vn Tempio.

c Macello Liuiano } Beccaria cognominata da vn Liuio: doue è hora la Chieſa di S. Vito detta in Macello per riſpetto del Macello predetto. Plutarco ne problemi dice, che queſta voce Macello è detta, o da magiros in Greco, che vuol dire cuoco, o vero da vn certo chiamato Macello, ilquale eſſendo fiero huomo & vſo ad ammazzar genti, fu finalmente fatto morire dalla giuſtitia & della ſua facultà fu fabricato vn luogo, alquale fu poſto nome Macello per lui. & però ogni luogo doue s'occida carne, è detto Macello.

d Venere Ericina } Attilio & Q. Fabio Maſſimo, eſſendo in Magiſtrato nell'offitio detto Duumuiro, dedicarono allo Euento & a Venere Ericina queſto Tempio. Altri dicono che Fabio fece voto di fabricarlo, & che L. Portio lo dedicò. Dicono che hebbe vn bel portico: & che le donne pudiche, nel meſe di Agoſto, le faceuano vna feſta molto ſolenne.

e Di Mecenate } Nel campo Eſquilino: ſi ſeppelliuano i morti. queſto fu dato a Mecenate da Auguſto: ilquale vi fece vn belliſſimo giardino.

f Regia } Palazzo, Stanza reale di Seruio Tullo Re.

g Capo Viminale } il campo Viminale ſi diſtende dalle mura fino alle Thermi ſopra l'argere di Tarquino Superbo.

h Di Iunone } Furono diuerſi i Tempij di queſta Dea, nella città.

i Aquilio } hebbe queſto luogo tre nobiliſſ. caſe di tre preſtantiſſimi Senatori, & principali della città, cioè di Craſſo, di Q. Catulo, & d'Aquilio: le cui veſtigie ſi veggono ancora ſul dorſo del colle.

k Lauacro } Bagno d'Agrippina madre di Nerone. Adriano Imperadore l'adornò con grandiſſima ſpeſa. Vi fu fatta poi la Chieſa di S. Lorenzo in Paliſperna, doue ſono monache.

l Olimpiade } Si veggono le veſtigie d'eſſi fra le chieſe di S. Pudentiana & di S. Lorenzo in Paliſperna.

REGIONE SESTA.
ª Alta Semita.

Vico di Bellona.
Vico di ᵇ Mamuro.
Tempio della Salute sul colle Quirinale.
Tempio di Serapis.
Tempio d'Apollo, & di ᵈ Clatra.
Tempio di ᵉ Flora, & Circo.
Floralia.
ᶠ Campidoglio Vecchio.
ᵍ Diuo Fidio sul colle.
Foro di Salustio.
Fortuna publica sul colle.
Statua di piombo di Mamuro.
Tempio di ʰ Quirino.
Casa di ⁱ Attico.
Pomo Punico presso alquale Domitiano dedicò il Tempio della gente ᵏ Flauia, & era casa sua.
Horti di ˡ Salustio.

ᵐ Senato piccolo delle donne.
Therme di ⁿ Diocletiano.
Therme di ᵒ Costantino.
Bagni di ᵖ Paolo.
Dieci tauerne delle galline bianche.
Piazza di Calidio.
Squadre tre di guardie.
Vichi XII.
Capellette XVI.
Vico maestri XLVIII.
Curatori II.
Denuntiatori II.
Isole 3505.
Case CXLV.
Granari XVIII.
Bagni priuati LXXV.
Laghi LXXVI.
Pistrini XII.
La regione circonda 15600 piedi.

DICHIARATIONE.

ª Alta Semita ℞ tutto il dorso, o la schiena del monte Quirinale è chiamato alta Semita, & comincia dalle Therme di Costantino & passando come s'è detto per lo Quirinale, arriua alla porta Viminale, & era strada tutta lastricata.

ᵇ Di Mamuro ℞ Dicono, che il vico di Mamuro fu doue è hora la chiesa di santa Susanna, con la statua di piombo, della quale si dice piu oltre. & vogliono, che quiui presso si lauorasse il minio. Et questo Mamuro fu fabbro: & fece gli ancili, cioè gli scudi d'acciaio simili a quelli piouuti da cielo, a Numa Pompilio Re di Roma.

ᶜ Tempio della Salute ℞ Caio Iunio Bibaculo Dittatore, hauendo trionfato degli Equi, fece voto di fabricarlo: essendo poi Censore lo fece fare: & Dittatore

ANTICHITA'

tatore la seconda volta lo dedicò.

d Clatra } Monte Clatra: parte del Quirinale, doue era vn Tempio d'Apollo. il qual monte si chiamaua anco monte d'Apollo. La voce clatra è greca, & significa grata, cancello, quello che noi diciamo ferrata.

e Flora } Fu famosa cortigiana in Roma: la quale fattasi ricca lasciò suo herede il popolo Romano, con questo che ogni anno celebrasse il suo dì natalitio. Ma parendo al Senato, che questa cosa fosse indegna & ridicola, ordinò che la Dea Flora, la quale è sopra il fiorir de gli alberi & delle biade, si celebrasse in questi giorni, adempiendo in questo modo il lascio di Flora. Onde le fu anco ordinato vn circo, doue si faceuano dalle cortigiane ignude le sue feste chiamate Floralia: & le dedicarono vn Tempio, su la sponda del colle doue era il Campidoglio vecchio.

f Campidoglio vecchio } il monte Quirinale dalla parte destra fu detto Capitolio vecchio, doue fu vn Tempio di Gioue, molto piu antico che quello, che era nel Campidoglio. Vi era parimente vn Tempio di Giunone, & di Minerua.

g Diuo Fidio } Santo & Fidio erano Dei de Sabini. i quali essi venendo a stare a Roma, portarono da casa loro insieme con tutti i loro arnesi sul monte Quirinale. & diceuano che in parole questa deità era in tre deità: ma in tutti era vna sola deità. Edificato per tanto vn tempio solo a essi tre: s'appellauano con vn solo nome di Santo.

h Quirino } In quel luogo doue Giulio Procolo disse di hauer veduto Romolo deificato.

i Attico } Vedi in Sempronio: alla voce Pomponio, nell'annotationi.

k Flauia } Famiglia di Vespasiano. & il tempio di questa famiglia era presso alla Naumachia di Domitiano. il qual Domitiano staua al predetto Tempio: Punico i. Granato o Cotogno.

l Di Salustio } erano questi di dentro alla porta Salaria, con bellissimi edificij all'intorno: & con acque sotto terra che gli rendeuano molto piu illustri, che per frutti che vi nascessero.

m Senato piccolo } Senatulo delle donne: perche vi era anco vn Senatulo fra il foro, & il Campidoglio, doue s'adunauano i Senatori per consultare. Ma in questo le matrone si adunauano ogni anno in certi giorni solenni. Dicono, che fu ordinato da Eliogabalo, perche le donne vi consultassero le cose che s'appartenauano al culto loro.

n Diocletiano } delle quali hoggi se ne veggono le rouine vicine alla chiesa di S. Susanna.

o Costantino } a monte Cauallo, doue si veggono le vestigie.

p Di Paolo } hoggi chiamati Bagnanapoli, colà doue è la Torre de Conti, & dall'altro lato la torre delle militie.

q Alle galline bianche } Da questa parte fu la uilla de Cesari, chiamata alle

D'EL MONDO.

alle galline bianche 9 miglia fuori di Roma. così detta dalle galline che ui furono conseruate intatte da Liuia moglie d'Augusto. & così detta fino a tempi nostri. onde il Platina scriuendo di Papa Giouanni XVI dice. Giouanni XVI di Patria Romano: figliuolo di Leone prete, della regione delle Galline bianche: fatto Pontefice hebbe grand'odio al clero &c.

REGIONE SETTIMA.

Via Lata.

 Ago di Ganimede.
Squadre 7 di guardie, altramete delle prime guardie.
Arco nuouo.
Ninfeo di Gioue.
Cappelletta Capraria.
Campo b d'Agrippa.
Tempio c del Sole.
Alloggiamenti Gentiani: altramente Gipsiani.
Portico di Costantino.
Tempio nuouo della Speranza.
Tempio nuouo della Fortuna.
Tempio nuouo di Quirino.
Tempietto di Genio Sango.
d Caualli di brozo di Tiridate.
e Foro Suario.
Foro f Archemorio.
Horti d'Argiano.
Pila g Tiburtina.
A i Mansueti.
Pietra Pertusa.
Vichi X.
Vico maestri XL.
Curatori II.
Denuntiatori II.
Isole 3385.
Case CXX.
Granari XXV.
Pistrini XVI.
Bagni priuati LXXV.
Laghi LXXVI.
La regione circonda 12700 piedi.

DICHIARATIONE.

a *Via lata* } cominciaua dal Campidoglio & ueniua a congiugnersi presso à Septi, con la via Flaminia. Mantiene ancora il nome: & si troua la Chiesa di S. Maria, detta in Via Lata, che molti corrottamente dicono inuiolata.
b *D'Agrippa* } uicino a Campo Martio: doue egli fece il Panteon, che hora si chiama la Rotonda.
c *Del Sole* } edificato da Aurelio Imp. il quale adoraua il Sole. onde nelle sue medaglie si legge nel rouescio, Soli Inuicto, & sua madre fu sacerdotessa del Sole.

L   Caualli

ANTICHITÀ

d Caualli di bronzo } donati da Tiridate Re d'Armenia al popolo Romano: & dal popolo confacrati à Nerone, & posti nell'arco suo. & da Costantino Magno condotti a Costantinopoli. & da Marino Zeno, mandati da Costantinopoli a Venetia, & dalla Signoria posti su la Chiesa di San Marco. belliss. di quanti si veggono in tutto il mondo, & per numero quattro.

e Foro Suario } Fu questo foro in piazza alle radici del Quirinale, doue sono gli horti de Colonnesi: vicino alla salita di monte Cauallo. & vi si vendeuano i porci, che in lingua latina si chiamano Sues, onde si formò la voce Suario. Vi è al presente vna chiesa, che si chiama S. Nicola in porcilibus.

f Archemonio } fra il colle de gli Hortuli, & il Quirinale, vi è vna valle quadrata & lunga: doue è il Foro predetto da quella parte che è di sotto al monte di Apollo & di Clatra. & vi è la chiesa di S. Nicola de gli Archemonij.

g Tiburtina } luogo presso al Circo di Flora, doue Martiale hebbe casa.

REGIONE OTTAVA.

a Foro Romano.

R *b* Ostri del popolo Romano.
Tempio della Vittoria, con un'altro Tempietto di Vittoria Vergine dedicato da Porcio Catone.
Tempio di *c* Giulio Cesare nel Foro.
Statua della Vittoria Aurea, nel tempio di Gioue Ottimo Massimo.
d Fico ruminale, & Lupercale della vergine.
Colõna cõ la statua di M. Ludio.
e Grecostasi.
Tempio *f* d'Opi & di Saturno nel Vico Iugario.
g Miliario Aureo.
Senatulo aureo.
h Pila Oratia, doue i Trofei allogati si chiamano Curia.
Tempio di *i* Castore al Lago di Iuturna.
Tempio della Concordia.
k Cauallo di bronzo di Domitiano.
Atrio di Minerua.
Ludo Emilio.
Portico di Iulia.
Arco *l* Fabiano.
Puteale di Libone.
Iani *m* due, luogo celebre de mercatanti.
Regia di Numa.
Tempio *n* di Veste.
Tempio de Dei Penati.
Tempio di *o* Romolo.
Tempio *p* di Iano.
Foro di *q* Cesare.
Habitatione de *r* Municipij.
Foro *s* d'Augusto col Tempio di Marte

Marte Vltore.
Foro di Traiano col Tempio, & col cauallo di bronzo, & con la colonna à chiocciola alta piedi 128 & di dentro ha 185 scalini, & 45 finestrelle.
Squadre 6 di guardie.
Tempietto della Concordia sopra il Grecostasi.
Lago ᵘ di Curtio.
Basilica argentaria.
Ombelico ˣ della città di Roma.
Tempio di Tito & Vespasiano.
Basilica di ʸ Paolo, con colonne Frigie.
Fico ruminale nel Comitio, doue è anco il Lupercale.
Tempio di ᶻ Veioue fra la Rocca & il Campidoglio presso all'Asilo.
Vico 1 de Liguri.
Apollo portato da Apollonia da Lucullo, alto 30 gomiti.
Tempio di Minerua.
2 Tempietto della Giouentù.
Porta Carmentale, uerso il Circo Flaminio.
Tempio di Carmenta.
Campidoglio, doue si celebrano tutti i simolacri de gli Iddij.
3 Curia Calabra, doue il Pontefice minore annuntia i giorni festiui.
Tempio di Gioue 4 Ottimo Massimo.
Tempio di 5 Gioue Tonante dedicato da Augusto nell'ascesa del Campidoglio.
Statua di Gioue Imperatore portato da Preneste.

Asilo.
Tempio uecchio di Minerua.
Granari Germanici.
Granari Agrippini.
Acqua cernente 4 Scauri.
6 Foro Boario.
Tempietto della 7 Pudicitia Patritia
Tempi due di Hercole Vincitore, uno alla porta Trigemina, l'altro nel Foro Boario cognominato Rotondo, & piccolo.
Foro 8 Piscario.
Tempio 9 di Matuta.
Vico 10 Iugario: il medesimo anco Thurario, doue sono gli altari d'Ope & di Cerere col segno di Vertunno.
Carcere imminente al Foro, edificato da Tullo Hostilio nel mezzo della città.
Portico 11 Margaritario.
Scuole di lettere.
Vico unguentario.
Tempio di 12 Vertunno nel Vico Toscano.
Elefanto herbario.
Vichi XII.
Cappellette altretrante.
Vico Maestri XLVIII.
Curatori II.
Denuntiatori II.
Isole 3880.
Case CL.
Bagni priuati LXVI.
Granari XVIII.
Laghi CXX.
Pistrini XX.
La regione circonda 12867 piedi.

L 2   DICHIA-

ANTICHITÀ

DICHIARATIONE.

a Foro Romano] questa era la piu nobile & la piu celebre & honorata parte della città: percioche era la piazza di Roma. Si distendeua anticamente per lungo, dalle radici del Campidoglio doue hora è l'arco di Settimio fino al colle Palatino colà doue Romolo edificò il Tempio d Gioue Statore. Fu poi ampliato fino all'arco di Tito, doue era il Comitio.

b Rostri] era Tempio con un pulpito di bronzo di doue si publicaua al popolo le deliberationi & gli Editti del Senato. Et fu cosi detto perche fu fatto de' rostri o sproni delle naui o galee d'Anzo, uinte in battaglia da Romani, hora è una picciola capella chiamata S. Maria dell'Inferno.

c Di Giulio Cesare] occiso Cesare a 15 di Marzo, il suo corpo fu portato nel Foro, doue poi fabricarono un tempio, & un'altare in quel luogo proprio doue fu portato dal popolo.

d Fico ruminale] posto Romolo, & Remo in una cassetta nell'acqua del Tebro, uscì non molto dopo una lupa d'una grotta detta per ciò Luperal, la qual diede il latte a bambini, sotto un fico, il qual luogo fu detto Ruminale: & fico ruminale, o dalla poppa che in lingua Etrusca è detta ruma, o dalla voce ruminare, cioè brancolare & cercar con le mani, come fanno i bambini.

e Grecostasi] Palazzo ampio & ornato, doue alloggiauano gli Ambasciadori di diuerse nationi che andauano a Roma. Dicono che fu nominato cosi dalla natione de Greci, come da natione piu degna & piu eccellente dell'altre.

f Opi & di Saturno] Era il Vico Iugario cosi detto da Iunone Iuga, la quale era preposta al congiugnere insieme le donne & gli huomini in matrimonio. & perche in questa strada vi era un'altare dedicato alla detta Iunone Iuga: però fu detta Strada, o Vico Iugario. In questo vico adunque fu il Tempio di Ope & di Saturno. Tatio Re lo consacrò à Ope, come quella che è detta Terra, & è madre di tutte le cose: laquale è anco chiamata Maia, Fauna, & Bona Dea. Il medesimo Tatio lo consacrò à Saturno. Altri dicono che gli fu edificato da compagni di Hercole.

g Miliario Aureo] Era questo una colonna presso all'arco di Settimio, doue faceuano capo tutte le strade d'Italia, ouero doue le strade erano scolpite in figura. Et questo dicono che era l'ombelico & il mezzo di Roma.

h Pila Oratia] Questa era una pietra, doue gli Oratij attaccarono le spoglie de vinti Curatij in duello: & però fu detta Oratia. & fu anco detta Curia, come dice qui il testo.

i Castore] Fu questo Tempio auanti a Rostri, presso al Tempio di Faustina. Lo dedicò A. Postumio Dittatore: & dapoi fu restaurato da L. Metello, delle spoglie ch'egli trasse della Dalmatia. Et dopo questi, Cecilio Metello lo adornò con nobili pitture, & vi mese dentro un bellisimo simolacro di Flora. Et era vicino al lago Luturno, così detto da Iuturno sorella di Turno: la quale fu chiamata Ninfa Iuturna, dalla voce iuuando: percioche ella gioua-ua a gli ammalati.

k Cauallo } Era di bronzo dorato, & tutto gioiellato. voltaua la groppa al Tempio della Concordia, ch'era iui presso. dalla diritta il Tempio di Giulio Cesare, & dalla sinistra la Basilica di Paolo Emilio.

l Fabiano } Era presso al Tempio di Faustina.

m Iani due } Nel Foro Boario. & era vna loggia doue praticauano i mercatanti.

n Di Vesta } Vi si conseruaua il fuoco sacro, per antico instituto di Vesta moglie di Iano, come dicemmo in Beroso. & era tondo col portico tondo, sostenuto da 18 colonne, & fu da nostri dedicato a S. Stefano: Dicono altri, che questo fu Tempio di Hercole, & altri dell'Aurora.

o Romolo } Dedicate da Caruilio Consolo quando vinse i Sanniti. Hoggi si chiama S. Cosmo & Damiano, & ancora ha le sue porte antiche di bronzo.

p Di Iano } Vi era vna capella di bronzo qudrata, tanto grande che vi capitia la statua di Iano pur di bronzo d'altezza di 5 piedi. Et le porte erano di bronzo: & si chiudeuano in tempo di pace: & quando era guerra si teneuano aperte.

q Di Cesare } Vinto Pompeo, Cesare comprò vn terreno dietro al Tempio di Romolo, per 30 mila ducati, & vi fece vn Foro, & quantunque picciolo, molto ornato. perciche vi messe diuerse statue di bronzo & di marmo. & vi fece vn Tempio a Venere Genitrice, del quale fece voto nella giornata ch'esso hebbe con Pompeo in Farsaglia: & ordinò, che vi si tenesse ragione.

r De Municipij } cioè di cittadini che veniuano a Roma, di diuerse città. i quali viueuano con le lor proprie leggi. & participauano de gli honori della Republica.

s Foro d'Augusto } Non bastando due Fori alle liti, Augusto ne fece vn'altro dietro doue hora è S. Martino. Et se bene fu piccolo l'ornò di pitture & di Statue, & vi fece due bellissime loggie, doue fece porre i Simolacri di tutti i Capitani illustri che furono in Roma. Et in questo Foro il Senato consultaua le cose della guerra & de trionfi, & i Capitani vi portauano l'insegne delle vittorie. Antonino Imp. vi fece vn Tempio ad Adriano, il quale fu poi conuertito nella chiesa di S. Adriano in tre Fori da Papa Adriano Primo. & Nerua vi edificò vn bel palazzo, del quale si veggono ancora belle & grosse colonne di vn portico che vi era. Vi era parimente vn Tempio di Marte Vltore, cioè Vendicatore, ch'Augusto vi fece per voto fatto da lui nella guerra Filippica.

t Foro di Troiano } Era dietro al foro d'Augusto: con colonne così grandi, ch'era riputata per opera fatta da giganti. con statue pedestri & a cauallo di bronzo, dorate, & di marmo senza numero. Et la colonna sua che ancora è in

ANTICHITÀ

ra è in piedi: era nel mezzo del Foro, la qual colonna, come sà ogniuno, è tutta scolpita di fuori de fatti heroici di quel Principe, nella cui base si leggono queste parole. S. P. Q. R. Imp. Cæs. D. Neruæ S. Neruæ Troiano Aug. Germ. Dacico Pont. Maximo. Trib. Pot. XVII. Imp. II. Cos. VI. P. P. Ad declarandum quantæ altitudinis mons & locus tantis operibus sit egestus. Vi fu parimente vn'arco trionfale: vn Tempio, & vna bellissima libraria. Et vi furono poi fatte le chiese di S. Basilio, & di San Siluestro, & di San Martino, con quelle tre torri che si chiamano delle militie.

n Lago Curtio } Questo fu nel mezzo del Foro, presso al cauallo di Domitiano, nel qual lago, o fossa che s'aprì da se, scriue Liuio che M. Curtio, tutto armato & a cauallo si gettò di sua volontà per saluar la patria. Altri vogliono che sia così detto da Metio Curtio Sabino, che si saluò per mezzo di questo lago, da suoi nemici. & altri, da Curtio Cons. che cinse il detto luogo attorno attorno con muraglie.

x Ombelico } colà doue era il Miliario Aureo.

y Di Paolo } Emilio. Si dice che spese nouecento mila ducati in questo edifitio. & si crede che fosse fra la Chiesa di Santo Adriano, & il Tempio di Faustina.

z Veioue } Fu fra la Rocca & il Campidoglio, da quella parte doue sono hoggi le stanze de Conseruadori.

1 De Liguri } Entrada & Vico, de popoli del Genouesato.

2 Della Giouentù } presso al Circo Massimo. & fu dedicato alla Dea della Giouentù da Lucinio.

3 Calabra } Era doue si tiene hora il Sale.

4 Ottimo Massimo } Sul Campidoglio da quella parte doue si guarda a piazza Montanara. Fu questo Tempio fabricato da Tarquinio superbo. Era 200 piedi per ogni verso. & nel farlo dicono, che tutti i Dei cederono dal Dio Termine in fuori. Si conseruauano in questo le cose più importanti, come erano i libri Sibillini, le statue d'oro, i doni importanti che mandauano i Principi alla Rep. & così fatte altre cose. & il Pretore ogni anno vi ficcaua il chiodo annale, co quali chiodi teneuano conto de gli anni.

5 Tonante } Andando Augusto in Lettiga in tempo di notte, vna saetta da cielo gli cadde così vicina, che gli ammazzò vn de suoi cortigiani, & la lettiga fu quasi per ardere, onde egli fece voto di fare vn Tempio a Gioue Tonante : & fabricato su la salita del Campidoglio, lo dedicò.

6 Foro Boario } Fu così detta da vn Toro di bronzo che vi era. Altri dicono perche vi si vendeuano i buoi.

7 Della Pudicitia } A concorrenza del quale, le donne plebee sdegnate che le nobili sole si tenessero pudiche, fecero il tempio alla Pudicitia Plebea: & non vollono, che le Patritie andassero a quel Tempio, si come le Patritie non uoleuano

uoleuano che le plebee ueniſſero al loro.
8 Foro Piſcario } Doue ſi uendeua il peſce, a canto al Teuere da S. Maria in Portico ſino a S. Maria Egittiaca.
9 Di Matuta } Leucotoe, cioè Alba Dea, Dea della mattina auanti che uenga fuori il Sole. Hoggi è quella Chieſa rotonda ſopra il Teuere, che ſi chiama S. Stefano. Camillo nella guerra de Veienti fece uoto di edificarlo. Altri dicono, ch'egli fu opera di Seruio Tullo. I Romani ſacrificauano in un giorno medeſimo alla Dea Matuta, & alla Fortuna Primigenia.
10 Vico Iugario } Vedi di ſopra alla uoce Opi.
11 Margaritario } Doue ſi uendeuano le gioie.
12 Di Vortunno } Chi foſſe Vertunno, detto anco Vortumo: & ciò che ſignifichi, s'è detto ampliamente in Beroſo. Vedi nella tauola alla uoce Vertunno.

REGIONE NONA.

ᵃCirco Flaminio.

Stalle quattro di fattioni.
Tempio Antico d'Apollo col Lauacro.
Tempio a ᵇ Hercole Magno guardiano del Circo Flaminio.
Portico di Filippo.
Tempio di Volcano nel Circo Flaminio.
Mimitia Vecchia.
Mimitia Frumentana.
Portico ᶜCorinthio di Gn. Ottauio che prima fu doppio.
Grotta di Balbo.
Theatro di ᵈ Balbo capace di 30245 perſone. Ceſare lo dedicò. & ſi chiama coſi dalla uicinità del luogo.
Gioue Pompeiano.
Teatro di Marcello capace di 30 mila perſone. Vi era un'altro

Tempio di Iano.
ᵉDelubro di Gn. Domitio.
Carcere di C L X huomini.
Tempio di ᶠ Bruto Callaico.
Villa ᵍ publica, doue la prima uolta ſi ordinò il cenſo del popolo in Campo Marzo.
Campo di Marte.
Tempio di Iuturna all'acqua Vergine.
ʰSepta trigaria Equiria.
Horti di Lucullo
Fonte de gli Scipioni.
Sepolcro de gli Auguſti.
Cicogne grauide.
ⁱ Pantheon.
ᵏ Theatro di Pompeo.
Baſilica di Macidio.
Baſilica di Martiano.
Tempio del D. ˡ Antonino con la colonna a chiocciola, alta 175 piedi, con 206 ſcalini di dentro,

ANTICHITA'

tro, & con 56 finestrelle.
Therme ᵐ d'Adriano.
Therme di ⁿ Nerone: che poi furono d'Alessandro.
Therme ᵒ d'Agrippa.
Tempio del ᵖ Buono euento.
Tempio di ᑫ Bellona, uerso la porta Carmentale, auanti à questo, la colonna, dimostrante futura guerra.
Portico degli Argonauti.
Meleagrico.
ˢ Isco.
ᶠ Serapeo.

Mineruio.
Minerua Calcidica.
Isola di Felidio, o uero Felide.
Vichi XXX.
Cappellette altrettante.
Vico maestri CXX.
Curatori II.
Denuntiatori II.
Isole 3788.
Case CXL.
Bagni priuati LXIII.
Granari XXII.
Pistrini XX.
La regione circōda 30500 piedi.

DICHIARATIONE.

a Circo Flaminio } *Dicono, che il Circo Flaminio fu colà, doue hoggi si chiama alle botteghe Scure presso a S. Caterina, & ui si veggono ancora le uestigie. Fu così detto, o dal campo ch'era detto Flaminio, o da Flaminio Console che fu morto al lago Transimeno. Et questo circo, diede il nome alla regione.*

b Hercole } *era colà doue è S. Lucia fra le botteghe scure.*

c Corinthio } *così detto dalle colonne di bronzo Corinthio, era fra il Circo, & la Chiesa di S. Nicolò.*

d Di Balbo } *Si crede che fosse fra il Pantheon, & il Theatro di Marcello. & fu dedicato da Cesare, chiamato di Balbo per la uicinità della Grotta Balba. di maniera che si potrebbe credere che lo hauesse fatto Cesare, & non Balbo.*

e Delubro } *O Tempio, o luogo doue si teneua la Statua d'alcuno Dio, o la statua medesima.*

f Bruto } *Nel qual Tempio era un Colosso di Marte.*

g Villa } *s'ordinò il censo, cioè l'estimo del ualsente di ogniuno. quello che diciamo a Venetia, decimare & tansare.*

h Septa } *erano fra la colonna & l'acqua Vergine. & questi erano luoghi rinchiusi con tauole, doue il popolo daua i suffragij, o le balle, quando si creauano i Magistrati, & erano in campo Martio.*

i Pantheon } *hoggi di integro. fatto da M. Agrippa, & si chiama santa Maria Rotonda.*

k Di Pompeo } *Questo fu il primo fabricato in Roma, di pietra; percioche si faceuano di legno. Si ueggono le uestigie di esso nelle stalle de gli Orsini, uicino a campo di Fiore. Era capace di 40 mila persone. Nerone lo fece indorare in un giorno, per honorarui il Re d'Armenia. Arse; & fu rifatto da Caligola.*

DEL MONDO.

Galigola. & rouinato di nuouo, Theodorigo Re de Gothi lo restaurò. Vi fu il tempio di Venere vincitrice, & un'altro tempio della Fortuna Equestre fatto da Fuluio Flacco.

l D'Antonino } Fra la piazza Sciarra & la Rotonda presso à S.Stefano, si crede, che fosse il detto tempio. La colonna è ancora in piedi & presso a quella di Traiano.

m D'Adriano } Furono doue è la chiesa di S.Martino in Monti.

n Di Nerone } Furono dietro alla Chiesa di S.Eustachio: doue se ne ueggono ancora alcune uolte.

o Di Agrippa } Furono dietro alla Rotonda, dalla parte che è uolta al Campidoglio.

p Buono euento } Fu fra la Minerua & S.Eustachio. Era questo Dio uenerato, accioche soccedessero le cose felicemente. La sua statua si faceua in habito di pouero: con una tazza nella man destra, & con una spiga di grano nella sinistra.

q Di Bellona } Dea della guerra, unde Bellum. Et ui era dinanzi una colonna chiamata Bellica: che daua inditio della guerra che si doueua fare. percioche i Romani usarono: auanti che mouessero l'armi, di mandare un Comandatore, o uno de Sacerdoti Feciali, a quella terra, contra alla quale moueuano l'arme, doue esso gittaua dentro una hasta per segno della guerra futura. Et perche spesso bisognaua guerreggiar con popoli lontani da Roma: onde non si potcua così facilmente mandare à gettar la hasta: la ficcauano in questa colonna, da quella parte doue era la natione, alla quale si uoleua muouer la guerra.

r Iseo } luogo publico, così detto da Isis Dea.

s Serapeo } luogo publico, detto da Serapis. percioche se bene era Dea de gli Egitty, fu uenerata insieme con Osiri che era detto anco Serapi, da Romani.

t Mineruio } luogo così detto da Minerua.

REGIONE

REGIONE DECIMA.

Palatio.

Ico di Pado.
Vico delle Corti.
Vico della Fortuna riguardante.
Vico Salutare.
Vico d'Apollo.
Vico & discesa del giorno.
b Roma quadrata.
Tempio di c Gioue Statore.
Casa di Romolo.
Prati di Bacco, doue furono le case di Vitruuio Fundano.
Altare d della Frebbre.
Tempio della Fede.
Tempio della Madre de gli Iddij. a questo fu con termine il Delubro di Giunone Sospita.
Casa dei Celonij.
Suelia.
Cenatione di Ioue.
Tempio d'Apollo: doue pendeuano lampadi a sembianza di pomi sull'albero.
Tempio della Dea Viriplaca in Palazzo.
Libraria.
Casa Rhamnusia.
Pentasilo di Gioue Arbitratore.
Casa Augustana.
Casa Tiberiana.
Sede dell'Imperio Romano de gli Auguratori.
A Mammea, cioè della Dieta.
Mammea
Altare Palatino.
Tempio di Gioue Vincitore.
Casa di Dionisio.
Casa di Q. Catulo.
Casa di Cicerone.
Tempio di Diogioue.
Velia.
Curia uecchia.
Fortuna riguardante.
Septizonio di Seuero.
Vittoria Germaniciana.
Lupercale.
Vichi VI.
Cappellette altrettante.
Vico Maestri XXIIII.
Curatori II.
Denuntiatori II.
Isole 2643.
Case LXXXVIII.
Laghi LXXX.
Granari XLVIII.
Pistrini XX.
Bagni priuati XV.
La regione circóda 12600 piedi.

DICHIARATIONE.

a Palatio ʒ il monte Palatino, doue fu fatta Roma la prima uolta, da Roma figliuola d'Atlante,

b Roma quadrata ʒ quella parte che Romolo dirizzò la prima uolta, che egli ui mise *vi mise mano. si come dicemmo in Fabio Pittore.*

c **Gioue Statore }** *Fu fatto da Romolo: & ancora si veggono alcune sponde altissime di muraglie. Detto Statore: perche nella guerra co Sabini, Romolo fece voto di esso, se Gioue facesse stare, & fermar la fuga de soldati Romani.*

d **Di Romolo }** *Dalla parte che riguarda il Campidoglio, verso la punta che è volta al Velabro: Romolo fece alcune case di paglia, le quali ui furono conseruate & rinouate da Romani per riuerenza.*

e **Della Febbre }** *I Romani consacrarono Tempij non solamente a i Dei che giouauano, ma anco a quelli che noceuano: accioche meno nocessero & facessero danno.*

f **Della Fede }** *Era nel mezzo del colle. ui fu fatto dal Re Numa. & Augusto lo restaurò.*

g **Madre de i Dei }** *Cibele. il cui simolacro che era una pietra sacra, & da Scipione Nasica allora giouanetto, & giudicato dal Senato per lo migliore huomo di Roma nella seconda guerra Cartaginese, portato di Frigia da tre ambasciadori M. Valerio, L. Eminio, & C. Cecilio Galba, & per due Questori Cn. Tremellio Flacco, & M. Valerio Falcone condotto a Roma per lo Teuere. percioche si trouò ne libri Sibillini, che si poteuano scacciare i nemici forestieri di Roma, quando fosse portata à Roma la madre de gli Iddij. I Romani ciò udendo mandarono ambasciadori in Asia, alla città di Pessinunte. La portarono adunque in Italia. Et Scipione la conduße dal mare sul colle Palatino: & la ripose nel Tempio della vittoria sin tanto che se le fabricasse un Tempio. M. Liuio, & C. Claudio Censori: deliberarono la fabrica, ornata con colonne & con pauimenti pretiosi di pietra. & fatta la dedicò Iunio Bruto. & per la dedicatione d'esso Tempio, furono ordinati i giuochi chiamati Megalensi.*

h **Pendeuano }** *dal tetto del Tempio, così accomodate che pareua che fossero come i pomi che pendono dalle cime delle rami dell'albero, essendo sparti in qua & in la senz'ordine alcuno. onde faceuano un bellissimo uedere.*

i **Viriplaca }** *Dea di quell'affetto, quando lo huomo adirato si ua à poco à poco placando.*

k **Libreria }** *fatta da Augusto: di libri Greci & Latini, doue era uno Apollo di bronzo alto 50 piedi scolpito da Scopa famoso Scultore.*

l **Augustana }** *Casa d'Augusto doue esso nacque, presso alla quale edificò un bel Tempio ad Apollo con un carro del Sole in cima tutto dorato, che rendeua un gran splendore alla lontana. Hoggi si uede qualche uestigio del detto Tempio.*

m **Curia Vecchia }** *edificata da Romolo.*

n **Septizonio }** *così detto da sette Torri, o cinte di colonne ch'erano l'una sopra*

ANTICHITA

pra l'altra; che hora se ne ueggono tre sole. altri lo chiamano Settizonio, perche hauesse 7 solari. Dicono che fu sepolcro di Seuero Imp. Iui presso è la Chiesa di S. Lucia, sotto il colle di S. Gregorio.

REGIONE VNDECIMA.

^a*Circo Massimo*.

^aIrco Massimo capace di 30085 mila persone.con 12 porte.
Tempio di Mercurio.
Tempio del padre Dite.
Tempio di ^bCerere.
Tempio di Venere, opera di Fabio Gurgito.
Tempio di ^c Portunno, al ponte Emilio, gia Sublitio
Porta ^d Trigemina.
^e Saline.
Apollo ^f Celispex.
Tempio di Portunno.
Hercole Oliuario.
^g Ara Massima.
Tempio di Castore.
Tempio di ^h Cerere.
Casa di ⁱ Pompeo.
Due ^k Obelischi, uno in terra, & l'altro in piedi.
Tempio di ^l Murcia.
Tempio di ^m Conso sotterra.
Foro ⁿ Olitorio: doue è una colonna ^o Lattaria, alla quale si portano i babini per nutrirli.
Tempio della ^p pietà nel Foro Olitorio.
Tempio di Iunone Matuta.
^qVelabro maggiore.
Vichi VIII.
Cappellette altrettante.
Vico Maestri XXXII.
Curatori II.
Denuntiatori II.
Isole 1600.
Case LXXXIX.
Bagni priuati XV.
Granari XVI.
Laghi LX.
Pistrini XII.
La regione circóda 11500 piedi.

DICHIARATIONE.

a Circo Massimo ⟩ Furono i Circi tre. L'vno il Flaminio detto anco di Apollo, l'altro il Circo di Nerone, nel Vaticano, & questo che fu detto Massimo perch'era principale. Et fu ordinato da Tarquino Prisco che lo disegnò, Tarquino superbo lo edificò alla grande, Cesare l'ampliò, & Augusto l'adornò di statue, di colonne co capitelli d'oro, & d'altri ornamenti. percioch'era luogo capace di trecento ottantacinque mila persone, & in forma rotonda tutto rinchiuso

DEL MONDO.

chiuso attorno attorno con 12 porte o vero vscite, per commodità delle persone. In questo luogo si faceuano i giuochi Circensi, ch'erano bagordi & tornei di cauali, caccie, & talhora giuochi nauali: perche vi faceuano venir l'acqua per cotali effetti. Vi furono parimente diuersi Tempij, de quali si vede ancora qualche reliquie d'alcuno di loro.

b Cerere } delquale fece voto Postumio nella guerra contra i Latini.
c Portunno } Dio dei porti.
d Trigemina } così detta da i tre Oratij che andarono a combattere co i tre Curiatij. hoggi porta di S. Paolo.
e Saline } doue si teneua o vendeua il sale.
f Celispere } guardatore in Cielo: statua forse con la testa alta & riuolta col viso al Cielo.
g Ara Massima } Tempio o vero altare. dicono che Euandro lo eresse & dedicò a Hercole perche vinse Caco, & ribebbe i buoi.
h Cerere } vn'altro Tempio diuerso da quel di sopra; si come d'vn'altro Portuno.
i Di Pompeo } ch'anco in questo luogo hebbe casa.
k Obelischi } agucchie, piramidi.
l Murcia } Dea della pigritia. Dea de poltroni.
m Conso } Dio de consigli. Hebbe il suo altare o Tempio al coperto, per significare che i consigli debbono esser coperti. Fu dedicato allora ch'i Romani deliberarono di rapire le Sabine: & dubitando che il consiglio loro non si scoprisse auanti all'essecutione, fecero voto di questo Tempio al detto Dio. Et gli faceuano i giuochi chiamati consuali. Plutarco nella vita di Romolo.
n Olitorio } doue si vendeuano gli herbaggi: hoggi detto piazza Montanara.
o Lattaria } doue si metteuano i bambini, a quali si cercaua balia o nena per lattarli.
p Della pietà } M. Attilio Glabrione lo dedicò: doue è hora la Chiesa di S. Nicolò in Carcere. Fu fabricato, perche vna figliuola entrando in prigione a visitar la madre, Liuio dice il padre, lo notrì per vn tempo col proprio latte, onde scampò la morte, essendo stato condannato a morire di fame. per loquale atto, risaputasi questa pietà filiale. fu dedicato vn Tempio alla pietà.
q Matuta } Aurora, Alba. Fu doue è hoggi S. Andrea in Mentuccia.
r Velabro } essendo questo luogo paludoso: chi voleua passare all'Auentino, bisognaua ch'andasse in barca. & pagaua vna moneta che si chiamaua velatura: per laquale il luogo fu detto Velabro: o vero da vehere, che significa condurre. Et ancora che Tarquino Prisco mutasse il letto del Teuere che faceua cotale inondatione, il luogo rimase col nome stesso. & la Chiesa di S. Giorgio è chiamata fino a dì nostri in Velabro.

RE-

REGIONE DVODECIMA.

Piscina [a] publica.

Ico di Venere Alma.
Vico della piscina publica.
Vico di Diana.
Vico de [b] Ccii.
Vico di Triario.
Vico dell'acqua saliente.
Vico del lago coperto.
Vico di Fortuna [c] Mammosa.
Vico di Colapeto pastore.
Vico di porta Radusculana.
Vico di porta [d] Nauia.
Vico del Vincitore.
Horti [e] Asiniani.
Piazza radicaria.
Capo di Via nuoua.
Fortuna Mammosa.
Isis Antenodoria.
Tempio della [f] Buona Dea subsassana.
Segno del Delfino.
Therme [g] Antoniniane
Sette case de Parthi.
Campo [h] Lanatario.
Casa di Chilone.
Squadre 3 di guardie.
Casa di Cornificio.
[i] Priuata d'Adriano.
Vichi XII.
Cappellette altrettante.
Vico maestri XLVIII.
Curatori II.
Denuntiatori II.
Isole 2486
Case CXIIII.
Bagni priuati XLIIII.
Laghi LXXX.
Granari XXI.
Pistrini XX.
La regione circonda 12000 piedi.

DICHIARATIONE.

a Piscina } Varrone nel lib. 3. de re rustica a cap. 2. dice. piscinas uoco eas, quæ in aqua dulci aut salsa inclusos habent pisces ad uillam. Sono anco dette Viuarij, doue si tengono i pesci. Et piscine parimente significano, caue o pozze doue è acqua, se bene non ui è pesce. Adunque questo nome si cognominaua così da uiuaio, o da pozza ch'era publica & grande.

b De Ceij } di sopra nella decima regione, questi Ccij, ch'era famiglia, haueuano la casa loro, dallaquale è detto anco il Vico Ccio.

c Mammosa } che ha mamme, o tette, o poppe grandi.

d Nauia } differente dalla Neuia che si chiama hoggi porta maggiore.

e Asiniani } di Asinio.

f Bona Dea } hoggi è la Chiesa di S. Maria Auentina. Vi sacrificauano le donne sole. Era questa Dea chiamata anco Opi, Maia & Fauna.

Anto-

g Antoniniane } cioè di Antonino Caracalla. & sono alla destra dopo la Chiesa di S. Nereo & Achille.
h Lanatario } Forse dalla lana che vi si vendeua.
i Priuata } luoghi appartati di Adriano Imp. doue esso andaua a piacere priuatamente.

REGIONE TREDECIMA.

Auentino.

ico di Fidio.
Vico fromentario.
Vico delle tre vie.
Vico di Ceseto.
Vico Valero.
Vico d'el lago miliario.
Vico di Fortunato.
Vico del capo Cantero.
Vico de tre vccelli.
Vico nuouo.
Vico di Loreto minore.
Vico dell'Armilustro.
Tempio di Conso.
Vico della colonna di Lino.
Minerua in Auentino.
Vico Materiario.
Vico della politezza.
Vico di Loreto maggiore: doue era Vortunno.
Vico della Fortuna dubbia.
b Armilustro.
Tempio della Luna in Auentino.
Tempio comune di c Diana.
Therme Variane.
Tempio della Libertà.

d Doliolo.
Tempio della buona Dea.
e Mappa aurea.
Platano.
Granari di Aniceto.
f Scale Gemonie.
Portico della Faua.
Scola di Cassio.
Tempio di g Iunone Regina dedicato da Camillo, dopo la presura de Veii.
Foro h Pistorio.
Vichi XXVII.
i Capelle tre altrettante.
Vico maestri LXIIII.
Curatori II.
Denuntiatori II.
Isole 2478
Case CIII.
Bagni priuati LXIIII.
Laghi LXXVIII.
Granari XXVI.
Pistrini XX.
La regione circonda 16200 piedi.

ANTICHITÀ

DICHIARATIONE.

Auentino } cosi detto dall'aui che sono in lingua latina vccelli. Comincia dal fiume, & si distende sino alle mura doue è la porta di S. Paolo. Pare che abbracci due monti. Fu concesso da Romolo a Sabini quando vennero a stare a Roma. Fu anco nominato Remurio, da Remo che vi fu seppellito, & fu anco detto Rignario al tempo di Plutarco. Anco Mario lo cinse di mura, & lo concesse a chi volle habitarui. Era fuori di Roma: ma Claudio Imp. lo tirò dentro.

b Armilustro } luogo doue si giocaua d'arme, o doue si riponeuano l'armi de Romani, o doue si faceua la rassegna dell'armi & Plutarco dice. Sepultus est autem in Auentino. Sepulchri locum Armilustrium vocant. fauellando di Tatio che fu ommazzato da Laurentini.

c Diana } Doue è S. Giouanni ante portam Latinam.

d Dolioli } luoghi sotto terra sacri, altri dicono sepolcri di Galli.

e Mappa } Touaglia da tauola, ò sciugatoio.

f Scale Gemonie } doue tirauano con gli vncini i mal fattori, & vi faceuano la giustitia.

g Iunone Regina } presso alla Chiesa di S. Alessio. fatto della preda che fece Camillo de Veienti.

h Pistorio } doue si faceua o vendeua il pane.

REGIONE QVARTA DECIMA.

Transteuere.

Ico di Censorio.
Vico di Gemino.
Vico di Rostrato.
Vico di Longo dell'Aquila.
Vico della statua Sicciana.
Vico di Quadrato.
Vico di Raciliano maggiore.
Vico di Raciliano minore.
Vico Ianicolo.
Vico Bruttano.

Vico de b Lari rurali.
Vico della Statua Valeriana.
Vico Salutare.
Vico di S. Paolo.
Vico di Sotto Luccio.
Vico di Simo Publicio.
Vico di Patratilio.
Vico del lago restituto.
Vico di Saufer.
Vico di Sergio.
Vico di Plotio.

Vico

DEL MONDO. 89

Vico di Viberino.
Gaianio
d Nell'isola, il Tempio di Gioue d'Esculapio, & di Fauno.
e Naumachia.
Cornisce.
f Vaticanio.
Horti di Domitio.
g Ianicolo.
Capélla di h Mamma.
Bagno d'Ampelide
Bagno di Priscilliana.
Statua Valeriana.
Statua Sicciana.
Sepolcro di i Numa.
Squadre 7 di guardie
Capo di Gorgone.
Tempio di k Forte Fortuna.
Piazza Settimiana.

Iano Settimiano.
Hercole Cubante.
Campo Bruttano.
Campo Codetano.
Horti di Geta.
Alloggiamento de m Letticari.
Vichi XXII.
Cappellette altrettante.
Vico Maestri LXXXVIII.
Curatori II.
Denuntiatori II.
Isole 4405.
Case CL.
Bagni priuati LXXXVI.
Laghi CXL.
Granari XXII.
Pistrini XXII.
La regione circonda 33488 piedi.

DICHIARATIONE.

a *Transteuero* } *Questa parte fu altre volte chiamata città de Rauennati, per cioche venuti in aiuto de Romani, hebbero il Ianicolo per habitatione. Fu habitato da persone basse, & per lo piu artigiani : & però non vi sono molte cose notabili.*

b *Lari* } *Dij Lares da domestici di casa, rurales dalla villa.*

c *Paolo* } *Emilio.*

d *Nell'isola* } *posta nel mezzo del Teuero. Hebbe principio in tempo di Tarquino superbo. percioche gittando il popolo le biade del Re nel Teuero che non erano ancora tibbiate: le paglie vi si fermarono in mucchio per il secco che vi era: onde vinacque a poco a poco l'isola. laquale consacrata ad Esculapio fu chiamata l'isola Licaonia, da vn Tempio che vi hebbe Gioue Licaonio presso a quello di Esculapio: che hoggi è la Chiesa di San Bartolomeo. E' lunga in forma di galea per vn quarto di miglio, & larga nel mezzo 50 passi. Vi fu parimente il Tempio di Fauno: delquale si veggono ancora alcuni pochi vestigij.*

Naumachia } *Fra la porta di ripa, & quella di S. Pancratio sotto le mura dirimpetto a S. Cosmo, era questa Naumachia, di Cesare o d'Augusto ch'ella si fosse, nellaquale conduffe l'acqua Alsietina per molte miglia discosto. Et in*

M queste

queste naumachie che significa luogo di pugna, si rappresentauano combattimenti nauali per essercitar la giouentù Romana, accioche poi valessa nelle cose di mare quando era tempo contra i nemici.

f Vaticanio } o Vaticano: così detto da Vaticinj, o dal Dio Vaticano, o dalla voce vagire che significa piagnere: fu cinto altre volte di mura da Papa Leone Quarto, & fu chiamato città Leonina. Vi sono 6 porte. il palazzo del Papa con la Chiesa di S. Pietro: la mole d'Adriano chiamata castello S. Agnolo col ponte che passa in banchi. Vi era parimente il Circo di Nerone con la sua Naumachia, il Tempio d'Apollo doue è hora S. Petronella, & il Tempio di Marte, doue è S. Maria della Febbre. L'ombelisco o vero aguechia di S. Pietro che fu condotta da Alessandria. Vi era etiamdio il ponte trionfale: per lo quale passauano i trionfanti nella città. L'acqua Sabatina, della quale è parte quella ch'esce della fontana ch'è su la piazza di S. Pietro. Il campo Vaticano fuori della porta ch'è al castello, & i Prati Quintij: ne quali si veggono reliquie d'vno antico Circo o Hippodromo, doue si maneggiauano i caualli. Vi sono hoggi diuersi palazzi & edifici di Chiese di molta bellezza & spesa: fra lequali sono notabili S. Spirito col suo spedale: il palazzo de Cesi, & altri che sono assai ben noti a chi pratica in Roma.

g Ianicolo } quando Noè, detto Iano, andò in questi paesi, si pose in vna parte del colle di Trasteuere, ilquale fu dal nome suo detto Ianicolo. fu poi detto Trasteuere: & fu anco detto la città de Rauennati: perche vi alloggiauano i soldati che Augusto teneua per l'armata ch'egli haueua nel porto di Rauenna. Era luogo poco habitato per l'aria cattiua. Hoggi è quasi tutto pieno di giardini: & vi si habita anco poco.

h Mamma Mammea moglie d'vno Imperadore.

i Di Numa } Sotto il Ianicolo, & fu ritrouato dopo vn tempo, & di sopra sul colle la sepoltura di Statio Poeta.

k Forte Fortuna } Camillo Cons. lo fece fare delle spoglie de Toscani vinti da lui.

l Cubante } Giacente nel letto, distesa come per dormire, o vero dormiente, & era vna statua: dalla quale il luogo era detto Hercole cubante.

m Letticarii } portatori di lettica, percioche i grandi & potenti si faceuano portar per Roma in lettica. Iuuen. nella 3. Sat.

Nanque facit somnum clausa lectica fenestra.

Suetonio in Augusto. A cœna in lecticulam se lucubratoriam recipiebat Cicerone. Vt nostras villas obire, & mecum simul lecticulo circumcursare possis. Et altroue. Coactus sum in eadem illa lectica, qua ipse delatus eram meisq́; lecticariis in vrbem eum referre.

TRE SENATI PICCOLI.

Vno fra il Campidoglio & il Foro, doue i Magistrati co piu vecchi deliberano. L'altro alla porta Capena, Il terzo nel Circo Flaminio, di quà dal Tempio di Bellona, doue il Senato daua audientia a gli ambasciadori, quando non si voleua ch'entrassero nella città. Il quarto Senato picciolo delle matrone, fu fatto fare nel Quirinale, da Antonino Pio, figliuolo di Bassiano.

LIBRERIE.

Librerie publiche 29: & fra queste, due principalissime, la [b] Palatina, & la [c] Vlpia.

OBELISCHI GRANDI VI.

Due nel Circo Massimo, il maggiore è di piedi 132, il minore di piedi 88 & mezzo. Vno nel Vaticano di piedi 72. Vno in campo Marzo di piedi 72. Due nel Mausoleo d'Augusto, yguali, & ciascuno d'essi di piedi 42 & mezo.

OBELISCHI PICCOLI.

Quarantadue, per lo piu, con figure dentro Egittie.

PONTI VII.

[d] Miluio, [e] Elio, Vaticano, [f] Ianicolense, [g] Fabritio, [h] Cestio, Palatino, & Emilio che per auanti fu detto Sublitio.

CAMPI VIII.

Viminate, Esquilino, d'Agrippa, Martio, Codetano, Bruttano, Lauatario, Pecuario, vno di là dal Tebro, campo Vaticano, fuori del numero.

ANTICHITA

FORI XVII.

Romano ch'è detto grande. Di Cesare. D'Augusto. Boario, Transitorio, Olitorio, Pistorio, di Traiano, di Encobarbo, Suario, Archemorio, di Diocletiano, de Galli, de Villani, di Cupedine, Piscario, & di Salustio.

BASILICHE XI.

Vlpia, di Paolo, di Nettuno, di Macidio, Martiana, Vastellaria, di Flosello, di Sicimino, Costantiniana, Basilica, Portia, fatta da Portio Catone.

THERME XII.

Di Traiano, di Tito, d'Agrippa. Siriaca, Comodiana, Seueriana, Antoniniana, Alessandrina detta anco Neroniana, Dioclitiana, Deciana, Costantiniana, Septimiana.

IANI

Per tutte le regioni incrostati, & adornati con statue, & spetialmente due, all'arco Fabiano di sopra & di sotto.

ACQVE XX.

Appia, Martia, Vergine, Claudia, Herchlanea, Tepula, Dannata, Traiana, Annia, Halsia o vero Halsietina detta anco Augusta, Cerulea, Iulia, Algentiana, Cimininia, Sabatina, Aurelia, Septimiana, Seueriana, Antoniniana, Alessandrina.

VIE XXIX.

Appia, Latina, Labicana, Campana, Prenestrina, Tiburtina, Collatina, Numentana detta anco ᵏ Figulina, Salaria, Flaminia, Emilia, Claudia, Valeria, Ostiense, Laurentina, Ardeatina, Setina, Quintia, Gallicana,

DEL MONDO. 91

cana, Trionfale, Patinaria, Ciminia, Cornelia, Tiberina, Aurelia, Cassia, Portuense, Gallia, Laticulense.

Campidogli due. Vecchio, & Nuouo.

Anfiteatri due.
Colossi due.
Colonne a chiocciola II.
Macelli II.
Theatri III.
^l Ludi V.
Naumachie V.
Ninfei XI.
Caualli di bronzo indorati XXIIII.
Caualli ^m eburnei XLIX.
ⁿ Tauole, & statue senza numero.
Archi di marmo XXXVI.
^o Lupanari XLV.
^p Necessarij publichi CXLIIII

Squadre pretorie X.
Squadre di guardie VI.
Sentinelle XIIII.
^q Vessilli II.
Comuni alloggiamenti di forestieri.
Alloggiamenti de Miseni.
Alloggiamenti di ^r corrieri.
Alloggiamenti de letticari.
Alloggiamenti de ^s Vittinari.
Alloggiamenti de ^t Salgamari.
Alloggiamenti de ^u Salicari.
Alloggiamenti de ^x caualieri.
Mense II.
^y Olearie 24000

DICHIARATIONE.

a Poiche Pub. Vittore ha descritto per regioni la città, mettendoui tutte le cose degne di memoria: alla fine racconta in sommario quello che egli ha detto di sopra distesamente: acciocbe si veda in breuità quale & quanta fosse la città di Roma.

b Palatina } cioè posta sul colle Palatino, laquale fu molto ampliata & ornata da Cesare Augusto.

c Vlpia } ò dell'Imp. Traiano, o vero d'Vlpio Giurisconsulto.

d Miluio } hoggi Ponte Molle, discosto da Roma vn miglio.

e Elio } ponte di S. Agnolo, o di castello. pee la mole d'Elio Adriano.

f Ianiculense } dal Ianicolo che gli è vicino: detto anco ponte Aurelio per la via Aurelia. Antonino Pio lo fece di marmo. Fu parimente chiamato ponte rotto, percioche fu guasto per le guerre ciuili. Fu poi rifatto da Papa Sisto Quarto per lo cui nome hoggi è chiamato ponte Sisto.

g Fabritio } Fu detto prima Tarpeio, & poi Fabritio, da I. Fabritio che congiunse l'isola di S. Bartolomeo con la città, hoggi è detto il pōte a quattro Crapi. percioche vi sono 4 teste di marmo dall'vno & dall'altro lato del ponte.

h Cestio } hoggi detto, ponte di S. Bartolomeo.

i Ciminia } condotta da monti Ciminij, sopra a Viterbo 5 o 6 miglia.

k Figolina } perche dicono che colà stauano i boccalari, & quegli che faceuano

ANTICHITA

no i piatti di terra, & così fatti altri lauori.

l Ludi } Scuole, o vero esercitatorii.

m Eburnei } d'auorio, d'ebano, o di così fatte materie.

n Tauole } Quadri de pittura.

o Lupanari } luoghi publichi di meretrici. chiassi.

p Necessari } Latrine dice il testo: & pisciatorii. de quali Vespasiano riscoteua tributo, pagandosi vn tanto per vno che voleua pisciare, onde fu ripreso dal figliuolo di così sordida gabella. Ma il padre datoli a fiutare il danaro riscosso gli disse, se sapeuano di piscio.

q Vessilli } Imperiali, stendardi principali.

r Corrieri } o vero Notari, o copisti. percioche la voce latina dice tabellariorum.

s Vittimari } cioè di coloro che haueuano cura del bestiame del quale si faceuano i sacrificii & le vittime.

t Salgamari } erano quei botteghieri che faceuano conditi, di peri, di noci, di fichi, d'vua, di rape, & di cose tali necessarie per la vita nostra conseruandosi in vasi, & gli vendeuano.

u Salicari } Forse di quei Sacerdoti di Marte, ch'andando per la città con gli ancili, o vero armi celesti, saltauano & scherzauano in alcune solennità.

x Caualieri } forse, huomini d'arme a cauallo.

y Olearie } Botteghe d'olio, doue si faceua o vendeua, o si conseruaua l'olio.

C. IV.

C. IVLIO SOLINO
ROMANO

Dell'origine della città di Roma.

Ono alcuni che vogliono che Roma fosse chiamata così la prima volta da Euandro, hauendoui trouata una terra, laquale edificatani perauanti, la giouentù Latina, chiamana Valentia. Quella conseruata la significatione del nome imposto prima, fu detta grecamente Romin, cioè Valentia, la quale gli Arcadi, deriuando il nome dall'effetto de gli habitatori che habitauano su la piu alta parte del monte, chiamarono Arces, cioè Rocche, o fortezze, come sicurissima delle città. Piace a Heraclide, che dopo la presa di Troia, venissero alcuni de gli Archiui giu per lo Teuere in quei luoghi doue hora è Roma; & che poi, persuasi da vna nobilissima prigiona, detta Rome, ch'era in cōpagnia, con loro, ardesseto le naui, & si fermassero in quel paese, & vi fabricassero le mura; & chiamassero la terra edificata da loro, Rome, dal nome della predetta prigioniera. Agatocle scriue, che Rome non fu prigioniera come s'è detto, ma che fu figliuola d'Ascanio, & nipote d'Enea; & ch'ella fu cagione di questo nome. Si dice anco che il nome proprio fu Roma, ma che fu vietaro che non si publicasse, ma che fosse tenuto secreto nelle ceremonie della religione, & che Valerio Sorano, per hauere hauuto ardire di manifestarlo contra la legge, fu morto. Fra l'antiquissime religioni si honora vn Tempietto d'Angerona, alla quale si sacrifica per dodici giorni inanzi alle Calende di Gennaio, la qual Dea del Silentio, ha il suo simolacro con la bocca chiusa & serrata.

Quanto poi a tempi della edificatione della città; & che inanzi a Romolo vi fosse fabricato: ci sono molti dubbi. percioche Hercole vi dedicò vno altare al padre Inuentore, se ritrouasse i buoi, poi che hebbe punito Cacco. Il qual Cacco habitò doue hora sono le saline, & la potta trigemina. Costui (come scriue Celio) andato ambasciadore per Marsia Re, insieme con Megale Frigio suo compagno, à Tarcone Tirrheno, dal quale fu messo in prigione; fuggitosi, ritornò colà

ANTICHITA

colà di doue era venuto; & occupato con presidij maggiori, il regno intorno a Volturno & Campagna; mentre che egli ardisce di metter mano al paese, che era di tagione de gli Arcadi; fu oppresso, sotto la condotta di Hercole, che allora si trouò perauentura in quei luoghi, & Megale fu riceuuto da Sabini, i quali impararono da lui l'arte & la disciplina dell'augurare. L'istesso Hercole ordinò alla sua medesima
e deità vno altare, che da pontefici è detta & tenuta ͨMassima, poi che
f hebbe inteso da ͪNicostrata madre di Euandro, detta Carmenta per lo indouinare, ch'egli era conceputo immortale, onde occisi de Buoi,
g insegnò a Potitij il modo di sacrificare. La cappella di Hercole è nel Foro Boario, nel quale restano i segni del conuiuio della sua maestà.
h Conciosia che per ͪdiuino miracolo non vi entrano nè cani, nè mosche. percioche facendo il sacrificio delle viscere de gli animali, si di-
i ce, che pregò il Dio ͥMiagro; & che lasciò la mazza ferrata nella entrata del luogo, per lo cui odore i cani si fuggissero. il che dura ancora. Il Tempio parimente, che si dice che è l'Erario di Saturno, fu fatto da
k suoi compagni in honore di Saturno, il quale ͪessi conobbero ch'era stato habitatore di quel paese. Et nominarono etiandio il monte Capitolino, Saturnio. & quel castello che essi fecero lo chiamarono Porta Saturnia, che poi fu detta Pandana. Ma la parte di sotto del monte Capitolino, fu habitatione di Carmenta, doue hora è il Tempio di Carmenta, dal quale s'è dato il nome alla porta Carmentale. Ma
l quanto al Palatio, nessuno ha da dubitare, che gli ͥArcadi non fossero auttori: da quali fu prima edificata la terra detta Palantea, nel quale vi habitarono già per vn tempo gli Aborigini; ma per la incommodità della vicina palude che il Tebro scorrendo per colà, vi haueua fatta: andati a Rieri, l'abbandonarono. Sono alcuni, che vogliono, che
m il nome del monte deriui dal ͫbelato delle pecore, mutata la lettera,
n ouero da Pale Dea de pastori, ouero (come proua Sileno) da ͫPalante figliuola di Hiperboreo, la quale Hercole vi violò. Ma ancora che quanto s'è detto, si concordi insieme, chiara cosa è, che a quell'augurio prospero è obligata & tenuta la gloria del nome Romano, massimamente facendo la ragione de gli anni sostegno alla verità. percio che come afferma Varrone scrittore diligentissimo, Roma fu fabrica-
o ta da °Romolo figliuolo di Marte & di ᵖRhea Siluia, o secondo altri,
p di Matte & d'Ilia. Et la prima volta fu detta Roma quadrata, per-
q cioche fu ͩposta a squadro. Ella comincia dalla Selua, che è nella piaz-
r za d'Apollo, & finisce al ͬciglione delle scale di Cacco, doue fu la ͨca-
s panna di Faustulo. Quiui habitò Romolo Il quale tolto l'auspicio, gettò le fondamenta delle mura d'età di 18 anni: a 21 d'Aprile, nella hora fra la seconda & la terza, come scrisse Lucio Tarnutio, nobilissimo

DEL MONDO. 93

simo fra tutti gli altri mathematici; essendo Gioue ne'pesci, Saturno, Venere, Marte, & Mercurio in Scorpione, il Sole in Tauro, & la Luna nella Libra. Et fu poi osseruato, che nessuna bestia da sacrificio fosse occisa ne dì auanti delle feste palilie, accioche questo giorno fosse pu-
t ro & netto da ogni sangue. La cui significatione vogliono che fosse tratta dal parto d'Ilia. Romolo regnò 37 anni. Hebbe il primo trionfo de Ceninensi; & tolse le spoglie ad Actone Re loro, le quali fu pri-
u mo, che attaccasse, à Gioue Feretrio, & le chiamò "opime. Trionfò
x poi degli Antennati. vltimamente de Veienti. Sparì presso alla palude Caprea . . . . . Diremo hora de gli altri Re, doue hauessero le loro habitationi. Tacio, nella Rocca, doue è hora il Tem-
y pio di ˣGiunone Moneta, il qual fu morto da Laurenti cinque anni da poi ch'egli entrò nella città, nella ventesimasettima Olimpiade. Numa habitò prima sul colle Quirinale, & poi nella Regia, per rispetto del Tempio di Vesta, la quale ancora è chiamata Regia. & regnò 43 anni, & fu seppellito sotto il Ianicolo. Tullo Hostilio nella Velia, doue fu poi fatto il tempio de Dei Penati. il qual regnò 32 anni, & morì
z nella ᶻ35 Olimpiade. Anco Martio, nella somma Sacra Via, doue è il Tempio de Lari. ilquale regnò 24 anni, & morì nella 41 Olimpiade. Tarquinio Prisco alla porta Mugonia sopra la somma nuoua uia; il quale regnò 37 anni. Seruio Tullio nell'Equilie, sopra il cliuo Vrbico, il quale regnò 42 anni. Tarquinio Superbo, anco esso nell'Esquilie, sopra il Cliuo Pullio presso al lago Fagutale. il quale regnò 25 anni. Cintio vuole, che Roma fosse fondata nella 12 Olimpiade. Il Pittore nell'ottaua, Nepote & Luttatio approuando l'opinioni di Eratostene & di Apollodoro, nella settima Olimpiade, l'anno secondo. Pomponio Attico, & Marco Tullio, nella sesta Olimpiade l'anno terzo. Paragonati adunque i nostri tempi con quelli de Greci, trouiamo che Roma fu fabricata nel cominciamento della settima Olimpiade, l'anno 233 dopo la presura di Troia. percioche il certame, & giuoco Olimpico che Hercole ordinò in honore di Pelope suo atauo materno, essendo intermesso, Isiclo suo figliuolo lo rinouò 408 anni dopo la rouina di Troia. Adunque si comincia la prima Olimpiade da Isiclo. Cosi interposte di mezzo sei Olimpiadi; nelle quali si computano in ciascuna d'esse quattro anni: & essendosi cominciata Roma nel cominciamento della settima; apparisce, che fra il nascimento della città & la presura di Troia, sono di ragione 433 anni. S'aggiugne à questo argomento, che essendo Caio Pompeo Gallo, & Q. Verannio stati Consoli, l'anno 801 dall'edificatione della città, fu notata ne gli atti publici, la 207 Olimpiade nel Consolato loro. Raddoppiati adunque quattro volte 206 Olimpiadi, saranno 824
anni,

ANTICHITA'

anni, de quali si dee aggiugnere il primo anno della settima Olimpia
de; si che venghino a fare in tutto 825 anni. Della qual somma tratti fuori 24 anni, delle sei Olimpiadi a dietro, gli altri resteranno chia
ramente 801 anno. Onde computandosi la 207 Olimpiade, all'anno 801 dell'edificatione di Roma: è ragioneuol cosa a credere, ch'ella
fosse fondata, l'anno primo della Settima Olimpiade. Nella quale si
regnò per lo spatio di 241 anno. I dieci huomini furono creati l'an-
3 no 302. La prima guerra 3 Punica fu l'anno 489. La 4 seconda l'an-
4 no 535, la 5 terza l'anno 604. La 6 sociale l'anno 666. Fino à Hircio
5 & Caio Pansa Consoli anni 710. Nel consolato de quali, Cesare 7 Au-
6 gusto fu creato Consule, di età di 18 anni. Il quale entrò di maniera
7 nel Principato, che per la sua sollecitudine, l'Imperio fu non solamen
te pacifico ma sicuro. Nel qual tempo veramente fu solo ritrouato,
che l'armi cessarono, & gli ingegni fiorirono, acciochè l'opere della
virtù non languissero, per l'intermissione delle guerre acquetate.

DICHIARATIONE.

a Hauendo ritrouato } Costui partitosi d'Arcadia, anzi scacciato d'essa, co
me scriue Fenestella. uenne in Italia, & entrò per la bocca del Teuere, &
scacciati gli Aborigini, si pose sul monte Palatino, doue fondò (dice Solino
in questo luogo, trouò) una terra chiamata da lui Palantea dal nome di Pal
lante suo proauo. Questa opinione par che affermi Virgilio nell'ottauo dell'-
Eneide, dicendo.
    Arcades his oris, genus a Pallante profectum
    Qui regem Euandrum comites, qui signa secuti
    Deligere locum, & posuere in montibus urbem
    Pallantis proaui de nomine Pallanteum.

b Al padre inuentore } Cioè à Gioue. percioche Hercole credeua d'esser fi-
giuolo di Gioue per le parole che gli disse Euandro, come racconta Fenestella,
dicendo. Vbi nomen patremque ac patriam audiuit, Ioue nate Hercules sal
ue, inquit, te mihi mater Veridica interpres Deum aucturum celeste munem
cecinit &c.

c I buoi } poi che Hercole hebbe ammazzato Gerione: conducendo una bel
la mandra di buoi per lo paese doue fu poi Roma, passato il Tebro in un luo
go herboso per pascolarli, stracco dal uiaggio: & distesosi in terra per ripo-
sarsi, Cacco pastore habitante in quei luoghi, & fortissimo della persona,
ueduti i buoi & inuaghitosi d'essi, gli tirò all'indietro per la coda, accioche
non si uedesse per le uestigie, doue essi fossero stati condotti: & gli menò alla
sua spelonca. Hercole destatosi, & auedutosi che gli mancauano de buoi, &
uedute le loro pedate, restò tutto confuso, ma sentendo poi mugghiare,
                                      auiatosi

auiatofi doue era la fpelonca, trouato Cacco col furto, uenne alle mani con lui, & finalmente l'occife, & ribebbe i fuoi buoi.

d **Porta Trigemina** } questa porta fu fatta poi che l'Auentino, fu comprefo dentro nel corpo di Roma. & fu chiamata Trigemina per i tre Oratij che vfcirono d'effa, andando à combattere co i tre Curiatij. Hoggi è detta Porta di S. Paolo. Non molto difcofto erano le faline, fu la ripa del Tebro, da quella parte ch'è uolta all'Auentino. Iui era la fpelonca di Cacco, all'incontro, doue è al prefente la chiefa di S. Maria Auentina, doue il fiume s'accofta alle radici del monte. Dicono che coftui era figliuolo di Volcano: & fi credeua che gettaffe fuoco per lo nafo & per la bocca. & moleftaua per tutto il Latio le genti co i ladronezzi. Ma altri dicono ch'egli fu un feruo d'Euandro, & che però con uocabolo Arcadico fu detto Cacco; che in quella lingua fignifica cattiuo, trifto, & ribaldo.

e **Maffima** } fu fatto queſto altare (come s'è detto di fopra in P. vittore) nel Foro Boario, preffo alla Scuola Greca, doue era un Tempio ritondo fatto ad Hercole, del quale fi ueggono ancora le mura.

f **Nicoftrata** } madre d'Euandro. La quale era fatidica, cioè prefaga & indouinatrice delle cofe future & Maga, & però fu detta Carmenta da i Latini, percioche co i Carmi, cioè uerfi: fecondo l'ufo antico faceua le fue incantagioni & malie, & daua i refponfi. Et certo per uirtù del diauolo che teneua occupati i miferi mortali in quefti uiluppi per dannation loro, auanti che ueniffe il redentor del mondo per liberarci.

g **Potitij** } Quando Hercole promeffe di fare à Gioue fuo padre l'altare che fu detta Maffima: per la uittoria hauuta di Cacco, o fecondo le fauole, ò fecondo che racconta Celio, come attefta Solino, tolti alcuni de buoi piu belli che foffero nell'armento, diede il carico di facrificarlo a i Potitij, & à Pinarij, ch'erano due nobili & antiche famiglie in quel tempo, padrone & fignore di quei luoghi. onde auenne, come fcriue Liuio, ch'i Potitij effendo ftati piu pronti de Pinarij: hebbero l'interiora, & i Pinarij il rimanente del facrificio. & per l'interiora dette exta da latini intendeuano, il polmone il cuore, il fegato & l'altre fue parti come piu nobili & importanti ne facrificij. Quindi rimafe in coftume, mentre ui fu razza de Pinary, che non mangiaffero in quel dì della folennità dell'interiora. Ma i Potitij ammaeftrati da Euandro. reftarono per molte età nell'offitio del facrificare come cofa loro propria & appartenente. Ma hauendo effi dato quefto carico, ad inftanza di Appio Claudio, a ferui, tutti i Potitij ch'erano al numero di 30 & giouani sbarbati, morirono in fpatio di uno anno: & il nome de Potity ch'era diuifo in 12 famiglie: s'eftinfe quafi del tutto. Et Appio diuentò cieco. come attefta Valerio Maffimo nel lib. 1. a cap. 2. Ma Pamp. Leto dice, che uenti à morte i Potitij, & mancata la loro ftirpe: fu dato quefto minifterio, a ferui comprati del danaro publico.

Per

ANTICHITÀ

h **Per diuino miracolo** } Anzi, per opera del diauolo, come s'è detto di sopra: per allacciar l'anime de miseri mortali, nella sua credenza, in quel tempo nel quale gli huomini non haueuano lume della gratia che ne ha saluati.

i **Miagro** } Dio presso à gli antichi, delle Mosche, detto anco Miode Plinio nel 10 a capo 28 dice. Innocant & Egipty Ibes suas, contra serpentum aduentum, & Elei Myagron Deum Muscarum, multitudine pestilentiam afferente, quæ protinus intereunt qualitatum est illi die.

k **Essi conobbero** } per questo si può vedere, che questi luoghi furono habitati prima, che ui ueniffero gli Arcadi o altre nationi, secondo che affermano Q. Fabio, & M. Catone.

l **Arcadi** } tiene ch'i primi che foffero auttori di questo nome Palatio, foffero gli Arcadi sotto Euandro. A questo proposito dice il Pittore. Post eius obitum ob paludes neglectum oppidum fuit usque ad aduentum Euandri, qui cum oppido simul restituit nomen.

m **Balato** } Voce & verso proprio delle pecore, ma mutata la B in P dirà Palato, onde Palatio. o uero da Pale Dea de pastori, onde è detto Palatio.

n **Palante** } figliuola di Hiperboreo. altri dicono figliuola di Euandro, la quale fu uiolata & corrotta da Hercole: & fu seppellita nel detto luogo.

o **Da Romolo** } Restaurata dice il Pittore, & ridotta in forma di città sì come in esso Pittore si legge lungamente.

p **Rhea Siluia** } Figliuola di Numitore Re de gli Albani, detta anco Ilia, & Siluia, la quale hauendo Amulio scacciato Numitore suo fratello del Regno, & occiso Lauso suo figliuolo, costrinse a farsi Vestale, come sarebbe à dire monaca, accioche non faceffe figliuoli, perche non vi foffe alcuno della stirpe di Numitore. Ma andando costei alla fontana per acqua da adoperare ne sacrifici, affalita dal sonno, s'addormentò, & le parue che Marte vsaffe con lei, onde generò due figliuoli, i quali il zio fece gettare alle fiere, & lei così viua comandò che foffe seppellita presso al Teucre, onde perciò i poeti finsero che si foffe maritata al fiume Tebro. Nondimeno pare in questo luogo che Solino faccia differenza da Rhea a Ilia, & che foffero due, & non una sola che haueffe due nomi, sì come si tiene per la comune.

q **Posta a squadro** } o à regolo, dicono gli architetti. cioè misurata in forma quadra. o posta a squadro: hauendosi l'occhio à qualche monte che le foffe all'incontro.

r **Ciglione** } Estremità del dirupo del monte.

· **Capanna di Faustulo** } Questa fu dopo il Grecostasi, nella sponda del colle. & fu costui balio di Romolo & Remo, percioche fu marito di Acca Laurentia, che allenò i fanciulli.

t **La cui significatione** } Natiuità o nascimento, non della città, ma di Romolo, fu tolta dalla hora che Ilia partorì i detti fanciulli. Et ciò fece Iauentio. così richiesto da Varrone, come attesta Plutarco nella vita di Romolo.

DEL MONDO. 95

u Opime } cioè piene & grasse. idest glorioso. le quali attaccò a una quercia; consacrandole a Gioue Feretrio. Dice Plutarco nella vita di Romolo, Spolia ipsa opima nuncupata, vt ait Varro, ab opibus, sed potius ab opere rei gestæ dicta videntur, quæ Regibus, Ducibusq̃, hostium sua manu cæsis, posteriores diues ferebant.

x Sparì } apparere desiit. termine vsato da Latini, quando vogliono dire, che alcuno non fu più veduto. Si dice che egli fu ammazzato da Senatori per le sue insolenze, per le quali era loro venuto in odio.

y Giunone Moneta } Fu nella piazza doue era la casa di Manlio. Fu fatto voto di questo tempio, alcuni dicono da L. Furio, altri da Cicereio Pretore, & Ouidio dice da Camillo. Fu detta Moneta dalla voce monendo. percioche in quel luogo fu udita la voce di Giunone, ch'ammoniua i Romani della rotta che essi doueuano riceuere da Galli Senoni. Et in questo luogo è hora la casa del Senator di Roma.

z Ventesima settima Olimpiade } L'anno del mondo 3290, & auanti alla venuta di Christo 671 anno.

1 Trentacinque Olimpiade } Che fu l'anno del mondo 3322, & auanti alla venuta di Christo 639.

2 Quarantauna Olimpiade } che fu l'anno del mondo 3356. & auanti alla venuta di Christo 615.

3 Settima Olimpiade } che fu l'anno del mondo 3210, ouero 3209. & auanti allo auuenimento di Christo 751, ouero 750.

4 Punica } Cartaginese. fu l'anno di Roma 489.

5 La seconda } Fu 46 anni dopo la prima.

6 La terza } Fu 69 anni dopo la seconda. nella quale fu distrutta la città di Cartagine, in spatio di 115 anni dal cominciamento di essa guerra.

7 Sociale } Che fu 62 anni dopo la rouina di Cartagine.

8 Augusto fu Consolo } Che fu 44 anni dopo la guerra Sociale.

MNASSEA DAMASCENO:

IN Armenia sopra a ^b Miriada, è una montagna altissima chiamata ^c Baris, nella quale si dice, che fuggendo il diluuio, camparono molti. Et che ^d uno uenne con essi in un'arca, nella sommità del monte Ocila. doue lunghissimo tempo si sono conseruate le reliquie di quei legnami. &c.

IVLIO

ANTICHITÀ
IVLIO SOLINO ROMANO.
à Cap. XVII.

E conueneuol cosa in questo luogo, di far mentione, che dopo il *primo diluuio notato ne tempi* ʰ *d'Ogige*, nel quale la notte continouata coprì il giorno 9 mesi & piu, Delo fu la prima terra, che fosse percossa da raggi del Sole, onde acquistò tal nome per eser prima d'ogni altra, riapparita à gli occhi altrui.

LVCIANO NELLA SALTATIONE.

Oltre à questo Deucalione, & il grandissimo naufragio di quel secolo, & massimamente quell'Arca unica, & sola conseruatrice della humana generatione.

DICHIARATIONE.

a **Mnassea** } ricordato da Archiloco, fu di Feniuia, della città di Damasco. Scrisse l'antichità di Fenicia. Di costui, chiamato anco Masea da alcuni, fa mentione Iosesso nel libro suo dell'Antichità. Et fauellando dell'antico diluuio, registra le sopradette parole, tratte dal libro nouantesimo della historia del detto Mnasia.

b **Miriada** } Beroso nel III. fauellando di questo luogo dice. Noa cum familia de monte Cordyco vt par erat descendit in subiacentem planitiem plenam, ea dauerum, quam vsq; ad hanc etatem appellant Miriadam &c. Fu poi detto Miriada, vn certo numero di huomini insieme.

c **Baris** } montagna. Significa anco in lingua Egittia, barca, o barchetta picciola: che noi chiamiamo cataletto: a Fiorenza si dice Bara, con la quale si portano i morti alla sepoltura. Era anco nome di città nella Prigia.

d **Vno venne** } perciò che Mnassea non sapendo questo nome di Noe, disse vno, vn certo quasi dicat, vno del quale non so il nome.

e **Ocilla** } Beroso nel I. lo chiama Gordieo. Nam eleuata ab aquis, in Gordysi montis vertice quieuit: però dicono che Ocila è giogo del monte Gordieo.

f **Solino** } Visse ne tempi di Plinio, & scrisse a sua imitatione, quantunque non faccia mentione alcuna di Plinio.

g **Primo diluuio** } Rispetto a gli altri posteriori che furono quattro sì come si è detto in Xenofonte de gli Equiuoci.

h **Ogige** } Cognome di Noe, come s'è detto in Beroso.

i **Luciano** } filosofo, antico scrittore, ma non distingue il diluuio grande da quello di Deucalione che fu dopo il primo. Con tutto ciò facendo mentione dell'arca che fu salute del genere humano, intende del primo diluuio. & così si vede, che oltre a Moise, Iosesso, & Filone hebreo, & diuersi altri antichi hanno descritto il diluuio vniuersale.

D'EVSE

DI EVSEBIO CESARIENSE,

Intorno al diluuio, & alle nationi che vscirono da Noè.

Ssendo Noè d'età di 500 anni generò Sem, Cham, & Iafet. Et moltiplicando gli huomini sopra la terra grandemente: & menando mogli bellissime, per le quali ardeuano in libidine secondo che piu pareua loro, nacquero i giganti huomini famosi & potenti nel mondo: & crescendo in popolo empio & scelerato: erano pronti in ogni mal fare, senza timore alcuno di Dio, & sprezzando il culto della religione. Onde trouandosi Noè solo giusto: & piacendo à Dio nelle sue generationi. Dio deliberò di conseruare di qualunque spetie, per riparare il seme di ciascuno de gli animanti: & di disperder tutto il rimanente & farne uendetta col diluuio: cominciando dallo huomo fino alle bestie, tanto uolatili quanto caminanti sopra la terra. Mostrò adunque a Noè, a fabricar l'Arca di trauamenta & di tauole pianate, alta 30 cubiti, larga 50 & lunga 300 & incrostata, con bituma di dentro & di fuori: & diuisa in caselle. Nella quale cosi disposta & ordinata, entrò Noè co figliuoli & con le mogli loro: & per uolontà di Dio, ui introdussero di tutti gli animali del mondo sotte paia femine & maschi, & de gli imondi due paia. con esca per tutti loro, secondo la natura d'essi animali. Passato il settimo giorno dal l'entrar di Noè nell'Arca, che fua 17 del secondo mese, l'acque trapassarono i termini, & i confini della natura, & nacque tanta furia di larghissime pioggie, & tanto grande abisso d'acque, aperte le cataratte del cielo, & cosi continouate per 40 giorni, che tutte le cime de monti, furono trapassati dall'acque per 15 cubiti, & piu. Ma l'Arca era portata sopra l'acqua: la quale consumò ogni carne che si moueua sopra la terra, cosi de gli vccelli, come delle bestie, & de gli animali che caminauano sopra la terra, con tutti gli huomini, & con tutto quello c'haueua spiracolo di vita. Et l'acque stettero sopra la terra 150 giorno: & si ricordò Dio di Noè, & di tutti gli animali che erano con lui nell'Arca: & adusse lo spirito sopra la terra, & cessò l'acqua: & si serrarono i fonti dell'abisso, & le cataratte del cielo, &

lo, & cessò la pioggia del Cielo: & mancaua l'acqua discendendo
terra: & scemaua l'acqua dopo 150 giorni: & si fermò l'Arca nel settimo mese a 27 del mese, sopra i monti Ararath. Questi monti sono
nell'Armenia di sopra presso à Persiani. Ma l'acqua andaua piu scemando fino al decimo mese. Et nel mese decimo, il primo dì del mese, furono vedute le cime de i monti. Et dopo 150 giorni, Noe apri
la finestra che egli haueua fatta nell'Arca, & mandò fuori il corbo per
vedere se l'acqua cessasse sopra la faccia della terra: & vscito, non
ritornò piu à lui. Et stette così fino che l'acqua cessasse dalla terra,
& mandò fuori la colomba per vedere se l'acqua cessasse dalla faccia della
terra, & la colomba non trouando doue fermarsi, ritornò all'arca, perche l'ac
qua era sopra tutta la faccia della terra. Et Noe rimessala nell'arca, stette al
tri 7 giorni così. et rimandò la colomba, laquale non ardì piu di ritornar da lui.
Il diluuio adunque tenne occupata la terra fino che si seccasse vn'anno intero.
Ma poi che Noe fu entrato nell'arca la chiuse il settimo giorno, & pioue per
quaranta giorni & per quaranta notti: & stette l'acqua 150 giorni. Dopo i
detti giorni si chiusero i fonti dell'abisso: & cominciò l'acqua a scemare: &
il giorno settimo l'arca si fermò sopra il monte Ararath. Et l'acqua scemaua
fino all'vndecimo mese. Et il primo giorno di questo mese: si videro le cime de
gli altri monti. Dapoi Noe scoperse il tetto dell'arca dopo vno anno intero:
& questo è scritto dicendosi. Et su fatto nel primo & sesto anno della vita
di Noe, essendo scemata l'acqua dalla faccia della terra, Noè scoprì il coperto
dell'arca ch'egli haueua fatta. & vide che l'acqua se n'era andata dalla fac
cia della tera. Ma la terra si seccò nel 2 mese a 27 del mese, & vscì Noe, &
la moglie sua, co figliuoli suoi & con le mogli de suoi figliuoli. Et tutte le bestie, & le pecore, & gli animali che si muouono sopra la terra, secondo la loro
generatione, con tutti i volatili secondo la loro generatione, vscirono dell'arca. Da Adamo fino al diluuio sono 2242 anni. Secondo il conto de gli Hebrei
1656 & fatti sono tutti i giorni di Noe 950 anni. & morì. Figliuoli di Noe,
Sem, Cham, & Iafet. Figliuoli di Sem, Elam, onde sono gli Elemiti, Assaar, on
de gli Assirij, Arfasad, onde gli Arabi, Lud, onde i Lidij, Aram, onde i Sirij.
Ma gli Aramei, nella lingua Siriaca, sono detti figliuoli di Aram, gente de
Barbari. Figliuoli di Cham, Chus onde gli Ethiopi, Mestre, onde gli Egittij. Fur
fur, onde la gente de gli Ethiopi, Chanaam, Chananei, Ma figliuoli di Chus, Saba, onde sono detti i Sabei. Da questa terra, la Regina, venne a vedere la sapientia di Salomone. Euilat, la gente Euilea. Figliuoli di Iafet, Gomer & Magog, & Madai, & Iainam, Elissa, & Thobel, & Mosoth, & Tiras. Figliuoli di
Gomer Aschonez, onde le genti Gothice.

NATIONI DI SEM.

Arfasad generò Salam, Salà generò Heber, onde gli Hebrei. I figliuoli di Heber, Falez, & Lettam. Lettam generò Elmodad, & Salef, & Asarmoth & Iareth, & Adoram, & Aizal, & Decla, & Abimael, Sabá, & Vsir, & Euilat, & Iobala. Tutti questi sono figliuoli di Iettam. Et la loro habitatione fu da Messe fino che si venga in Sifar monte d'Oriente. Questi figliuoli di Sem nelle sue tribu: secondo le lingue loro, nelle regioni & nationi sue.

NATIONI DI CHAM.

Sabata, & Regma Sabataca. Figliuoli di Regma, Seba & Dadam. Ma Chus generò Nerot. Costui cominciò ad esser gigante sopra la terra: cacciatore, alla presenza di Dio. Et fu fatto nel principio del Regno suo Babilonia, Arach, & Acad, & Iacar, & Chalanne, nella terra Sannaar, doue Nabuchodonosor de liberò la sua statua. Et Mesraim generò Ludim, & Anamiin, & Labiim, & Nesthulim, & Fetrusim, & Celuim, onde è vscito Filistiim & Casthuurim. Ma Chamaam generò Sidona primogenito, & Cetheo, Iebuseo, et Amorrheo, & Gergeseo, & Aracheo, & Samario, & Amatheo. Questi sono i figliuoli di Cham nelle sue tribu, secondo la sua lingua, & le terre, & genti loro.

NATIONI DI IAFET.

Gomer & Magog, & Madai, & Iainam, & Thobal, & Mosoch, & Thiras. Et figliuoli di Gomer, Aschonez & Risath, & Thogorma. Et figliuoli di Lainam, Elissa, & Tharsis, Citii, Rhodii. Da questi furono diuise l'isole delle genti nella terra loro, ciascuno secondo la sua lingua: nelle sue tribu, & nelle genti sue. Sem figliuolo di Noe, essendo di 100 anni, generò Arfasad, due anni dopo il diluuio. Et visse Sena dopo che hebbe generato Arfasad 500 anni, & generò figliuoli & figliuole, & venne a morte. Arfasad essendo di 135 anni generò Cainam. Et visse Arfasad, poiche hebbe generato Cainam 430 anni & generò figliuoli, & figliuole. Cainan essendo di 130 anni, generò Sala: & visse Cainan poiche hebbe generato Sala 330 anni, & generò figliuoli & figliuole, & venne a morte Sala, essendo di 130 anni generò Heber, & visse Saba poiche hebbe generato Heber 300 anni, & generò figliuoli, & figliuole & venne a morte. Heber essendo di 134 anni generò Falec, & visse Heber poiche hebbe generato Falec 370 anni, & generò figliuoli & figliuole, & venne a morte. Falec, essendo di 130 anni generò Ragau, & visse Falec, poiche hebbe genera-

Pagination incorrecte — date incorrecte
NF Z 43-120-12

ANTICHITÀ

to Ragau 209 anni, & generò figliuoli & figliuole, & venne a morte. Ragau essendo di 132 anni, generò Seruch, & visse Ragau, poiche hebbe generato Seruch 200 anni, & generò figliuoli & figliuole, & venne a morte. Seruch essendo di 130 anni generò Nacor. & visse Seruch, poiche hebbe generato Nacor 200 anni, & generò figliuoli & figliuole, & venne a morte. Nacor, essendo di 179 anni generò Thare. & visse Nacor poiche generò Thare 125 anni, & generò figliuoli & figliuole, & venne a morte. Thare, essendo di 70 anni, generò Abram, & Nacor, & Aram. Ma Aram morì alla presenza del padre, & lasciò vn figliuolo che si chiamaua Loth, che fu compagno di Abram. Dall'anno del diluuio fino alla natiuità d'Abram sono 1720 anni. Questo Thare dopo la morte di Aram suo figliuolo, condusse tutti i suoi della sua regione, & prouincia . . . de gli Assirii, doue nacquero, & Abram, et Hacor, et Aron suo figliuolo morto: & venne nella terra di Charau, & vi habitò 250 anni. & morì in Charam, doue habitò nella regione de Chananei. L'anno 28 di questo Thare, Belo primo Re de gli Assirii venne a morte. ilquale gli Assirii nominarono Dio, & altri lo chiamano Saturno, & diedero il regno a suo figliuolo che si chiamaua Nino. L'anno 49 di questo Thare, de Sicionii regnò nella Grecia Europo, essendo morto Aegialeo, ilquale fu il primo de Sicionii che regnasse; dalquale il territorio del Peloponneso si chiamaua Aegialeo. Nacor marito Melca sua moglie. Figliuoli di Melca, Hus, Buz, Camuel, Cazad, Axau, Feldas Ieldath, Batuel, Questo è quello ch'è sopra Batuel: dalquale Rebeca. questa è la moglie d'Isaac, Roma concubina. Figliuoli di Roma, Chaman, Thabee, Thua, Maacha. Nascono adunque di Nacor & di Melca sua moglie, otto figliuoli: & la nipote Rebecca, che fu moglie d'Isaac. Et di Roma concubina nascono, 4 figliuoli. tutti i figliuoli adunque di Nacor, dodici. Abraam marito, Sarra sua moglie. Figliuoli di Sarra, Esau, Iacob, Concubina Agar serua di Sarra. Ismael. Fig. d'Ismael, Nabaioth, Cedar, Nabdeel, Massa, Masma, Iduma, Masse Codar, Theman, Ietur, Nafas. Cedma. Figliuoli di Mazian cinque. Sefar, Nefar, Enoch, Abira, Regali. Cethura moglie di Abraham. Figliuoli di Cethura, sei. Zambran, Iettum, Madal, Madiam, Lesboch, Sobe. Figliuoli di Iettam 3. Saba, Theba, Dadam. Figliuoli di Dadam cinque. Raguel, Nabdeel, Assurum, Latusim, Iomim.

Abraham fece la sua giouentù presso a. Caldei Passò poi con suo padre in Charam terra de Cananei, doue Dio gli si mostrò & disse. Esci della terra tua, & della tua parentela, & della casa del padre tuo: vieni nella terra, laquale io ti mostrerò: et farò te in gran gente &c. Ilquale obedendo a quel comandamento, tolto seco il figliuolo d'Aram suo fratello, vscì con lui, & venne nella terra di Canaam, fino al luogo di Sishem, a vno albero altissimo, doue Dio gli si mostrò: & gli diede la promessa del seme, & della heredità. Era allora di 75 anni. & visse Abraham 175 anni. i cui tempi annoueremo: ragionato prima de gli anni. Ma perche ne tempi di Thare suo padre, cominciarono a

essere

essere i Regni: già habbiamo detto, in che anno essi furono. Hora diremo d'anno in anno da tempi di Abraham; accioche sappiamo cioche sia stato fatto degno di memoria: & in che anno fu fatto, presso a gli Hebrei, presso a Greci, o presso a Barbari & all'altre genti: dellequali gli historici hanno fatto mentione.

Quando nacque Abraham, di già regnaua il secondo Re, ilqualecisi chiamaua Nino figliuolo di Belo. perciochè il primo de gli Assirii regnò Belo anni 65. il quale gli Assirii chiamarono Dio Saturno. Et venuto a morte, Nino suo figliuolo hebbe il regno. & regnò 52 anni. L'anno 43 del costui regno, era il primo anno di Abraham. De Sicionij in Acaia regnaua il secondo Re, il cui nome era Europo. Perche il primo di loro che regnò fu Aegialeo: dalquale fu detta Aegialea, quella che hora è chiamata Peloponneso: & regnò 52 anni. Ilquale venuto a morte, regnò Europo 45 anni. il cui 22 anno era il primo anno di Abraham. Et presso a gli Egittii era la 16 potentia, si come dice Manethone: per la quale regnarono i Thebei 190 anni. il primo anno de quali, fu il primo anno di Abraham.

DE' TEMPI ANTICHI,
ET DI XXIIII RE PRIMI
DI SPAGNA,
Et di Giouanni Annio.

De tempi antichi.　　　Cap. 1.

Quelli che scriuono imediatamente de tempi, dicono che Deucalione, che nacque l'anno secõdo di Sfero Re di Assiria, fu l'anno 82 dell'età sua, afflitto dal diluuio come scriue Xenofonte Cromografo. ilquale pare che seguino anco Beroso, & Eusebio, iquali supputano 82 anni, dal secondo anno di Sfero, fino alli 34 di Spareto, nelquale anno dicono che auenne il diluuio di Deucalione. L'anno secondo di Sfero, nelquale nacque Deucalione, era l'anno 40 della seruitù de gli Hebrei in Egitto: si come Eusebio ha rettamente notato. Dal predetto anno della seruitù, fino al principio del diluuio vniuersale sotto Noe, Moise fa condo di 700 anni & quasi 10 mesi. Altrettanti annouera Beroso da Caldei. Solino parimente fra Latini gli mette quasi del medesimo numero dicendo. E conueneuol cosa in questo luogo: far mentione, che dopo il primo diluuio notato ne tempi d'Ogigo, nelquale la notte continouata coprì il giorno 9 mesi & piu, Delo fu la prima percossa da raggi del Sole, onde acquistò tal nome per esser prima di ogni altra riapparita a gli occhi altrui. Et fra Ogigi & Deucalione si danno 600 anni &c. Noi adunque cominceremo i tempi dal diluuio di Noè cognominato Ogige come scriue Beroso, & i Fenici, & gli partiremo in questa maniera. Dal diluuio all'anno 43 di Nino Re de gli Assirii, s'annouerano da Beroso 292 anni. Altrettanti annouera Moise nel Gen. a cap. 11. dal medesimo diluuio fino al nascimento di Abraham. Onde correttamente pose Eusebio la nascita di Abraham nell'anno 43 di Nino Et dall'anno 43 di Nino fino alla fondatione di Troia, Eusebio & Beroso annouerano, 538 anni : & dal medesimo nascimento di Abrahã fino a Christo Eusebio nota 2025 anni. Di maniera che dal diluuio notato sotto Noe Ogigio, fino alla fondatione di Troia, si raccoglio-
no 830

no 830 anni. Et dal medesimo diluuio fino a Christo 2317. Questi adunque noteremo perpetuamente, con l'aggiunta della fondatione di Spagna.

Dell'antiquità della Spagna. Cap. II.

NEl tempo di Nino gli Spagnuoli haueuano lettere di Poesia, & di Filosofia morale. Et questo pende dalla memoria di Beroso, di Sradone : & dalla Spagna stessa. Perciochè Beroso scriue, che Tubale primo Re di Spagna, diede leggi a gli Spagnuoli il quarto anno di Nino. Et la memoria Hispanica, la quale Strabone racconta nel primo libro, afferma auanti a Srabone, ch'ella hebbe lettere, leggi, & versi per 6 mila anni auanti. Et essendo testimone Xenofonte Cronografo della diuersità de gli anni presso a gli antichi, gli anni Spagnuoli erano di 4 mesi: onde 6 mila anni Spagnuoli fanno 2 mila anni solari. I quali se noi annoueremo da Augusto ne cui tempi fiorì Strabone, peruerremo a tempi del predetto Nino. Et di nuouo Eusebio annouera dal quarto anno di Nino, fino all'80 anno auanti alla rouina di Troia, quasi 800 anni. Et in quel lo come nota Eusebio, Cadmo per la gelosia della prima moglie: hebbe la guerra. per laquale come attesta Spinga & Palefato, fu sforzato a passare di Samotracia, a Thebe nella Grecia: doue primo, come dicono: formò le lettere Greche. Adunque gli Spagnuoli fermamente fiorirono nella Filosofia, & nelle lettere per 300 anni auanti che i Greci hauessero la forma delle lettere da Cadmo, tanto è lo splendore, & la Filosofia della Spagna più antica & più nobile della Grecia.

Dell'origine della gente Spagnuola. Cap. 3.

NEl principio delle genti, penetrarono in tutta la Spagna da i Caspij, gli Iberi, i Persiani, i Fenici, i Peni, & i Celti, si come attesta Plinio nel 3 della historia naturale, & Marco Varrone, & Catone in quello de Originibus: i quali tengono per fauolose quelle cose che i Greci fingono di Hercole, di Pirene, di Luso, di Pana, & di così fatti altri huomini Greci. Sono adunque gli Iberi, & gli Aramei, Scithi, Caspi, i quali i Persiani chiamano, Saga. & i Persiani sotto i Caspi, sono chiamati Corsi da i Saghi, come referisce Plinio nel 5 della sua Historia. Ma quello che i Persiani, & gli Hebrei proferiscono & dicono Corso, & Quore, i Greci lo pronuntiano Cirno, & Ciro. Onde gli Iberi Sagi, & i Persiani Corsi, furono i primi ad habitar la Corsica, la quale i Greci chiamano Cirno. Da queste prime colonie adunque, tutte l'Isole, di Sicilia, di Corsica, di Sardigna, delle Baleariche, & insieme tutta la Spagna trasse l'origine della sua generatione. Ma essendosi poi i Gothi, & gli Alani: sparsi & diffusi da i Caspij nell'Europa, & hauendo questi dopo Christo penetrato nelle Spagne, & regnandoui fino a questi tempi: è necessario per conseguenza,

ANTICHITÀ

che i Gothi posteriori non habbiamo variato l'antica origine, della gente Spagnuola. Questa adunque è la non variata & vera origine nostra, o eccelsi Re Ferdinando & Lisabetta Principi Christianissimi.

Di Tubale I Re di Spagna.   Cap. 4.

San Hieronimo & Eusebio dicono, che Tubale quintogenito di Iapeto fig. di Noe, fu primo di tutti i Re di Spagna. Il medesimo scrive Iosesso fra gli Hebrei, & Beroso fra i Caldei; il qual dice ch'egli fondò la Spagna, l'anno 143 dopo il diluuio, che era l'anno 12 del Saturno Babilonico Nembroth: auanti la edificatione di Troia, 637 anni: & auanti alla natiuità di Christo 2174 anni. Nella Betica è la città Tubale dedicata al suo nome, come si vede in Pomponio Mela. La spetiale & particolar cura di costui fu di introdur nel paese greggi, & armenti di bestiami: sì perche la Spagna partorisce volentieri animali, sì perche i medesimi erano molto necessari a mortali per mangiare: per viuere, per vestirsi, & per cosi fatte altre cose: & sì perch'erano anco in quel tempo reputati & tenuti per le prime delitie & ricchezze. Cosi fatto studio gli Aramei chiamano Thara, cona, cioè congregatione & adunanza di Pastori: sì come espongono cosi S. Hieronimo come i Talmudisti. Quinci il carico di Tubale gli diede il cognome di Tharacone, dal quale non è dubbio, che la prouincia fu poi detta Tharacona, sì come dalle colonie sue Saghe prese l'antichissimo nome Sagunto. Costui come attesta Beroso, diede forma a gli Spagnuoli con le leggi l'anno quarto di Nino. Il che assai a bastanza si confronta al sopradetto testimonio della vecchia Spagna, che noi dicemmo di sopra di Strabone. Il medesimo Beroso dice, che l'anno decimo di Nino, & l'anno 115 del medesimo Tubale, il padre Noe cognominato Iano, passò di Fenicia & d'Africa in Spagna, & lasciò a Tubale suo nipote per Iapeto suo fig. due colonie chiamate per lo suo proprio nome Noela, et Noegla, ancora che Plinio nel 3. a cap. 21 le chiamò Noega & Noela. Et il medesimo Beroso dice, che egli regnò fino all'anno 43 di Nino, il quale dalla Spagna fondata da lui, è l'anno 155. Adunque cinque anni prima che morisse Tubal, nacque Abraham, perciocche fu generato l'anno 43 di Nino, sì come si è detto di sopra.

Di Ibero II Re di Spagna.   Cap. 5.

Soccesse al padre Tubale, Ibero suo figliuolo, l'anno 49 di Nino. inanzi all'edificatione di Troia 531 anno, & auanti alla salute humana 2016. onde tutta la Spagna fu detta Iberia, da gli Iberi Caspij. & da Celti, come attesta Marco Varrone, quella parte uicina alla Gallia, si chiama Celtiberia da gli Historici. Et Ibero fiume fu cosi detto per lo Re Ibero: & Iberi si chiamano quelli che habitano intorno al predetto fiume. Questo fiume,

come

come scriue Alberto Magno, Solino, & Diodoro nel 6 lib. nasce sotto le radici del Pireneo ne Cantabri, & facendo molte girauolte, sbocca nel mare Balearico, sotto il promontario di Ferraro, ricco per commertio, & nominato da gli auttori. Regnò costui fino all'anno 33 di Semiramis: cioè 37 anni come si raccoglie in Eusebio.

Di Iubalda III. Re di Spagna.   Cap. 6.

PRese la Signoria di Spagna, Iubalda che fu il terzo, dal quale il monte Iubalda hebbe il suo nome. come attesta Beroso, quantunque gli Scrittori in Tolomeo scriuessero scorrettamente Iubeda, & scorrettissimamente i Mori lasciassero nome alla Spagna di Gibilterra. Cominciò a regnar l'anno 34 di Semiramis, come dice Beroso, cioè dal diluuio 336 anni, dal nascimento di Abraham 43 anni, & dalla fondatione di Spagna 193 anni, & auanti alla fondatione di Dardania 494, & auanti alla venuta di Christo 1981. L'anno 14 di Iubalda fu l'anno 350 dal diluuio. Adunque l'anno 15 di Iubalda morì il padre Noe, cognominato Iano Ogige. Et l'anno 32 di Iubalda fu l'anno 75 di Abraham. Adunque in quello anno gli fu fatta la promessa della Christiana salute, come apparisce nel Genesi a cap. 12. acciò che la benedittione de Pagani, non in nome del Dio di Israel, ma nel nome del seme di Abraham, ouero di Christo, & dicendo & dichiarando ciò Esaia nel cap. 62. Relinquetis vos Israelite nomen vestrum ad maledictionem electis meis, & seruos suos Deus vocabit alio nomine, in quo qui benedicetur aut iurabit, benedicetur in Deo Amen. In questi tempi nacque Hercole Libio, auanti al Greco Hercole quasi 700 anni. i quali presso a gli Egittij fanno quasi 10 mila anni, come argomenta Diodoro nel primo libro contra i Greci. Regnò Iubalda, come attesta Beroso, dalli 34 anni di Semiramis fino alli 18 di Ario, cioè 64 anni, si come si raccoglie in Eusebio, & in Beroso. Sette anni inanzi alla morte di Iubalda, nasce Isaac d'Abraham che haueua cento anni.

Di Brigo Quarto Re di Spagna.   Cap. 7.

BRigo signoreggia a gli Spagnuoli, come attesta Beroso, l'anno 19 di Ario, cioè dal diluuio 400, dalla fondatione di Spagna 267, dal nascimento di Abraham 108, dalla fondatione di Dardania 430, & auanti all'auuenimento della christiana salute 1917 anni. Gli Aramei chiamano Brigo il Castellano, & Brigola il Castello. onde i Toscani, presso a quali sono restati fino a questo tempo molti vocaboli Aramei, chiamano vn castello posto in qualche luogo scoperto, vna Briccola. Tengo che egli hauesse questo così fatto cognome da due cose, l'vna perche egli volle che nel suo stendardo fusse vn castello per insegna, l'altra perche, come attesta Beroso, fondò molte castella per tutta la ta la Spagna, col cognome di Brigo, preponendo a ciascuno di loro il nome del proprio Duce, al quale esso lo conseruaua: il che si vede chiaramente in Tolomeo, come in Portogallo Laccobriga, Mirobriga & tali altri: & nella prouincia di Aragona, Briganto, Volubriga, & tali altri. Plinio nel 5 lib. a cap. 21 afferma essere auttori, che dicono, che i Brighi di Europa passarono in Asia, & fondarono i Brigij, i quali mutata la b, in ph, furono chiamati Phrigij. Anzi di piu mandò in Hibernia colonie, & tra gli Alpini, & nella Toscana. Nella Hibernia il fiume Brigo, & Briganti i suoi popoli, & nella Vindelicia, i Brigi, & Bartobriga, si come si legge in Tolomeo. Ma nella Toscana, il paese Sabatio, è il contado Brigiano, nel qual poi fondato vn castello, fu detto Brigiano, quantunque la fauella volgare muti la lettera g, in due c, dicendo in cambio di Brigola, Brigo, & Brigiano, Briccola, Bricco, Bricciano, ma corrottamente Bracciano; si come al vicino paese del amne Iario (cioè fiume Iario) si dice Anguillara, douendosi dire Amne Iara (cioè fiume Iaro o Iario) perciochè mutò il nome piu uolte; conciosia che dal suo primo Duce fu detto Brigiano, & poi Arceuno dall'arce (cioè fortezza o Rocca) de Vcienti, vltimamente Arccano & Barceano, & corrottamente Bracciano. Regnò Brigo, come attesta Beroso, fino al primo anno di Baleo, cioè 52 anni, come scriue Eusebio.

Di Tago V. Re di Spagna. Cap. 8.

Tago V Re di Spagna, cominciò, come attesta Beroso, l'anno primo di Baleo Xerse, cioè dal diluuio 452. & dalla fondatione di Spagna 309. & auanti all'edificatione di Troia 378 anni, & inanzi alla uenuta di Christo 1865. Da questo, il fiume Tago bebbe il suo nome come dice Beroso, ricco per pescagioni, & per hauere le harene d'oro, come scriue Plinio & conferma Solino, del quale dice Iuuenale nella 3 Satira,

Tanti tibi non sit opaci omnis harena Tagi.

Beroso chiama questo Tago, Orma, & Moise per aggiunta di lettere composte insieme Tagorma. Costui pose le colonie Taghine Cispij, & la Tagorma nell'Africa: di doue passò nella Spagna; come dimostrano le memorie di quei luoghi in Tolomeo. Regnò costui 30 anni, come fece anco Baleo Xerse.

Di Beto VI. Re di Spagna. Cap. 9.

Beto cominciò à regnare in Spagna, l'anno primo d'Armatrite, come scriue Beroso, cioè dal diluuio 482 dalla fondatione di Spagna 339 inanzi all'edificatione di Troia 348 anni, & auanti alla christiana salute 1835 anni. I Talmudisti dicono che si dee scriuer Beto, per e distungo, cioè Baeto, che i Toscani Latini trasportando le lettere uocali a, e, pronuntiano Beato.

Quinci

Quinci Beto & Betica. è prima Beato, Beata & felice, la quale Homero & i Greci chiamauano i Campi Elisi: come referisce Strabone nel primo libro. Ma gli Hebrei uogliono che Beto sia cosi detto da Behin che S. Hieronimo interpreta, locus uitæ meę (cioè luogo della mia uita) cioè di felicità desiderata, la qual felicità à ciascuno è luogo di uita & campo Elisio. Questa, uoi auspici di felicità & felicissimi Re di Spagna, Ferdinando & Isabella, toglieſli delle mani de gli empi: come fece Hercole Egittio, delle mani di Gerione. Del fiume Beto, & dell'aria sua saluberrima, gli Historici scriuono molte cose. Et Seneca di Corduba nella sua Aredea, dice.

> Nomen qui terris dedit Betis suis
> Pulsans Hesperia maria languido ualo.

Et Iuuenale in una Satira,

> Præcipitare volens etiam pulcherrima vestem,
> Atque alias quarum generosi grauaminis ipsum.
> Infecit natura pecus, sed & egregius foris,
> Viribus occultis, & beticus adiuuat aer,

Et Martiale,

> O Betis oliuifera, crinem redimite cerua,
> Aurea qui nitidas vellera tingis aquis.

Regnò questo Beto 31 anno. Et l'anno seguente Gerione prese la Tirannide, come attesta Beroso.

Di Gerione VII. Re di Spagna. Cap. 10.

Gerione Africano, testimone Beroso, prese la Tirannide l'anno 32 di Armatrite, cioè dal diluuio 514, dalla fondatione di Spagna 371, auanti alla edificatione di Troia 316. & inanzi alla salute vniuersale del mondo 1803 anni. Fu chiamato Gerione con vocabolo Africano, & propriamente in hebreo, Gera significa forestiero: perche come scriue Beroso, venne di Mauritania, & assalì la Spagna. Fu cognominato in Arameo Deabo, in Greco Griseo, in Latino Aureo, il qual cognome egli s'acquistò per le ricchezze, come dice Beroso nel quinto, & Diodoro conferma nel quinto. Regnò fino all'anno 28 di Belocho, come scriue Beroso, cioè 34 anni come s'annouera in Eusebio.

Di Trigemino Gerione VIII. Re di Spagna. Cap. 11.

L'Anno 29 di Belocho, come dice Beroso, regnarono i fig. di Deabo, Lomnimi, cioè Principi, & conduttori di esserciti, si come interpreta S. Hieronimo, i quali i nostri chiamano Gerioni Trigemini, perche furono tre fig. di Gerione. Cominciarono nel predetto anno di Belocho, dal diluuio 549 dalla fonda

ANTICHITA

tione di Spagna 408, auanti alla edificatione di Troia 281. & auanti alla venuta di Christo 1788 anni. Regnando questi, come attesta Beroso, Tifeo Egittio, con consenso de gli altri Principi del mondo, ammazzò suo fratello Osiri, cognominato Gioue Giusto, che signoreggiaua giustamente. Onde, come scriue il medesimo, & Diodoro dopo lui racconta spesso nel primo libro, nel secondo, nel quinto & nel sesto, Libio Hercole fig. d'Osiri, mossa guerra per tutto il mondo contra gli scelerati, per vendicar la morte di suo padre, scannò nell'Egitto Tifeo suo zio, leuò via Busiride nella Fenicia, occise Tifeo il giouane nella Frigia, decapitò Milino Capitano del mare in Candia: pose Anteo nell'Arene Libica: & tolse via i tre Gerioni in Spagna: hauendo combattuto con loro à corpo a corpo; & douendo passare in Italia contra i Listrigoni, come dice Beroso, creò Hispalo Re di Spagna, Questi Gerioni regnarono, come accenna Beroso, fino all'anno 36 di Baleo, cioè 42 anni.

Di Hispalo IX. Re di Spagna. Cap. 12.

Hispalo, come attesta Beroso, regnò l'anno 36 di Baleo, cioè dal diluuio 590, dalla fondatione di Spagna 447, auanti alla Christiana salute 1727 anni. Il nome accusa che la città di Hispali fu così detta da costui. ne giudico che sia detta da Pali, ma da Hispalo Re, & dalle sue colonie Hispale popoli della Scithia: le quali Hercole condusse con lui per lo mondo, come dice anco Roderico di Toledo, chiarissimo Historico. Ch'egli fosse fig. di Hercole, si conosce da questo, che Hispano & Iliberia sua fig. sono tenuti nipoti di Hercole da gli Scrittori Spagnuoli. ancora che per difetto de gli Scrittori questo non si legge in Beroso. Regnò fino al fine del Re Baleo, cioè 17 anni.

Di Hispano X. Re di Spagna. Cap. 13.

L'Anno 1 di Altade, regnò Hispano nipote di Hercole, il quale anno è dal diluuio 607, dalla fondatione di Spagna 464 auanti l'edificatione di Troia 224, & inanzi alla venuta d' Christo 1710 anni. & hauendo la Spagna per consenso di tutti preso il nome da questo nipote di Hercole, è necessario in conseguenza, che auanti a costui, ella fosse cognominata per li nomi delli 9 Re antecedenti, secondo l'antica vsanza: il quale parimente insieme con Cacco, fu tralasciato in Beroso per difetto de gli Scrittori. Regnò Hispano 32 anni, si come anco Altade.

Di Libio Hercole XI. Re di Spagna. Cap. XIIII.

Poi che Hercole, acquetata l'Italia: pose fine alle sue fatiche, tornò, come attesta Beroso, d'Italia in Spagna l'anno 19 di Altade, doue regnaua Hispano

spano suo nipote. Et essendo Hispano venuto a morte nell'vltimo anno d'Altade, Hercole fatto vecchio, entrò al gouerno della Spagna, l'anno primo di Mamito, dal diluuio 639, dalla fondatione di Spagna 496, auanti a Troia 191, & auanti alla venuta di Christo 1678. Vi regnò fino all'anno 19 del predetto Mamito, & venne a morte. Alle cui ossa gli Spagnuoli fabricarono vn ricco & gran sepolcro, con vn Tempio, presso alle Gadi, come scriue Beroso, et Pōponio Mela seguendo Beroso. Il medesimo Beroso dice, che Libio edificò & dedicò al suo nome le città Libisoson, Libisoca, Libunca, Libora, le quali anco Tolomeo descriue. Plinio nel 3. a cap. 4. afferma, che Libisosona fu chiamata da Romani Foroaugustana: & che le diedero giurisditione come se ella fosse in Italia. Regnò adunque fino all'anno 19 di Mamito.

Di Hespero XII. Re di Spagna.   Cap. 15.

Scriue Roderigo di Toledo, che Hercole menò con lui Atlante, il quale fiorì intorno a tempi di Moise, Beroso dice che costui non fu Mauro, ma Italo, Fu suo fratello, Hespero, come racconta Iginio, il quale Libio Hercole lasciò suo soccessore. Regnò, comme attesta Beroso, fino all'vltimo anno di Mamito, cioè 10 anni; perche Italo Atlante, cacciandolo di Spagna, lo costrinse a fuggirsi in Italia, come scriue Iginio, & però pruoua che la Spagna, & la Italia sono dette Hesperie dal Re Hespero, & non dalla Stella, come fingono i Greci. percioche per la medesima ragione la Francia che è posta nel mezzo, sarebbe chiamata Hesperia. percioche si come i Greci nauigano con quella Stella dall'Italia nella Spagna, così nauigano nella Francia. Hespero cominciò à regnare in Spagna l'anno 20 di Mamito, soccedendo ad Hercole Egittio, l'anno dal diluuio, 659 dalla fondatione di Spagna 516, dalla città di Troia 171 per auanti alla città di Roma 603. & auanti alla incarnatione di Christo 1658.

Di Atlante Italo XIII. Re di Spagna.   Cap. 16.

Kitym Atlante, come attesta Beroso, regnò presso a gli Spagnuoli, l'anno 1 di Mancaleo, cioè dal diluuio 669 dalla fondatione di Spagna, 526, dalla città di Troia 161. auanti alla città di Roma 593 & auanti alla Christiana salute 1648. Seruio, sopra l'Eneide di Virgilio, scriue che furono tre Atlanti Il primo di tutti il Mauro, l'vltimo il Greco, & il mezzo fra questi Atlante Italo fratello di Hespero, & suocero di Corito Toscano, il quale Beroso chiama Atalo Kitym: & di questo si parla. Regnò, come scriue Beroso, fino all'anno 12 del detto Mancaleo. & creato Re Sicoro suo fig. esso nauigò in Sicilia, & poi in Italia, a Corito. si come si pruoua nella historia Toscana.

Di

Di Sicoro XIIII. Re di Spagna. Cap. 17.

Regnò Sicoro, secondo Beroso, nell'anno 13 del sopradetto Mancalco, cioè dal diluuio 682, dalla fondatione di Spagna 539 dalla città di Troia 148 auanti Roma 580, & inanzi alla salute del mondo 1635. Da costui fu chiamata Sicora, quella parte della Spagna, doue è il fiume Sicoro, del quale Lucano dice,

Hesperios inter Sicoras non vltimus amnis.

Regnò fino all'anno settimo di Mamilo, come accenna Beroso, cioè 45 anni. Sotto questo auennero queste cose. Primieramente l'anno 20 di Sicoro ch'era il secondo di Sfero, nacque Deucalione Saluadore della Thessaglia. Oltre à ciò il 19 anno di Sfero, è l'anno 37 di Sicoro. ma l'anno 19 di Sfero nacque Moise Saluadore della hebraica seruitù come nota Eusebio. Così sotto Sfero, & Sicoro, nacquero due Saluadori, l'vno dal diluuio, l'altro dalla seruitù.

Di Sicano XV. Re di Spagna. Cap. 18.

Sicano succeße al padre, come attesta Beroso l'anno 8 di Mamilo, cioè dal diluuio 726, dalla fondatione di Spagna 583 auanti a Troia 104. auanti alla città di Roma 536. & auanti alla venuta di Christo 1511. Leggiamo, che gli Italiani, & i Siciliani furono chiamati Sicani: & è nome celebre presso a gli Historici, & a Poeti. Regnò come dimostra Beroso, fino all'ottauo anno di Spareto, cioè 31 anno, come si raccoglie in Eusebio.

Di Siceleo XVI. Re di Spagna. Cap. 19.

Siceleo cominciò a regnare poco dopo Iasio Tosco fratello di Dardano che edificò Troia: & poco dopo il primo Re de gli Atheniesi Cecrope antico, come nota Beroso, l'anno 9 di Spareto, dal diluuio 757 dall'edificatione di Spagna 614. auanti a Troia 73, auanti à Roma 505, & auanti al Gran Messia 1560, nell'anno 41 della età di Moise, et 58 di Deucalione. Da questo Siceleo & suo fig.gli Itali furono chiamati Siculi, come recita Dionisio Alicarnasseo, nel 1. lib. Ma come Eusebio & Beroso scriuono, il diluuio venne in Thessaglia l'anno 34 di Spareto, 82 di Deucalione, 65 di Moise. L'anno 35 di questo Siceleo, & il 4 di Ascatade, Io Egittia sorella di Osiri, ritornò in Egitto, & fu detta Isis, per lo benefitio fatto alla humana generatione dell'arte de pistori; come referisce Xenofonte, & come nota Eusebio. Et come ua narrando Beroso, nacque lite per conto del Regno fra Iasio, & Dardano. nella qual contesa hauendo Iasio, & i Toscani richiamato di Spagna, Siceleo, gli Aborigini soli seguiuano Dardano, ma tutta Italia, & i Siculi, con Siceleo; fauoriuano le

parti

parti di Cibele *&* di Iasio. Et hauendo Dardano ammazzato Iasio a tradimento nel territorio di Vetulonia alle Therme Iasinelle, Siceleo escluse gli Aborigini: *&* scacciò d'Italia Dardano, costrignendolo a fuggirsi nella Samotracia, come dice la Historia Latina, del quale Virgilio nel 7 dell'Eneide dice.

  Dardanus Ideas Phrigiæ penetrauit ad vrbes,
   Thraiciamq́, Samum, quæ nunc Samotracia fertur,
   Hinc illum Coryti Turrhena à sede profectus, &c.

Questa fu la prima discordia ciuile in Italia, per la quale gli Aborigini nemici de Siculi dopo la predetta occasione, fecero lega co Pelasgi contra di loro: *&* gli costrinsero a fuggirsi d'Italia in Sicilia, come ricorda Dionisio Alicarnasseo nel 1 libro. L'anno medesimo, nel quale morì Iasio, morì anco Siceleo, hauendo lasciato vn figliuolo chiamato Luso. Regnò fino all'anno 13 di Ascatade, cioè 44 anni.

Di Luso XVII. Re di Spagna.   Cap. 20.

Questo Luso non è il Greco, ma lo Spagnuolo figliuolo di Siceleo, il quale cominciò a regnare l'anno 13 di Ascatade dal diluuio 801. dalla fondatione di Spagna 658 auanti Troia 29, auanti Roma 461. auanti Christo 1516. Tutti concedono, che la Lusitania fosse così detta da questo Luso. Fu chiamato Luso, perche secondo il costume Arameo, attendeua per tutto à sacrificij, saltando *&* scherzando, sì come fece anco Dauid alcuna volta dinanzi all'Arca, *&* come era vsanza de Lucumoni Toscani, sì come accenna Festo della edificatore de Lucensi. Costui, morto suo padre Siceleo in Italia, creato Re, condusse molte colonie di amici che egli haueua in Italia, in Lusitania. *&* di ciò sono argomento molti nomi antichi di luoghi, *&* di genti, comuni a gli Italiani *&* a Lusitani, conseruati presso a gli antichi Geografi, quantunque al presente siano variati. L'anno 28 di costui, Dardano che s'era fuggito dalla sede Turrhena di Corito in Samotracia, penetrò, come attesta Virgilio, alle città Idee della Frigia, *&* fondò Troia: la quale chiamò la prima volta Dardania dal suo nome, l'anno sesto di Egitto fratello di Danao Egittio, come nota Eusebio rettamente. Regnò Luso fino all'anno settimo di Egitto, cioè 30 anni.

Di Siculo XVIII. Re di Spagna.   Cap. 21.

Siculo, come attesta Manethone, regnò l'anno ottauo d'Egitto, cioè dal diluuio 832 dalla fondatione di Spagna 689. dall'edificatione di Troia 11, auanti a Roma 430 *&* auanti alla salute humana 1485. Si dee notare in questo luogo, che gli Spagnuoli non hebbero anticamente proprij Re, ma elettissimi Duci, come scriue Trogo, *&* Giustino abbreuiò nel lib. 43. Di questo è argo-

ANTICHITA

è argomento ch'essi chiamauano i loro Principi con uocabolo Arameo Iberico, non Ry, cioè Re, ma Sic, cioè Duci, onde a Oro, Auo, Elco, Klo, dissero Sic Oro, Sicano, Siceleo, Siculo, col nome Sic ch'era de Duci. Questo Sicolo fu detto Minore: per far differentia dall'antico figliuolo d'Italo. Regnò questo Sicolo fino dal principio di Menosi, Re d'Egitto, come accenna Manethone, cioè 60 anni quasi, si come computiamo in Eusebio.

Di Testa XIX Re di Spagna.   Cap. XXII.

Testa, come scriue Manethone, regnò l'anno primo di Menosi Re d'Egitto, dal diluuio 893. dalla fondatione di Spagna, 750 dalla edificatione di Troia 64. auanti alla città di Roma 368, & auanti alla uenuta di Christo 1424 anni. Questo anno medesimo, come nota Eusebio, Erittonio figliuolo di Dardano: cominciò à regnar secondo Re di Troia. Questo Testa, come dice Manethone, nacque in Libia, in Tritonide Patria di Minerua Palatua: & edificò sul lido, Testa città. per la quale Tolomeo chiama Contestani, i popoli all'intorno. I posteri poi, come dicono gli Spagnuoli, la chiamarono Teucria, da Teucro Thelamonio, come dicono Silio & Giustino. & poi Cartagine Nuoua. L'anno 47 di Testa, il quale era il settimo di Zeto Re d'Egitto, come nota Manethone & Eusebio: Troe fig. di Erittonio fu il terzo che signoreggiò Troia, dal quale la città fu ampliata & chiamata Troia. Regnò Testa fino all'anno 33 di Zeto, come accenna Manethone, cioè 74 anni, come si raccoglie in Eusebio.

Di Romo XX. Re di Spagna.   Cap. XXIII.

Regnò Romo, come dice Manethone, l'anno 35 di Zeto, dal diluuio 968, dalla fondatione di Spagna 825. dall'edificatione di Troia 138. auanti Roma 294. auanti a Christo 1349. Ci fu un'altro Romo, il quale accrebbe nel Latio, il picciolo castelletto di Roma, ch'era stato fabricato da Roma figliuola d'Italo, come scriue Beroso & come conferma Plutarco nella uita di Romolo. Il qual castelletto poi di Roma, la giouentù Latina, chiamò per interpretatione Valentia. Et Euandro di nuouo gli disse Roma, come attesta Solino. percioche nella lingua Aramea & Greca, Roma è quel medesimo in Latino, che Valentia; si come Romo significa Valente. Adunque la città, che secondo l'usanza de Principi, Romo Spagnuolo chiamò Roma per lo suo nome, i Romani da poi, conseruando l'interpretatione, la chiamarono Valenza, fino à questa età. città ueramente antichissima & edificata da questo Romo, & illustre per San Lorenzo martire, & per San Vincenzo confessore: & per la casa Borgia, la quale risplende molto per i Sommi Pontefici, Calisto Terzo, sotto il cui auspicio il Turco fu rotto in Vngaria, & ordinata

dinata la festa della Transfiguratione, & per suo nipote, hora Pontefice Santiss. Alessandro VI, nella cui uenuta, apparirono nella sua Uetulonia, i trionfi di Iasio & di Cibele, i quali nel tempo del suo difensor Siceleo Re di Spagna furono ascosti. onde crediamo che sotto questo Pontefice, habbiano à ritornare in sua grandissima gloria. Romo finì il suo regno, come scriue Manethone, l'anno 12 di Ramsì Re di Egitto: i quali in Eusebio fanno 33 anni.

Di Palatuo XXI Re di Spagna. Cap. 24.

ADunque perche i Palatui popoli, sono descritti intorno à Valenza, è cosa ragioneuole che il padre Romo, & Palatuo suo figliuolo ui tenessero la sede: & la deriuatione del nome dimostra che la città di Palentia fu edificata da costoro: nella quale fiorì anticamente lo studio di Minerua, & lo studio Generale di Spagna: si come si scriue nella leggenda di S.Domenico.Regnò questo Palatuo, come scriue Manethone, l'anno 13 di Ramsì Re d'Egitto, dal diluuio 1001, dalla fondatione di Spagna 858, dalla fondatione di Troia 171. auanti a Roma 262, & auanti l'anno della salute 1316 anni. In questo anno, come nota Eusebio, & Manethone, Ilo sig. di Troe, fu il quarto Re in Troia. dal quale fu edificato & chiamato Ilio in Troia. Regnò questo Palatuo intorno a Valenza. & secondo che alcuni stimano, fu scacciato da Cacco Celtibero, il quale condusse l'essercito sul monte di Carpentana, doue hebbe vittoria, & il monte fu chiamato Cacco fino a questi tempi, quantunque altri lo chiamino Cano. Dicono che Palatuo fu vinto perche era giouanetto. Regnò Palatuo giouanetto questa prima volta, fino all'anno 30 di Ramsì, cioè 18 anni, come si può fare il computo in Eusebio.

Di Cacco XXII. Re di Spagna. Cap. 25.

QVarantadue anni auanti che nascesse Hercole Greco, Cacco Celtibero giouanetto regnò nella Spagna. per la cui vittoria fu posto nome Cacco al monte l'anno 31 di Ramsì, dal diluuio 1019, dalla fondatione di Spagna 976, dalla edificatione di Troia 188 auanti Roma 244, & auanti alla venuta di Christo 1298. Fu chiamato fig. di Volcano: perche fu primo che insegnò in Spagna il ferro, le arme, & la militia armata, le quali cose si fanno col fuoco. Regnò fino all'vltimo anno di Ramsì, cioè 36 anni. & fu scacciato del Regno, & costretto a fuggirsi in Italia da Palatuo, il quale, risatta testa, lo scacciò di Spagna. perciò che si truoua in Manethone, che Palatuo fu Re vn'altra volta, l'anno primo di Menosi, morto Ramsì. Non potè adunque essere scacciato dal Greco Hercole, il quale non era nato. & che nacque poco dopo l'anno 6 da Menosi, come pruoua la morte del medesimo Hercole. percioche come scriue Eusebio consentendo a gli altri, dall anno 6 di Amenosi, al 16 di Ameneme

neme, si annouerano 52 anni, ne quali visse Hercole. & nel predetto 16 anni di Ameneme, Hercole si gettò nel fuoco, come confessa ognuno. Adunque Hercole non potè per auanti scacciar Cacco, ne andar con gli Argonauti, ne rouinar Troia, come scriue Eusebio corrottamente, perche Hercole non era ancora nato: si come si pruoua veramente dal predetto tempo della sua morte. Palatuo regnò la seconda volta non molti anni, fino al nascimento di Hercole.

Di Eritro XXIII Re di Spagna. Cap. 26.

Si come Hispalo fig. di Hercole Libico hebbe il cognome dalle colonie (percioche come attesta Rodrigo di Toledo, gli Hispali sono genti Scitice) così è verisimile che Eritro prendesse il cognome dalle colonie Eritree, le quali venendo dal Mar Rosso alle Gadi, habitarono l'Isola Eritrea, come scriue Plinio nel 3 lib. della historia, & altri molti confermarono. Regnò costui l'anno 7 di Amenosi, cioè dal diluuio 1061. dalla fondatione di Spagna 918. dalla edificatione di Troia 131. auanti a Roma 201. auanti a Christo 1272. Durò fino alla rouina di Troia, cioè 79. anni. L'anno suo vndecimo, che era il 60. auanti alla rouina di Troia, Euandro venne a Roma. L'anno 25 del medesimo Hercole Greco, ammazzò insidiosamente Cacco nell'Auentino monte di Roma. Et l'anno medesimo nauigando in Asia, ammazzò à tradimento Laomedonte Quinto Re di Troia; Percioche Alceo Hercole era grandissimo Corsaro, & Capitano di guerre non giuste, & di militia non bene ordinata. Onde Hercole di età di 26. anni rouinò Troia. Non potè adunque Priamo regnar 58 anni, dopo la morte di Laomedonte, come mette Eusebio; perche Hercole haueua in quel tempo 12 anni, & imparaua musica sotto Lino suo precettore: onde non haueua ancora cominciato a guerreggiare. Adunque l'anno 26 di Eritro, occiso Cacco, Laomedonte perì. & Priamo suo fig. entrato al gouerno del regno l'anno seguente, durò 44 anni, nel quale mancò insieme con Troia. Ma ciascuno legga i tempi correttissimi de Re Troiani in Archiloco.

Di Mellicola XXIIII. Re di Spagna. Cap. 27.

Si troua, che l'anno primo, dopo la rouina di Troia, Mellicola signoreggiò gli Spagnuoli; il cui diritto nome fu Gargoro, & detto Mellicola; perche fu il primo che insegnasse a gli Spagnuoli a raccogliere il mele. Del cui nipote Habide, racconta Giustino nel 12 libro delle sue abbreuiationi la marauigliosa fortuna, & il suo regno sommariamente. Questo è l'vltimo, del quale ho potuto trouare il nome ne gli anttori fino a qui. Cominciò a regnare, nel primo anno dopo la rouina di Troia, dal diluuio 1131. dalla
fonda-

fondatione di Spagna 988. auanti Roma 131. auanti Chrißo 1188. Finì l'anno primo di Enea Siluio Re de i Latini, cioè l'anno 67. Da indi iopoi la Spagna si ritirò in Prouincie: & particolari Signorie di città, fino à tempi de Cartaginesi, & poi de Romani, i quali quando che sia sia mi porrò a considerare se insieme con la vita, mi sarà conceduta commodità.

FILONE HEBREO DE' TEMPI.

D'Adamo fino al diluuio corsero 1656 anni. Dal diluuio ad Abraham 292. Da Abraham a Moise 425. Da Moise all'uscita d'Egitto, & dal cominciamento del Tempio di Legno 80. Da questo di legno, al cominciamento di quello di pietra l'anno quarto di Salomone, & all'essecutione del mandato di Dauid intorno à soccessuri del Regno, si raccogliono 480 anni.

Essendo nata contesa fra i figliuoli di Dauit, ch'egli haueua generati di Bersabe, chi di loro douesse regnare, Dauit statuì che si cominciasse da piu giouani. & doue mancasse la discendenza naturale, soccedesse l'uno all'altro. Si cominciò adunque da Salomone il piu giouane, & dal figliuolo di Natan nato piu vicino a lui detto Ahiasar & Mathat, & i suoi posteri Ahiasarim & Mathatim, cioè che tutti si chiamassero & fossero fratelli del Principe, con auttorità di soccedere a tempo. Quinci la discendenza di Nathan sempre fu deta Ahiasarim fino a Iosafat & Ocozia. Et quci discendenti di Nathan occisi la Ioram, i quali il padre haueua honorati nella Tribu di Iuda contra il decreto furono detti figliuoli di Iosafat, fratelli di Ioram. Similmente i figliuoli di coloro che Ioram lasciò nella Tribu di Iuda, ma senza alcuna entrata; furono chiamati figliuoli & fratelli di Ocozia, ilquale nondimeno era unico figliuolo di Ioram, & solo della progenie di Salomone. Il quale occiso Atalia si messe à sradicare tutta la stirpe reale di Ahiasarim, se per industria di Iosabeth sorella di Ocozia, non si fosse saluato Ely detto Elyachim il minore, de gli Ahiasarimi: perche questi nomi Ely, Elyachim, Ioachim, presso a Soriani & à gli Egittij sono il medesimo. Il fanciullo Ely detto Ioas, fu il primo della casa di Dauit & discendenti di Natan, per cui fosse cantato dal destro et dal sinistro lato del coro il salmo, ilquale fu posto da 170 uecchi al numero 74 de i Salmi; & alleuato sotto Ioiada, acciocbe Dio non disperdesse del tutto la casa di Dauit, essendo finita la progenies di Salomone. Da questo Ioas tutti gli altri Re dopo lui, hebbero due & tre nomi per uno: per memoria: perche questo primo fu chiamato Elyh Ioas

ANTICHITÀ

Simeon, similmente Her Manasse, Ezecchia Iesu, & simiglianti. Così l'anno quarto di Salomone. fin che finì la sua posterità, al primo successore di Ahlasarim detto Ioas si computano 138 anni. & da Ioas fino al volontario passaggio di Ioachim 291 anno: computati 10 anni che regnò Amon essendo prigione Her suo padre, detto Manasse. Ma dal passaggio alla rouina corsero 11 anni.

Dalla desolatione alla prigionia di Ioachim sono 20 anni. & dal suo passaggio 31. Et ne seguenti 6 anni fu composto il Salmo 87. Ma nel fine del 7 anno, Euilmerodach, tratto Ioachin di prigione, lo honorò molto, & il popolo lo chiamò Heri, attento che quella lucerna di Dauid, la quale si teneua che fosse estinta, si riaccese, & fu composto il Salmo 88 per ringratiar Dio per la conseruatione della gente, & perche fosse mandato presto il Messia. Liberato poi Her, gli fu dato un fig. da Dio, Mesezebeel cognominato Salatbiel; il quale l'anno 17 auanti la liberatione della captiuità, generò Barachia, il quale l'anno 17 dopo la liberatione della captiuità, fu fatto Principe & Duca del popolo, & da quel Principato fu cognominato Zorobabel l'anno 31 dal passaggio, & il 70 dalla desolatione. Furono preposti al gouerno del popolo, Principi della casa di Dauit, & Sacerdoti di Leui separatamente fino al tempo d'Asmonai. Et di questi il 70 vecchi lasciarono così scritto. Iesu figliuolo di Iosedech Pontefice Magno, con Barachia Zorobabel, figliuolo di Mesezebeel figliuolo di Heri ch'è Ioachim, uenne l'anno primo di Ciro à Ierusalem, il quale l'anno secondo mentre si gettauano le fondamenta, profetando Agai, & Zaccheria, fu impedita l'opera per la morte di Dario Istaspe, nè si potè ricorrere a Ciro che era impedito nella guerra con Tomiri. Ma morto Ciro, soccesse Assuero Prisco Artaxerse, il quale apparecchiaua la guerra contra Artasat che fauoriua la fattione di Tomiri, il quale haueua fatto ribellare gli Assirij, i Medi, & i Persiani: standosi Assuero rinchiuso in Babilonia. Fu à trouar costui Iesu, perche i Principi della Soria haueuano scritto contra gli Hebrei: & lasciò nel Pontificato, l'anno 12 di Assuero, Ioachim suo fig. chiamato anco Elyh. Ma percioche quell'anno Assuero era occupato nella guerra, Iesu non hebbe audienza. Essendo poi stato ammazzato Oloferne mandato da lui l'anno seguente, da Giudei, ritornato vittorioso, vietò per bando publico, che il Tempio non si rifacesse. Successero due suoi figliuoli, i quali combattendo insieme per l'Imperio, Dario Longimano, che fece voto di riuocare il bando paterno: fu vincitore. L'anno suo primo ritornato Iesu, esortato da medesimi Profeti, si sforzò di fabricare il Tempio. Esercitò adunque Iesu il primo Pontificato fino all'anno 12 di Assuero Prisco: per lo spatio di 36 anni: & Ioachim suo fig. in sua absentia 8 anni. Costui scrisse soccessi di Iudit, & ordinò la commemoratione anniuersaria della liberatione: da farsi ogn'anno. Il medesimo Iesu ritornato, continuò nel Pontificato 20 anni, fino all'anno 20 di Longimano, d'età di 130 anni. Gli soccesse

Ioachim,

Ioachim, Pontefice la seconda volta, 48 anni, fino all'anno duodecimo del Magno Artaxerse Assuero, il quale scrisse i soccessi di Hester: & ordinò la memoria di Purim: esortandolo a cio per lettere Mardocheo, il quale trapassò la età di Isaach di 18 anni. Soccesse il terzo Pontefice Eliasib 31 anno, fino all'anno 33 del Magno Artaxerse. Costui fu il primo che pose a Ierusalem la porta del gregge. Ioiada IIII Pontefice governò 24 anni, & altrettanti Ioathan fino alla fine di Ocho Artaxerse. Iaddua VI & vltimo Pontefice fu sotto i Persiani, & durò 10 anni. Ma de Principi della casa di Nathan fu primo Simeone, detto anco Ioas. Seguì Leui, chiamato Amasia, & Iesu detto parimente Ezechia. Et anco Her, chiamato Manasse, & questi auanti alla captiuita. Ma nella liberatione della captiuità Zorobabel fu primo Pontefice 58 anni. Resa Misciolla 66. Giouanna Ben Resa, 53. Iuda primo cognominato Hircano 14. Ma da Alessandro ad Asmonai, Pontefici fino a Iuda, Onia Prisco, 27 anni. Simon Prisco 13. Eleazaro nemico di Antioco Theos 20. Manasse amico di Seleuco Gallinico 27. Simon Giusto, honorato dal Magno Antioco, 28. Onia fig. di costui, priuato del Tempio da Seleuco 39. Segue a costui Iuda Asmonai. Ma i Principi & Duci della casa di Dauid fino al detto Iuda furono, Ioseffo primo, 7 anni. Abner Semei 11. Elyh Matatia 12. Asar Mahat 9. Nagit Artassat 10. Agai Helly 8. Massot Naum 7. Anios Scirach 14. Matatia Siloa 10. Ioseffo Iuniore Arse, honorato da Tolomeo 60. Ianeo secondo Hircano 16 anni.

Seguiti poi gli Asmonai, rubarono dalla casa di Dauit il Pontificato insieme col Principato: onde ne nacque gara & nemicitia. Iuda Asmonai prese l'armi contra Antioco Illustre, & Eupatore suo fig. & Demetrio, governò 5 anni. Ionathas suo fratello 19. Simone fatto esente da Antioco Sedete 8 anni. Giouanni Hircano Prisco de gli Asmonai 26. Aristobolo I. Iareneo Alessandro XXVII. Alessandra sua consorte 9. L'vltimo Hircano 34, il quale preso da Parthi: lasciata la moglie, la figliuola, & suo fratello Aristobolo, Herode prese incontanente per ordine del Senato Romano, la tirannide sopra gli Hebrei: & tolta per moglie la figliuola di Hircano prigione de Parthi, creò Pontefice Aristobolo fig. di Hircano predetto, per farsi beneuoli gli Hebrei. Hebbe dalla fig. di Hircano sua donna due fig. Et vedendo esso l'anno 26 del suo tirannico Regno, Hircano suo suocero ritornato da Parthi, esser salutato & honorato da gli Hebrei come Re, l'uccise insieme con la suocera & con la figliuola ch'egli haueua per moglie, et due figliuoli hauuti con lei, & Aristobolo. Et due anni da poi afflisse gli hebrei con molte calamità. Ma l'anno 30 del suo principato tirannico, distrusse l'offitio Zanedrino dalla casa di Dauit. & sostituì un certo Ancaleo, & fece vn Zanedrino di proseliti, che pareuano molto dotti. Ammazzò anco Salome sua sorella & il marito suo della Tribù di Iuda. & oltre à cio il proprio figliuolo ch'egli hebbe di una moglie della medesima Tribu: perche si diceua,

ANTICHITÀ

che Christo promesso nella legge era già nato. Alla fine gli Hebrei stracchi, offerirono uolontariamente à lui & à suoi successori il Regno, giurandoli fedeltà per lui & per suoi discendenti. Regnò questo primo Herode Ascalonita nel Principato tirannico 31 anno; & nel legittimo 6. & Archelao suo fig. 9 anni. & Herode Tetrarca 24 anni. nel cui 21 anno, io mandato ambasciadore da nostri Giudei in Alessandria, era giouane. Dopo costui Agrippa Prisco 7 anni. Agrippa il giouane 27 anni. Agrippino detto anco Agrippa ultimo 30 anni, fino à questo ultimo anno dell'età mia decrepita.

 Finisce il Breuiario de tempi di Filone eruditiss. Historico hebreo. ilquale afferma di hauer confrontato tutti i tempi nelle sue Historie, co i veri annali delle quattro monarchie: le quali sole sono tenute certissime. Et à queste presero Beroso Caldeo per la monarchia de gli Assirij, & Methastene Historico Persiano ne gli inditij de gli annali parimente afferma di seguire quei soli de Greci, i quali presero da gli annali Greci. li 70 uecchi interpreti fino à Tolomeo & Asmonai. indi i Romani i quali conseruarono i tempi loro diligentissimamente.

RE ANTICHI DI ITALIA,
ET LARTHI DI TOSCANA,
& Lucumoni.

	Anni del mõdo.
Ano, l'anno 109 dopo il diluuio venuto in Italia con tante colo nie che poteßero cominciare vna prouincia: ordinando in eßa, & indirizzando le cose, & fondandoui qualche città: vi gouer nò 33 anni.	1765
Comero Gallo figliuolo primogenito di Iafet, detto da Genti Iapeto, & nipote di Iano, cognominato Gallo, perche restò saluo dall'onde, lasciato da Iano che ritornò in Armenia per condurre dell'altre colonie in al tri paesi, al gouerno d'Italia, vi regnò 53 anni.	1798
Ocho Veio. regnò 50 anni.	1856
Camese figliuolo di Iano, chiamato Cham, venuto d'Egitto a occupar l'I- talia, vi durò solamente 19 anni. Perche Iano ritornato d'Armenia con nuo ue genti, & veduto che questo suo scelerato figliuolo attendeua a corromper l'Italia introducendoui tutte l'iniquità che s'vsauano inanzi al diluuio, pro- uò 3 anni, se poteua ridurlo a ben fare. ma veduto ch'era al tutto impossibil cosa il poterlo emendare, lo scacciò d'Italia: & prese egli il gouerno.	1906
Iano adunque soccesso la seconda volta nel Regno vi stette per lo spatio di 80 anni. & venuto finalmente a morte d'età di 950 anni, fu sepellito sotto il monte Ianicolo a Roma, cosi detto dal nome suo. con felicissimo auspicio della futura Roma, poiche il secondo Adamo, che rinouò il mondo con la sua gene ratione, finì la lunghissima vita in quella parte.	1925
Crano, Razenuo per cognome, che vuol dire, sacro propagatore dal quale furono detti Razenni i popoli in Toscana: figliuolo di Iano dopo il diluuio re- gnò dopo Iano 54 anni. & Crana sua sorella fatta Regina da Iano, hebbe per sua	2007

ANTICHITA

Anni del módo.	
	sua habitatione il paese che è fra il Tenere, & il Garigliano: doue ella resse le genti ch'erano venute per auanti con Camesene: & ch'erano natie di quei luoghi.
2061	Aruno. auanti alquale 13 anni poco piu o meno nacque Isaac, regnò 43 anni.& da costui furono detti gli Arunti vecchi in Italia. gli Aruntini Rullensi, & gli Aruntini Fidentiani.
2104	Tage, 22 anni L'anno suo terzo fu l'incendio di Fetonte in Italia: perche ella arse in tre luoghi: essendo allora Fetonte signore nella Lombardia. onde i Greci presero l'occasione della fauola di Fetonte, che andò sul carro del Sole. & cadde nell'Eridano, & arse la terra. Et l'anno suo 20 morì Abraham d'età di 175 anni. Et sotto costui cominciò il Regno de gli Argiui. Dicono che fu primo a insegnare a Toscani, l'arte dell'indouinare.
2146	Sicano 30 anni. L'anno suo 20. il Nilo vscito del letto suo allagò il paese, essendo allora signori Hercole Egittio & Promotheo. Et questo fu chiamato diluuio Niliaco, & fu l'vno de cinque. Nella costui morte solleuatisi i giganti Luchij Enachij occuparono l'Italia.
2176	Luchij Enachij 30 anni. L'anno primo di costoro, cominciò a regnar nell'Emathia, Macedone per lo nome delquale quella prouincia fu detta Macedonia. Venuto poi d'Egitto Osiri cognominato Api, venuto alle mani co Luchij gli vinse & entrò al gouerno d'Italia.
2206	Api 10 anni. L'anno 4 di costui, fu il terzo diluuio sotto Ogigi Attico. La montagna d'Italia fu detta Apennina da questo Api. & egli fu cognominato Api, perche insegnò a mettere il giogo, & a domare i buoi. i quali nella lingua Egittia si chiamano Api. Fu anco detto Osiri Giusto, & Gioue Giusto. Questi dopo 10 anni, ritornato in Egitto, lasciò in suo luogo in Italia vn suo nipote chiamato Lestrigone.
2216	Lestrigone 45 anni. L'anno suo 13 Isaac venne a morte, & Iosesso fu fatto grande in Egitto da Faraone. Alla fine Lestrigone essendo anco egli consentiente alla congiura che fu fatta da diuersi principi contra Osiri suo zio: fu vinto & morto da Hercole che fece la vendetta di Osiri suo padre. I Greci dicono Lestrigoni, a mangiatori de gli huomini.
2261	Hercole, morto Lestrigone, soccesse nel regno d'Italia, & stette 30 anni. 10 fu l'arme, & 20 in somma pace. Il suo diritto nome era Libico, & fu Egittio. Hebbe diuersi cognomi, cioè Arno che significa leone famoso: perche portaua in cambio d'arme, ch'ancora non era stato trouato il ferro, vna pelle di lione, & vna mazza in mano con le quali insegne s'era fatto famoso. Libarno, che significa Libico lione famoso. Musarno, che significa, dotto o disciplinato lione famoso. perciocche Musa s'interpreta scienza & dottrina: hauendo esso Hercole, messe molte leggi & gouerni, et fatte altre cose che ch'à scientiati & valorosi huomini si conuengono. Nel suo regno bonificò i pantani ch'erano co là doue

là doue fu poi fatta Fiorenza: & ridotte l'acque in vn fiume, fu chiamato Arno dal suo cognome.

Thusco 27 anni, detto prima Tusso, et poi corottamente Thusco. Fu figliuolo di Hercole, ilquale partitosi d'Italia, lo fece venire in Italia dai paesi di Scithia. L'anno 19 di costui Iosesso venne a morte. Si dice che dal costui nome furono i popoli d'Etruria detti Thoscani, & non da Thuo verbo Greco, che significa sacrificare. Et quantunque Plinio, Seruio, & altri dichino in fauore de la voce Greca: allo incontro si hanno per la verità i Caldei, Liuio, Dionisio Alicarnasseo, & altri.

Altheo 7 anni.

Hispero 11 anni. Era costui fratello di Italo Atlante: & essendo Re di Spagna duodecimo per numero, dalquale quella prouincia fu, secondo l'vso de principi di quel tempo, chiamata Hesperia, nella quale fu lasciato al gouerno da Libico Hercole quando passò in Italia contra Lestrigone, Italo lo scacciò della Spagna. perche egli passato in Italia, hebbe il gouerno di essa. Dallaquale lo harebbe anco scacciato se i Toscani non lo hauessero difeso, percioche hauendo pacificati questi due fratelli, lo ritennero come prima al gouerno di Italia, et di Iano il giouane, il cui diritto nome era Cambo, detto poi per la degnità che egli haueua, Corito, cioè Gioue Astato. ilquale per la età sua puerile non era ancora punto atto al gouerno di tanto Imperio. Et da costui la Italia fu detta Hesperia: si come anco per auanti fu così detta la Spagna.

Italo Atlante fratello di Hespero. 19 anni. Costui pacificatosi col fratello, si pose ad habitare nel monte Auentino con le sue genti. & fabricatoui vn castelletto lo chiamò Capena: & chiamò parimente tutto il paese allo intorno, con licenza però de Toscani, Italia dal suo proprio nome. Ma venuto Hespero a morte, soccesse al fratello nel Regno, & nella tutela del picciolo Iano. Et fece Regina de Siculi, & de gli Aborigini nel Latio, Roma sua figliuola. la quale passata sul monte Palatino, vi edificò vn castelletto che ella chiamò Roma dal suo proprio nome, che fu poi origine del nome della gran città di Roma: poiche Romolo la hebbe redificata, come si è detto altroue.

Questo Atlante fu padre di sette figliuoli che si chiamarono Pleiadi, dalla madre loro che hebbe nome Pleione. i cui nomi proprij furono Alcione, Celeno, Maia, Asterope, Taigete, Merope, & Eletra che fu da suo padre maritata nel predetto Iano Corito. Dellequai sorelle poi fauoleggiando i Greci, dissero che Gioue hebbe da fare con tutte sette, & che però, furono poste da lui in cielo, & conuertite in 7 Stelle dette Pleiadi da loro, & da Latini Virgilie, collocate dinanzi alle ginocchia del Tauro. lequali si leuano nel tempo della primauera intorno all'equinottio, cioè di Marzo, quando il giorno è tante hore quanto la notte.

Morgete 20 anni. dalquale furono detti alcuni popoli, Morgeti.

Corito. cioè Iano predetto, chiamato Cambo: & cognominato Corito che

Anni del mõdo.

2291

2318

2325

2330

2355

2458

significa

ANTICHITA

Anni del mondo

significa Gione Astato, ilquale hebbe per donna Elettra, che fu l'vna delle Pleiadi come si è detto, del quale nacque Iasio. Regnò costui 33 anni.

2408 Iasio figliuolo di Corito, & di Elettra 50 anni. Fu sua sorella Armonia: & suo fratello Dardano, ilquale occiso suo fratello maggiore si fuggì in Candia, & di quindi passato nella Frigia, fondò il Regno Troiano, chiamato Dardanio, & poi Ilio & Troiano da i Re che vi furono fino a Priamo. L'anno primo di costui, cominciò il Regno de gli Atheniesi. L'anno suo 31 fu il quarto diluuio in Thessaglia, dellaquale era signore Deucalione, ch'insieme con Pirra sua donna saluarono molti de loro sudditi, dando occasione a Greci della fauola, che essi dessero origine a gli huomini estinti dall'acque, trahendosi le pietre di dietro alle spalle. L'anno 46 del detto, Chencre Re di Egitto fu sommerso nel mar Rosso, ilquale apertosi, diede luogo a gli Hebrei, condotti da Moise, fuori della seruitù di Egitto: & si serrò come gli Egittij vi furono entrati.

2458 Coribante 48 anni. L'anno suo 37 Iosue fu posto al gouerno de gli Hebrei in luogo di Moise che sparì. Dicono che era detto Bante, & Cori, bastato, cioè Astato & incoronato Bante.

2506 Thurreno 51 anno, altri lo dicono Tirrheno: o perche venisse di Meonia, o perche fosse così detto dalla prouincia Etruria per la forma de suoi edificij che tutti erano torri, sì come vi si veggono ancora le vestigie di cotal antichità per tutta Toscana, onde fu detta Eturia, & Etursia, & poi Etruria corrottamente, secondo che afferma Dionisio Alicarnasseo nel primo libro, onde furono detti poi i Tirrheni o Turreni.

2557 Tarcone Prisco 23 anni. & questo fu il primo figliuolo di Turreno, & quando si edificò Dardania, gli concesse ch'edificasse 12 città, come attesta Strabone nel 5 libro. Il secondo che fu 180 anni dopo questo, fu Re di Vitulonia, alquale andò ambasciadore, quel Cacco che fu ammazzato ne tempi di Euandro da Hercole Greco. Il terzo fu quello che noi diremo più oltre a suo luogo.

2580 Abante 15 anni. Da costui furono chiamati Abanti quei Toscani che habitano alle spiaggie di mare fra Grauisca detta hoggi Montealto, fino alla terra che si chiama ancora Capalbio: & da Latini Caput Abantum. L'anno vndecimo suo, cominciò in Egitto la 19 Dinastia de Larthi, a imitatione de Larthi in Italia.

2595 Olano 21 anno. Costui fondò o vero restaurò la città chiamata Medio, alla quale aggiunta il suo nome fu detta Mediolano: hoggi Milano capo della Lombardia.

2616 Veibeno 42 anni, cognominato Masso, dalquale fu fondata la città di Massa in Toscana, gouernata hora dal principe Alberico Cybo Malaspina. del qual luogo si crede che fosse signore Celio, per lo cui nome è chiamato il monte Celio in Roma: doue si posero i Toscani, poiche hebbe soccorso Romolo contra i Sabini. l'ano suo 37 mancò il Regno de gli Arginj ch'era durato 544 anni.

Osco

DEL MONDO.

Osco 34 anni. Da costui deriuarono gli Osci che sono i popoli Capuani, percioche si dice ch'egli fondò la città di Cupua, così detta dall'vcello capi, che presso a gli Osci significa Falcone. Furono anco detti Volosci: pure dal medesimo Osco, ilquale si interpreta serpente: o perche fosse fiero, nel dominare & velenoso per l'ira, o perche portasse per insegna il serpente. — **2638**

Tarcone 1144 anni. Questo fu Re di Vitulonia, hoggi chiamata Viterbo. Visse nel tempo di Euandro, & di Hercole Greco. — **2692**

Tiberino 30 anni. Tiberi nella lingua Pelasgica significa ingiuriatore. percioche habitando i Pelasgi insieme co i Turreni pacificamente in Italia, entrato costui nel dominio, gli espulse per questa cagione, che hauendo Minos il giouane mandato suo figliuolo accioche regnasse in Italia insieme co Pelasgi: fu racolto cortesemente da Cerretani, iquali gli donarono Scilla bellissima giouanetta. Laqual cosa spiacendo sommamente a Tiberino, mosse l'armi contra i Cerretani sul mare, & contra i Falerii sul Teuere. nellaqual guerra morì vn gigante che diede il nome al fiume che prima si chiamaua Albula. Et finalmente i Pelasgi & Glauco insieme furono scacciati di Italia. Dicono anco che Manto Fatidica, venuta a trouar questo Tiberino, partorì di lui Ocno Bianoro. — **2736**

Mezentio 22 anni. Costui fu Toscano: & detto Agillino, perche prese la città Agillina. Macrobio nel 3. lib. de Saturnali dice. Virgilio pose di maniera ogni pietà che s'vsa ne sacrificii de gli Iddii: ch'egli per la cagione in cõtrario chiamò Mezentio disprezzatore de gli Iddij. Et non fu detto disprezzatore: perche fosse empio contra gli huomini senza rispetto de i Dei, ch'altramente lo harebbe detto molto piu di Busiride, che fu assai di gran lunga piu peggior di Mezentio: ma per questa cagione, come il lettore potrà trouare nel 1. lib. dell'origini di Catone. Conciosia che signoreggiando costui i Rutuli, comandò loro che gli offerissero quelle primitie, ch'essi soleuano offerire a gli Iddij — **2766**

. . . . . . Qui mancano dieci Re fino a Marsia seguente, attento che la copia a penna per esser defettiua per causa dell'auttore, & per hauersi hauuta di lontani paesi, ò smarrita od altro che si sia, non è potuta peruenire alle nostre mani.

Marsia 18 anni. Nel 16 anni di costui, mancarono i Regni de Corintii, & de Lacedemoni: & cominciò il Regno de Lidii. Et l'anno suo penultimo, cominciò la prima Olimpiade l'anno 19 d'Amulio Re de Latini, il 47 di Ful Beloco Re de gli Assiri, il 19 di Mandane Re de Medii, & il secondo di Bocoro Re d'Egitto. — **3170**

Etalo 30 anni. L'anno suo 22 fu edificata Roma: o per dir meglio restaurata, ampliata, & fatta di nuouo da Romolo, essendo allora Acaz Re de gli Hebrei. — **3187**

Celio 26 anni. Costui chiamato da Romolo in aiuto suo contra i Ceninensi, & — **3216**

Crustu-

ANTICHITA

Anni del mõdo.	
	Cruſtumini, & gli Antennati, ſi portò di maniera che Romolo trionfò de nemici. Onde hebbe in Roma il monte, alquale poſe nome Celio: & vi meſſe ad habitare i Toſcani.
3216	Galerito 20 anni. Era coſtui Lucumone Arbano. Andò in aiuto di Romolo cõtra i Sabini, ilquale Romolo per ſua cagione trionfò quattro volte. Coſtui fu il primo che meſſe in Roma il Pretorio. & primo che deſſe i nomi alle tribu. Volle anco che Romolo haueſſe alla guardia ſua 12 littori: percioche gli era ſoſpetta la fede di Tatio.
3260	Luchio Thuſco 25 anni. Luchio cioè Lucumone: ilquale dicono che fondò la città di Lucca.
3284	Cibitio 82 anni. Coſtui fu 6 anni auanti a Tullo Hoſtilio Re de Romani. l'anno 79 fu il paſſaggio di Ioachim in Babilonia.
	Lucumone Cluſino 38 anni.
3402	Rheto 20 anni. Da coſtui preſero il nome i Rhetij, che hoggi noi chiamiamo Griſoni. L'anno ſuo 13, il Regno de Lidij ſi eſtinſe, in Creſo Re nono da Ardiſo che fu il primo: eſſendo durato in tutto per lo ſpatio di 165 anni.
3421	Iello 44 anni. L'anno 12 di coſtui Ciro & Dario ſignoreggiarono inſieme 12 anni auanti che riuniſſero inſieme la Monarchia. & l'anno ſuo 15 eſſendo ſtato ammazzato Balt Aſſare Re de gli Aſſirij, quel Regno fu traſportato al dominio de Perſiani. Et 2 anni inanzi Cambiſe ottenne il Regno d'Egitto alquale comandarono i Perſiani. Et l'anno ſuo 27 gli Hebrei ſotto Ciro, cominciarono a gettar le fondamenta per rifare il Tempio di nuouo. Et l'anno ſuo 29 cominciarono i Romani a eſſer creati i Conſoli, dopo la cacciata di Tarquinio Superbo.
3464	Porſena Cluſino 58 anni: Coſtui guerreggiò co Romani ad inſtanza di Tarquino Superbo che era ſcacciato di Roma. Ma non hauendo potuto far nulla, Tarquino rimaſe eſcluſo dalla ſua ſperanza, & Porſena diuentò amico de'Romani. L'anno ſuo 44 Dario diede licenza a gli Hebrei che haueuano di già rifatto il Tempio, che edificaſſero la città di Hieruſalem.
3521	Tolumnio Veiente 22 anni.
3542	Equo Tuſco 40 anni. Gli Equi Faliſci preſero il nome dal coſtui nome.
3581	Liuio Fidenate Poſthumo 48 anni. Poi che i Galli miſero fuoco in Roma: fu fatto loro Capitano.
3628	Elbio Tuſco 32 anni, come ſcriue Catone, fu padre di Turreno. & fu l'ultimo Re di Toſcana. Percioche hauendo i Romani moſſa guerra alla città di Etruria, nella quale egli regnaua: alla fine non potendo piu reſiſtere, s'areſe & diede a Romani. Nel cui tempo o poco prima che s'arrendeſſe la predetta città, Valerio Maſſimo ſcriue nel 4 libro, che Spurina belliſſ. giouanetto di quel paeſe, vedendo di eſſer ſollecitato da molte nobiliſſ. donne & illuſtri a loro abbracciamenti, & che però egli era in ſoſpetto a loro mariti & parenti, ſi fregiò il volto & guaſtollo con molte ferite, volendo piu toſto far fede della

ſantità

DEL MONDO. 110

santità sua con la bruttezza, che esser con la bellezza incitamento alla libidine altrui.

Turreno fig. di Elbio 15 anni. Scriue Catone, che egli fu morto sul lago Vadimone, auanti che Elbio suo padre mancasse.

Tito suo figliuolo 48 anni.

Volturreno 48 anni.

Cecinna 56 anni. Huomo illustre. Dicono che costui fu quello che accettò le lettere Latine & de Romani: presso a quali fu in molta gratia. percioche se bene i suoi perderono lo stato, non vollono però accettar le discipline de Romani, ma osseruarono le loro antiche Etrusche, già tanto stimate da gli antichi Romani, che il Senato per deliberatione fatta, volle che 10 figliuoli di 10 principaliss. Senatori di Roma, andassero in 10 città dell'Etruria a imparar la loro disciplina, come attesta Valerio Massimo nel 1. lib. Et la ragione era questa, che essi credeuano che i Romani fossero imbrattati dalle menzogne & fallacie de Greci, delle cui lettere essi si dilettauano. La quale opinione hebbero anco alcuni de Romani. però P. Cornelio & Bebio Panfilo Coss. essendo state ritrouate due casse di marmo sotterra: in vn podere di L. Petilio, delle quali erano nell'vna, scritture che dimostrauano che Numa fu fig. di Pomponio, & nell'altra libri 7 latini, della auttorità de Pontefici, & 7 Greci, della disciplina, della sapientia: fecero abbruciare i 7 libri Greci, & serbarono li 7 latini. Plinio nel 10 a cap. 24 dice, che Cecinna era dell'ordine Equestre che noi chiamiamo hoggi Caualieri. & che era signore delle Quadrighe. & Catone scriue che fu Maestro, o Capo maestro & Generale delle Carrette nella guerra, & Principe del Collegio de gli Auguri.

Menippo 36 anni.

Metrodoro, 36 anni. Costui fu valoroso nelle cose di mare, come accenna Appiano nel 5 lib. Percioche venuto con buona armata in fauore di Cesare contra Pompeo il giouane, vinse nel Mare Menecrate Generale di Pompeo.

L'anno suo 30 vide la Rep. Romana esser conuertita in principato assoluto d'Imperio nella persona di Cesare suo amico. & l'anno vltimo vide soccedere a Cesare, Ottauiano, che fu poi detto Augusto, & tanto amico di Mecenate suo figliuolo.

Mecenate 56 anni. Fu cariss. a Ottauiano: sì perche era huomo splendido & letterato, & sì perche fu fig. di colui con l'aiuto del quale Cesare suo padre haueua vinto le reliquie di Pompeo suo nemico. Huomo celebrato da tutti i dotti: & così fauoreuole a dotti, che fino a tempi nostri è chiamato Mecenate, colui che fauorisce i letterati, se però se ne troua alcuno che meriti così fatto cognome. Aiutaua costui di maniera i belli intelletti, che Virgilio gli dedicò la sua Georgica, & Horatio i suoi versi. fu dilicato huomo in tutte le sue cose, & morbido & tenero parimente nella maniera del suo scriuere. Alcuni dicono che egli fu Aretino. fra quali Macrobio scriue che Augusto
lo chia-

Anni del mondo.

3659
3703
3742

3840

3920

ANTICHITA

Anni del mōdo.

lo chiamaua diamante de gli Aretini, nondimeno altri dicono, che questo epiteto gli era dato, non perche esso fosse Aretino, ma perche era stato duro con gli Aretini, si come anco il medesimo Augusto lo chiamaua, mele delle genti, Esare de Toscani, cioè Dio, percioche Esar in lingua Etrusca significaua Dio, però scriue Suetonio, che quando vna saetta percosse la Statua di Cesare, scancellò la lettera C, & rimase Esar, onde fu interpretato che per la C leuata via: douesse viuer solamente cento giorni dal dì che la saetta percosse la sua statua, & che dopo morte douesse esser Dio, perche era rimasta intatta dalla saetta, la parola Esar, che significa Dio.

3975 · Seiano 23 anni.

3997 · Sconino 35 anni. L'anno primo di costui fu fatto Imp. C. Caligula. Et l'anno suo 9. S. Pietro fondò in Roma la S. Chiesa di Christo. Et l'anno suo 27. S. Iacomo fratello di Giesu Christo fu ammazzato. Et S. Simeone fig. di Cleofe Germano di Iosef, fu ordinato Vescouo di Hierusalem.

4029 · Othone Ferentino 1 anno.

RE ANTICHI DEL LATIO.

IL Latio era quel tratto di paese, che si contiene fra le bocche del Tebro & il Garigliano & gli habitatori di questi luoghi inanzi alla venuta di Enea in Italia, si chiamauano Aborigini, ma mescolati poi co Troiani che uennero con Enea furono tutti insieme chiamati Latini, o uero dalla prouincia ch'era detta Latio, percioche Sabatio Saturno fuggendosi da Gioue Nino ui s'era ascoso, ch'i Latij dicono lateo, i. ascondo o uero dal Re Latino, la cui figliuola Lauinia Enea haueua tolta per donna. Dicono gli antichi che Crana figliuola di Iano fu fatta dal padre Regina de gli Aborigini & l'afferma Beroso. Q. Fabio, & Catone. Venne poi Roma figliuola d'Italo Atlante Re d'Italia, della quale, & di Tusco Sicano peritiss. indouina nacque

2382 · Romanesso Re del Latio, che durò 71 anno. primo de maschi che hauesse il gouerno de gli Aborigini, & de Latii. Il cui nome consiste di due voci cioè Roma, ch'è il nome materno, & Nesso. delle quali Roma nella lingua Aramea significa sublimità & grandezza, & Nesso significa forte augurio. percioche Tusco predisse che da questi sarebbe nata la grandezza della futura città di Roma. Questo Romanesso fu il primo Saturno & Dio di Roma, del quale non era lecito far mentione in publico: & nella cui tutela era quella città. Et perche portaua il nome & l'augurio di Roma, l'occultauano, accioche non passass'il suo nome à nemici, i quali harebbono potuto euocarlo, cioè tirarlo dalla loro con sacrifici & con uoti, si come usauano in quei tempi di fare, quando moueuano l'armi l'una città contra l'altra

DEL MONDO.

tra. Et da questo nome si crede che la terza Tribù in Roma fosse detta Rumense, quantunque altri scriuino che ella hebbe il nome da Romolo. Nello anno suo 27 cominciò il Regno de gli Atheniesi nella persona di Cecrope, che durò fino à Codro. & l'anno 57 del medesimo, fu il diluuio in Thessaglia, notato da gli Scrittori per il quarto fra gli altri diluuij.

Pico Prisco anni 57. Fu figliuolo di Romanesso; & dottiss. nella arte antica de gli augurij, la quale passò da Caldei nella Grecia. dalla quale Anfiarao, Mopso, & Calcanti furono riputati per grandiss. auguri. Ma Dionisio Alicarnasseo dice, ch'ella fu antica osseruanza de gli Aborigini, passata poi ne Romani da gli Etruschi. Dicono le fauole, che Pico fu sommamente amato da Circe, alla quale non volendo acconsentire, ella lo conuertì nell'vccello che si chiama Pico, o picchio in Toscana. prendendo occasione della fauola, dall'vso che egli introdusse di fare sacrificio, del detto vccello. Il suo primo anno, Moise per virtù di Dio, condusse per lo mezzo del mar Rosso il popolo d'Israel, onde si sommerse Chencre con tutto l'essercito de gli Egittij. 2453

Fauno Prisco suo fig. 30 anni. Dicono che costui dopo la morte sua fu messo nel numero de gli Iddij. & fauoleggiando gli antichi di costui, lo fecero padre de Fauni, de Satiri, de Pani, & de Siluani Dei delle cose di villa. Ma in fatti egli fu di così nobile ingegno, che ridusse gli huomini che erano quasi come bestie, a vita ciuile, & consacrò diuersi boschi, secondo l'vso di quei tempi, diede nomi a diuersi luoghi, & città: fabricò diuersi edificij: & fondò diuersi Tempij, i quali furono dal suo nome detti Fani: & finalmente si dice che egli introdusse nel Latio il culto et la religione de gli Dij, onde fu però meritamente annouerato nel numero loro. Dicono che hebbe vna sorella che hebbe nome Fatua, laquale fu indouinatrice, & che però gli indouini sono detti fatuarij. & ch'ella fu donna castissima: & che però i Romani la chiamarono la Dea Bona, il cui Tempio era nel sasso del monte Auentino: nel quale non entrauano gli huomini; ma vi sacrificauano solamente le donne. 2510

Anno figliuolo di Fauno 54 anni. Hebbe vna figliuola chiamata Agilla: laquale diede per moglie a Trasimeno, per lo cui nome fu poi detto il lago Trasimeno figliuolo di Turreno o Tirreno che diede il nome a Tireni. Nell'vltimo suo cominciò nell'Egitto la Dinastia 19 de Larthi a similitudine de Larthi in Toscana. 2540

Volcano 36 anni. 2594

Marte, detto anco Iano il giouane 23 anni. L'vltimo anno suo mancò il Regno Argiuo ch'era durato 544 anni, nella persona di Acrisio, dopo ilquale il Regno fu trasferito ne Miceni. 2630

Cecolo Saturno 36 anni. figliuolo di Marte Iasio edificatore di Preneste. Costui fu il terzo Saturno in Italia: percioche il primo fu Sabatio Saga, ilquale fuggendo da Gioue Nino, andò in Italia a trouar Iano antico, dalquale raccolto amoreuolmente, fu fatto partecipe del gouerno; & da lui deriuarono i Sabini, & i Sanniti. Et questo è quel Saturno, alquale scriue Macrobio, nel primo, 2653

ANTICHITA'

mo, che Iano edificò Altare, & fece diuersi altri honori. Il secondo fu Romanesso, del quale si è parlato di sopra. Et il terzo fu questo Cicolo del quale si fa uella al presente.

Anni del mõdo

2689   Pico Iuniore, detto il giouane 34 anni.

2723   Fauno il giouane suo figliuolo 24 anni. Nel costui tempo Euandro scacciato della Morea venne in Italia: et giunto nel Latio, fu riceuuto da questo Fauno. Dal quale Euandro, dicono gli scrittori che furono introdotti in quel paese diuerse sorti & maniere di sacrifici.

2747   Latino suo figliuolo 39 anni. L'anno suo 37 i Greci hauendo presa la città di Troia, al cui assedio stettero dieci anni, come racconta Ditte Candiano, che fu a quella impresa: la distrussero del tutto. onde spartitosi di colà Enea con molti Troiani, giunto in Italia fu a trouare il Re Latino, il quale accettato lo con grande amoreuolezza, gli diede per donna Lauinia sua figliuola, con grauissimo sdegno di Turno Re de Rutoli poiche era stato postposto a vn forestiero: onde ne nacque la guerra fra lui et Enea: per laquale fu sottosopra tutto il Latio co circonuicini paesi. Ma essendo Enea superiore, soccesse nel parentado, & nel Regno insieme.

2786   Enea 3 anni. Percioche essendo Latino stato ammazzato da Rutuli, il Regno per vigor della moglie peruenne in Enea. La cui posterità che furono 15 per numero durò fino alla edificatione. Questo è quell'Enea tanto celebrato da Virgilio, il quale nella persona sua volle dipignere vn perfetto Heroe. ma da diuersi fu giudicato per poco amoreuole della sua patria Troia. & scriuono alcuni ch'egli tenne mano co Greci alla rouina sua.

2789   Ascanio suo figliuolo 38 anni. Dicono alcuni che egli fu figliuolo di Enea & di Creusa figliuola di Priamo: altri ch'egli nacque di Lauinia. Liuio nel 1. dubita di qual donna egli fosse figliuolo. Ma Virgilio con tutti gli altri Poeti, & Historici insieme, dicono ch'egli fu figliuolo di Creusa. Costui si trouò giouanetto nel trauaglio di Troia. Fu chiamato Ascanio per lo nome del fiume di Troia che era detto Ascanio, & Ilo, per lo Re Troiano, & Iulio dalla prima lanugine della barba. Scriuono che, mentre l'auo, & il padre suo dopo l'eccidio di Troia, discorreuano fra loro se si doueuano fuggire, vna fiammella di fuoco gli apparì sul capo, laquale non si potendo a modo veruno estinguere: essi predissero ch'era prodigio di signoria. Venuto adunque in Italia col padre alquale soccesse nel Regno Latino: fondò Albalonga: & rimesse in stato Lauina sua matrigna che si era fuggita alle selue temendo di lui. Finalmente venuto a morte & vedendo che Iulio Siluio suo figliuolo non era atto al gouerno del Regno, lasciò suo herede, Siluio Posthumo suo fratelo, ma d'altra madre.

2829   Siluio Posthumo anni 29 figliuolo di Enea & di Lauinia. Dicono che fu detto Siluio: perche la madre fuggitasi nelle selue per paura di Ascanio: & hauendolo partorito ve lo nutrì. fu anco detto Posthumo, perche nacque dopo la morte di Enea. Da costui i Re de gli Albani si dissero per l'auenire Siluij: si come fecero i Re di Egitto chiamàdosi Faraoni. L'anno vndecimo di cõstui

DEL MONDO.

	Anni del modo.
...rui venne a fine il Regno de Sicionii, nella persona di Zeusippo.	
Enea Siluio 31 anno.	
Latino Siluio 50 anni. L'anno suo 47. Salomone cominciò a fabricare il Tempio in Hierusalem: essendo per 3 anni auanti socceduto nel Regno a Dauit suo padre.	2856 2933
Alba Siluio figliuolo d'Enea Siluio 39 anni.	2937
Atis suo figliuolo detto anco Egitto 24 anni. l'anno suo penultimo fu il mezzo de secoli.	2976
Capis figliuolo di Siluio 28 anni. Scriuono alcuni che egli pose il suo nome a Capua: laquale noi dicemmo di sopra che fu edificata da Osco, & detta Capua, dallo augurio del Falcone ch'in lingua de Sanniti si chiamaua Capis. & altri in altro modo hanno detto: a quali rimettiamo il lettore.	3000
Capeto fratello di Capis 13 anni.	3028
Tiberino Siluio 8 anni. Alcuni dicono ch'il Teuero chiamato per auanti Albula prese nome di Tebro da costui. Ma l'opinioni intorno a questo fatto sono diuerse. percioche è chi dice, che il fiume fu prima detto Tebro, & poi Albula. Et qualche vno vuole ch'egli prendesse il nome da Tiberino Re de Toscani. Altri dice, che venuto Glauco figliuolo del Re Minos in Italia: & combattendo con gli Aborigini, vno di loro occiso, lasciò il nome al fiume sulquale egli fu ammazzato. Et altri affermano che Tiberino corseggiando per tutto il paese così in terra come in mare: & facendo di grandissimi danni a passeggieri lasciò cotal nome.	3041
Agrippa figliuolo di Tiberino 40 anni.	3049
Remo suo figliuolo 19 anni. Fu per l'impietà sua morto da vna saetta che venne dal Cielo.	3089
Auentino. Scriuono alcuni ch'egli venuto a morte fu seppellito nel monte Auentino a Roma: ilquale per ciò fu poi chiamato Auentino. L'anno suo 18 Sardanapallo fu l'vltimo de gli Assirii percioche perduto il Regno per la sua somma poltroneria: essendo stato costretto a buttarsi sul fuoco, cominciò la Monarchia de Medi, et de Persiani, partita & diuisa fra i Medi & i Babilonii laquale fu poi riunita sotto Ciro et Dario. Et Arbace fu il primo Re de Medi.	3108
Proca 23 anni.	3145
Amulio 42 anni. Costui tolse il Regno a Numitore suo fratello, et ammazzò tutta la sua stirpe mascolina. & fece Vestale, Rhea figliuola di Numitore, accioche sotto specie di quello honore, ella fosse esclusa dal generare. Ma percioche era deliberato in Cielo quello che doueua auenire, Rhea fu ingrauidata in vn bosco vicino al Tempio di Veste, da Marte. Et partoriti due bambini, cioè Romolo & Remo, Amulio inteso il fatto, gli fece portare al Teuere, accioche si affogassero, ma trouati da Faustolo, furono portati a casa alla moglie Acca Laurentia. dallaquale alleuati, alla fine Romolo ammazzò Amulio, & gli tolse il Regno. & ampliata, o come altri vogliono, fondata Roma, fu in vn tempo medesimo Re del Latio & di Roma.	3168

IL FINE.